Ed Stuhler
Die letzten Monate der DDR

Ed Stuhler

# Die letzten Monate der DDR

Die Regierung de Maizière
und ihr Weg zur deutschen Einheit

Ch. Links Verlag, Berlin

Das Buch entstand parallel zur Fernsehdokumentation der Firma Heimatfilm über die letzte Regierung der DDR, die auch die Interviews mit den Zeit-
zeugen führte. Das Gesamtprojekt wurde gefördert von der Bundesstiftung
zur Aufarbeitung der SED-Diktatur.

Die Deutsche Nationalbibliothek verzeichnet diese Publikation
in der Deutschen Nationalbibliografie;
detaillierte bibliografische Daten sind im Internet über
http://dnb.d-nb.de abrufbar.

1. Auflage, März 2010
© Christoph Links Verlag GmbH
Schönhauser Allee 36, 10435 Berlin, Tel.: (030) 44 02 32-0
www.christoph-links-verlag.de; mail@christoph-links-verlag.de
Umschlaggestaltung: KahaneDesign, Berlin,
unter Verwendung eines dpa-Fotos vom CDU-Vereinigungs-
parteitag am 1. Oktober 1990 in Hamburg
Satz: Bild1Druck, Berlin
Druck und Bindung: Druckerei F. Pustet, Regensburg

ISBN 978-3-86153-570-6

# Inhalt

# Vorwort

Wenn von Deutschlands Vereinigung gesprochen wird, fallen immer die Namen Kohl, Gorbatschow, Bush, vielleicht noch Genscher. Der Name Lothar de Maizière wird weit seltener genannt, die Namen der Minister der von ihm geführten letzten DDR-Regierung, die politischen Entscheidungsträger der Ostseite, gar nicht. Die Akteure dieser überaus wichtigen Übergangszeit, die trotz extremer Bedingungen friedlich verlaufen ist, scheinen wie aus der Geschichte gefallen.

Im Mauermuseum Bernauer Straße wird eine Publikation mit dem Namen »Die Berliner Mauer 1961–1989« vertrieben. Dem Buch liegt eine DVD des Landesarchivs Berlin bei. Am Ende der 50-minütigen Dokumentation wird »der letzte Ministerpräsident der DDR« erwähnt: Hans Modrow!

Bei den zahlreichen Feiern zur Deutschen Einheit könnte man fast den Eindruck gewinnen, als habe sich die Bundesrepublik mit sich selbst vereinigt. Dass dies das komplizierte und dramatische Zusammenfinden von zwei souveränen Staaten mit, über einen langen Zeitraum, sehr unterschiedlicher politischer und sozialer Entwicklung war, gerät fast in Vergessenheit. Vergessen auch die Arbeit dieses einzigen demokratisch legitimierten Kabinetts der DDR, das unter dramatischen Umständen, wachsendem Zeitdruck und sich fast täglich verändernden Bedingungen einen ungeheuren Berg von gesetzgeberischer Arbeit zu bewältigen hatte. Das Attribut »Riesen-« ist eines der meistgebrauchten in den Erinnerungen der damaligen Protagonisten; die entsprechenden Wortkombinationen würden eine ganze Seite füllen: Riesenprobleme, Riesenmenge (an Arbeit), Riesenunterschiede, Riesenherausforderung, Riesenarsenale (an

Waffen, die zu sichern waren), Riesenapparate (die abzuwickeln waren), Riesenkoloss (MfS), Riesenaufmärsche, Riesenstreit, Riesendifferenzen, aber auch Riesenchancen. Dieses Buch soll eine längst überfällige Darstellung dieser Riesenarbeit sein, und zwar aus der subjektiven Sicht derer, die den Prozess der Einigung gestaltet haben. Der vorliegende Band ist keine Chronologie und kein Geschichtsbuch. Er erhebt deshalb nicht Anspruch auf Vollständigkeit. Die Fülle der Probleme, aber auch die erzielten Erfolge konnten nur an einigen besonders signifikanten Teilgebieten deutlich gemacht werden, wie zum Beispiel der Umweltproblematik, dem Verfall der Städte, der Landwirtschaft, der Armee. Eine Betrachtung aller Teilbereiche und Ressorts lag nicht in der Absicht des Autors. Er wollte an einigen ausgewählten Schwerpunkten zeigen, mit welchen Herausforderungen und Sachzwängen die Akteure zu kämpfen hatten, wie sich die Arbeit gestaltet und, unter zunehmendem Zeitdruck, verändert hat.

Es ist eine Darstellung der sich überschlagenden Ereignisse einer historisch kurzen Phase, eines halben Jahres, vom 18. März bis 2. Oktober 1990. Gezeigt werden 199 Tage spannender deutscher Geschichte, das stürmische Ende der DDR-Geschichte in Geschichten.

Der Text beruht in wesentlichen Teilen auf den Fernsehinterviews der Firma Heimatfilm zur Dokumentation über die letzte Regierung der DDR, die die Autoren Rainer Burmeister und Hans Sparschuh (Heimatfilm GbR) zwanzig Jahre nach der Wiedervereinigung mit Mitgliedern der ersten und letzten frei gewählten Regierung der DDR geführt haben.

Ein paar persönliche Worte seien mir gestattet. Als ich begann dieses Buch zu schreiben, habe ich, um mich in die Stimmungslage des Jahres 1990 zurückzuversetzen, meine Tagebücher aus der Zeit hervorgesucht und gelesen. Unter dem Datum 19. März fand ich folgenden Eintrag:

»Das neue Zeitalter hat begonnen. Bei der gestrigen Wahl hat die CDU haushoch gesiegt. De Maizière wird Ministerpräsident von Kanzlers Gnaden. Die Leute sind Kohls stärkstem Argument gefolgt, der D-Mark. Von der CDU erhoffen sie sich deren schnelle Einführung. Daß die Folgen (Betriebsstillegungen, Arbeitslosigkeit) an ihm selbst vorbeigehen, hofft wohl jeder für sich. Und der zweite Grund für diesen (für viele überraschenden) Wahlausgang ist wohl das tiefe Mißtrauen allem gegenüber, was links ist. Leichte Traurigkeit und Enttäuschung. Bin mir aber der Irrationalität dieses Gefühls bewußt. Ich habe Bündnis 90 gewählt. Weniger als drei Prozent! Keiner will mehr was wissen von der Revolution und von der eigenen Vergangenheit. Bloß nicht erinnert werden, man hat ja schon perfekt verdrängt!«

Weitere Einträge handeln von Stasi-Verdächtigungen und -Entlarvungen, Gerüchten über plötzliche Währungsumstellung, rapide gestiegene Abtreibungszahlen, dem sinkenden Stern von Gorbatschow, von Trabbis und Wartburgs, die man jetzt plötzlich kaufen kann, von leeren Kaufhallen und vollen Sparkassen und einer gewonnenen Fußball-Weltmeisterschaft.

Den meisten Raum jedoch nehmen Notizen zu unserer kleinen Tochter ein. Das beglückte Staunen über ihr Wachsen und Werden war mir offensichtlich wichtiger als all die dramatischen politischen Ereignisse. Seltsame Duplizität: Genau wie ihr Vater wurde sie in eine Welt geboren, die es ein Vierteljahr später nicht mehr gab. In meinem Fall war es der Februar 1945, in ihrem der August 1989, ausgerechnet der 13. In der neuen Welt hat sie in diesen sechs Monaten, von denen dieses Buch handelt, das Krabbeln gelernt, ihre ersten Schritte gemacht, ihre ersten Worte gesprochen. Und genau wie ihrem Vater ist ihr die Welt, in die sie geboren wurde, bis heute sehr fern.

Übergangszeiten sind Zeiten überraschender Umbrüche, weitreichender Weichenstellungen, unvorhersehbarer Entwicklungen, aber auch ungewohnter Möglichkeiten; Treibende werden zu Getriebenen, die Dinge bekommen ihre eigene Dynamik – Übergangszeiten sind spannend.

Möge dieser Band denen, die diese Zeit nicht erlebt oder vergessen haben, das Besondere dieser Tage und das Handeln und die Motivationen der Akteure näherbringen.

# Prolog: **Beitritt**

Um Mitternacht steigen Raketen in den nächtlichen Himmel. Vor dem Reichstag haben sich Tausende von Menschen versammelt, um ein Fest zu feiern, das Fest der deutschen Einheit. Vor dem Eingang des historischen Gebäudes stehen die Repräsentanten der Bundesrepublik, darunter Willy Brandt, Oskar Lafontaine, Richard von Weizsäcker und ein massiger, sichtlich zufriedener Helmut Kohl. Der schmale, in den letzten Monaten stark abgemagerte Lothar de Maizière ist neben ihm kaum auszumachen. Weitere Repräsentanten der DDR, die in diesen Minuten aufhört zu existieren, sind nicht zu sehen. Es erklingt Händels Feuerwerksmusik, geschrieben einst für eine andere Siegesfeier.

Auf einem extra errichteten vierzig Meter hohen Fahnenmast wird eine 60 Quadratmeter große Deutschlandfahne gehisst. Reden werden keine gehalten. Man ist peinlich darauf bedacht, jeden Anschein nationalen Überschwangs zu vermeiden. Dreihundertsiebenundzwanzig Tage nach dem Fall der Mauer ist die Einheit vollendet. Fünfundvierzig Jahre nach der bedingungslosen Kapitulation Deutschlands ist die Phase des Kalten Krieges Geschichte. Die Zukunft ist ein europäisches Deutschland.

# 1. Die Laienspieler

**»So eine asoziale Hurerei ist mit mir nicht zu machen!«**

Lothar de Maizière

Als Lothar de Maizière am 18. April[1] zum Rednerpult schreitet, um seine Regierungserklärung abzugeben, schaut er an sich herunter und stellt fest, dass seine Hosenbeine schlottern. Vor seinem inneren Auge sieht er die Fernsehbilder des polnischen Ministerpräsidenten Tadeusz Mazowiecki, der ein Jahr vorher bei seiner Regierungserklärung umkippte, weil ihm vor Aufregung schlecht geworden war. So etwas, denkt er die ganze Zeit, darf mir nicht passieren! Und es passiert ihm nicht.

De Maizière, der gelernte Bratschist, feinsinnige Kunstliebhaber und Grafiksammler, verliest eine Erklärung, die später von allen Seiten als beeindruckende Botschaft eines demokratischen Neuanfangs gewertet wird. Als Hauptziel seiner Regierung nennt er die Verwirklichung der deutschen Einheit. Er spricht seinen Landleuten aus dem Herzen, als er sagt:»Über den Weg dahin werden wir ein entscheidendes Wort mitzureden haben.« De Maizière ist sich bewusst, dass es ein schwerer, ein steiniger Weg sein wird, und mahnt die Solidarität der bundesdeutschen Bevölkerung an:»Diese Einheit muss so schnell wie möglich kommen, aber ihre Rahmenbedingungen müssen so gut, so vernünftig und so zukunftsfähig sein wie nötig.« Und schon in dieser ersten Ansprache gibt er seiner Überzeugung Ausdruck, dass sich Tempo und Qualität am besten gewährleisten lassen,»wenn wir die Einheit über einen vertraglich zu vereinbarenden Weg gemäß Artikel 23 des Grundgesetzes verwirklichen«.

---

[1] Wenn nicht anders vermerkt, handelt es sich bei den Datumsangaben immer um das Jahr 1990.

In dieser Rede erinnert de Maizière daran, dass die DDR nie in den Genuss eines milliardenschweren Marshallplans gekommen sei, sondern im Gegenteil Milliarden an Reparationsleistungen zu erbringen hatte. »Teilung kann nur durch Teilen überwunden werden«, gibt er seiner Überzeugung Ausdruck. Es ist das Bild des Abendmahls, das der Christ und Nachfahre hugenottischer Einwanderer da heraufbeschwört. Und er zitiert aus Hölderlins Hyperion den schönen Satz »Denn das hat den Staat zur Hölle gemacht, dass wir ihn zu unserm Himmel machen wollten.« Der Staat, weiß er, ist nicht der Himmel, sondern der Staat ist der Garten und Rahmen, in dem sich menschliche Kreativität in Freiheit zu entfalten hat: »Dies als Ziel einer Gesellschaft zu beschreiben, das war mir damals wichtig.«

De Maizière steht einer Regierung vor, die aus 23 Kabinettsmitgliedern besteht.[2] (Noch die Vorgängerregierung Modrow hatte über 40 Minister und Industrieminister.) Er hat das Kabinett, wie er es nennt, spiegelbildlich zur Bundesregierung geschnitten. Das hat den einfachen Grund, dass bei den bevorstehenden Verhandlungen zur Deutschen Einheit die Ressorts miteinander in Verbindung treten können. Allerdings gibt es zwei zusätzliche Ministerien, die der besonderen Situation der DDR geschuldet sind: ein Medienministerium, das im Wesentlichen die Aufgabe hat, die monopolisierte Medienlandschaft umzugestalten, und ein Ministerium für Handel und Versorgung, um die zentralistischen Strukturen aufzuweichen. Ebenfalls abweichend von der bundesdeutschen Struktur siedelt de Maizière das Energieressort nicht beim Wirtschafts-, sondern beim Umweltministerium an, weil er der Meinung ist, wer Energie produziert, soll auch wissen, wie er den Dreck wegkriegt, der damit zusammenhängt.

Es ist eine Koalitionsregierung aus Christlich Demokratischer Union (CDU), Demokratischem Aufbruch (DA) und Deutscher Sozialer Union (DSU), die als »Allianz für Deutschland« zur Volkskammerwahl angetreten waren, Sozialdemokratischer Partei (SPD) und der liberalen Partei Bund Freier Demokraten (BFD).

---

[2]  Siehe Anhang: Das Kabinett de Maizière.

12.4.1990, Berlin, Das Kabinett de Maizière vor der Volkskammer

Lothar de Maizière hätte auch mit seiner Allianz allein regieren können. Aber noch gilt die Verfassung der DDR von 1968, und er ist sich bewusst, dass es in der nächsten Zeit eine Reihe von verfassungsändernden Beschlüssen geben muss, für die eine Zweidrittelmehrheit erforderlich ist.

Und de Maizière hat einen zweiten Grund, vor allem die Sozialdemokraten an Bord zu holen, der ihn als vorausschauenden und cleveren Politiker zeigt:

»Ich wusste schon, dass im Zuge der nächsten Monate von der bundesdeutschen Seite eine ganze Menge Zumutungen auf uns zukommen würden, die uns sagen würden, wir sollten dieses, jenes, sonst was machen. Und ich hoffte, sagen zu können: ›Ja, liebe Leute, ich muss aber Rücksicht nehmen auf meinen Koalitionspartner! Und der sieht das ganz anders, und insofern kann ich diesem Ansinnen nur bedingt folgen‹«.

So zum Beispiel kommt Graf Lambsdorff, Vorsitzender der West-FDP, zu ihm mit der Vorstellung, nach der Wiedervereinigung müsse der § 613a des BGB mehrere Jahre ausgesetzt werden. Dieser

8.4.1990, Berlin, Haus der Parlamentarier, Lothar de Maizière und Markus Meckel (r.) auf dem Weg zur Koalitionsverhandlung

Paragraph beinhaltet Folgendes: Kauft A von B eine Firma, kauft er die Belegschaft mit und tritt für die sozialen Verpflichtungen des vorherigen Arbeitgebers ein. Lambsdorff will Firmenkäufe ohne jegliche soziale Bindung an die Mitarbeiter ermöglichen. De Maizières Antwort: »Wissen Sie, Graf Lambsdorff, so eine asoziale Hurerei ist mit mir nicht zu machen! Das kriege ich auch nicht bei meinem Koalitionspartner durch.«

Und auch die SPD will die große Koalition. Markus Meckel, Parteivorsitzender der Ost-SPD und Außenminister der Koalitionsregierung: »Wir wollten diese Vereinigung mitgestalten, das war unser zentraler Wille. Die deutsche Vereinigung sollte nicht an uns vorbeilaufen, sondern wir wollten die Dinge, die uns wichtig sind, international wie auch im Inneren, das wollten wir mitgestalten. Und wir trauten auch den anderen nicht zu, dass sie es allein gut machen würden.«

Fraktionsvorsitzender Richard Schröder ist ein leidenschaftlicher Verfechter der großen Koalition. Und er hat einen guten Draht zum Vorsitzenden der Ost-CDU: »Lothar de Maizière war vielen sozial-

1.4.1990, Richard Schröder (r.) in einer Pause der Koalitionsverhandlung

demokratischen Forderungen von sich aus schon geneigt. Es hat ja freche Zungen gegeben, die behauptet haben, Lothar de Maizière hätte auch in die SPD gepasst. Das kann man, glaube ich, auch so sagen. Dass der Übergang so weit wie möglich abgefedert wird, das war auch ein fundamentales Interesse von Lothar de Maizière.«

Dennoch gibt es vor der Koalitionsbildung harte Auseinandersetzungen in der SPD-Fraktion. Richard Schröder versteht es, die widerstrebenden Kräfte in den Prozess der Ausarbeitung des Koalitionsvertrages einzubeziehen, so dass am Ende viele sagen konnten, das Regierungsprogramm trägt auch sozialdemokratische Züge. Vor allem Wolfgang Thierse, einer von Schröders Stellvertretern in der SPD-Fraktionsspitze, ist gegen eine Regierungsbeteiligung:»Die große Koalition, das war mir schon aus grundsätzlichen Überlegungen etwas Unsympathisches. Aber dann fand ich doch in den Verhandlungen, dass man mit Lothar de Maizière eine vernünftige, belastbare Vereinbarung treffen könnte, dass wir das gemeinsame Anliegen haben, in diesem Prozess der Vereinigung vernünftige Schritte zu gehen und gegen den übermächtigen westdeutschen

Partner, Helmut Kohl und seine Regierung, ostdeutsche Interessen nur gemeinsam stark vertreten könnten. Das war unsere Basis.«
»Wir haben vor der 2. Volkskammersitzung am 12. April im Foyer der Volkskammer den Koalitionsvertrag unterschrieben, und wir haben uns bei den Koalitionsverhandlungen darüber geeinigt, welche Partei welche Ressorts bekommt. Nicht, welche Personen sie besetzen sollen, sondern die Ressorts. Allerdings hatte ich als Ministerpräsident mir ausbedungen, dass ich bei der Besetzung der Personen ein Veto-Recht habe, dass ich sage, ja gut, ihr Sozialdemokraten dürft die Posten besetzen. Aber schon bei der Besetzung der Ressorts gab es natürlich Schwierigkeiten. Die Sozialdemokraten beanspruchten selbstverständlich für sich das Ressort Arbeit und Soziales. Und ich habe damals gesagt, also das kann nicht sein, dass ihr alle Lob- und Dankministerien kriegt und wir alle Prügelministerien! Und vor allem, wer soziale Botschaften verteilen will, muss wissen, wer sie finanziert. Also Arbeit und Soziales geht an euch, wenn ihr wollt, aber dann nehmt ihr auch Finanzen. Und das führte dann zu der Konstellation Regine Hildebrandt und Walter Romberg. Dann gab es noch einen Streitpunkt. Ich habe gesagt, wir sollten eigentlich alles aus uns heraus besetzen, aber Wirtschaft, der Transformationsprozess, da sollten wir jemanden haben, der in der Marktwirtschaft zu Hause ist. Es gab da Überlegungen, Elmar Pieroth, den früheren West-Berliner Wirtschaftssenator, als Wirtschaftsminister zu berufen. Und dann sagten die Sozialdemokraten zwingend: ›Es muss ein DDR-Bürger sein!‹ So wurde es schließlich Gerhard Pohl.

Es war natürlich auch so, dass ich ein paar Leute meiner Regierung kurz vor der Vereidigung das erste Mal in meinem Leben gesehen habe. Das mag abenteuerlich anmuten, aber es hängt mit der Zeit und der Schnelllebigkeit der Zeit zusammen. Wenn heute Bundestagswahlen sind, dann dauert es ein Vierteljahr, bis das Bundeskabinett steht. Wir waren quasi nach vier Wochen alle in Amt und Würden, weniger als vier Wochen. Am 18. März sind wir gewählt worden, am 12. April stand die Regierung.«
Diese letzte DDR-Regierung unterscheidet sich ganz grundsätzlich von allen ihren Vorgängerinnen. Es ist ein völlig anderes Kabinett, eines, das nicht nur frei gewählt worden ist, sondern vor allen Din-

12.4.1990, Volkskammer, Unterzeichnung der Koalitionsvereinbarung, v.l.n.r.:
Rainer Eppelmann (DA), Markus Meckel (SPD), Lothar de Maizière (CDU),
Hans-Wilhelm Ebeling (DSU) und Rainer Ortleb (BFD)

gen eines, das von keinem Politbüro Befehle bekommt, so wie es
bisher in der DDR üblich war; eine souveräne Regierung, die in
enger Zusammenarbeit mit dem Parlament ihre Arbeit organisiert.
Pfarrer Rainer Eppelmann: »Es gab auf einmal eine frei gewählte
Regierung, in der keine SED Leute drin waren, die über viele, viele
Jahre alles bestimmt haben, was in der DDR passiert ist. Und wir,
die wir vorher nicht ernst genommen wurden, deren Meinung gar
nicht interessant war, höchstens hat die Staatssicherheit sich dafür
interessiert, wir waren auf einmal diejenigen, die politische Verantwortung zu übernehmen bereit waren. Und jetzt ging es darum, aus
einer Diktatur eine demokratische, rechtsstaatliche, möglichst freie
und effiziente Gesellschaft zu machen.«

Es sind keine Politprofis, sondern Leute, die im heißen Herbst des
Jahres 1989 spontan in die Politik gekommen sind. Es ist deshalb
nicht verwunderlich, dass überdurchschnittlich viele Regierungs-

17

mitglieder einen kirchlichen Hintergrund haben[3], war doch die Kirche Keimstätte und Schutzraum der Oppositionsbewegung, die im Dezember 1989 den Zentralen Runden Tisch zur Kontrolle der SED erzwang. Hier sammelten einige der späteren Regierungsmitglieder und Parlamentarier ihre ersten Politikerfahrungen. Es sind Wissenschaftler, Techniker, Lehrer. Sie kommen mitten aus dem Leben in die Politik und nicht, wie der Großteil der westdeutschen Politiker, über die Nachwuchsorganisationen der Parteien und über entsprechende Studiengänge. Juristen gibt es kaum. »Mir wären ein paar Juristen mehr im Kabinett lieber gewesen«, seufzt de Maizière. »Machen Sie mal mit einer Reihe von Pastoren Gesetze. Auweia. Gesetze kann man mit so einem Gutmenschenansatz nicht machen, die müssen einfach logisch stimmen. Da können Sie noch soviel Herz-Jesu-Sauce haben und drüberkippen wollen – das bringt nichts. Das wurde mir dann als unfreundliche Nüchternheit angelastet, aber damit musste ich leben.«

Dennoch wird die Zusammenarbeit im Kabinett als hervorragend bezeichnet, alle ziehen am gleichen Strang: »Bis in den August hinein hätten Sie im Kabinett nicht gemerkt, wer sitzt von der CDU, den Liberalen oder der SPD dort«, erinnert sich Peter Pollack, der parteilose Landwirtschaftsminister. »Sicher gab es auch mal scharfe Diskussionen, vor allem, wenn es um Geld ging. Das ist normal und hing nicht damit zusammen, dass Herr Romberg nun von der SPD war und der andere, der Geld haben wollte, von der CDU. Das war in der Sache begründet.«

Die meisten der Regierungsmitglieder geraten zufällig in die Politik. Diese Karriere ist nicht geplant und wird auch in der Regel als Übergangzeit betrachtet. In der Lebensplanung von Lothar de Maizière war Politik überhaupt nicht vorgesehen – als Vizepräsident der Synode des Bundes der evangelischen Kirchen bestand auch gar keine Chance, in die DDR-Politik zu geraten. Mit dem Amtsantritt Gor-

---

[3] Neun von 24 Kabinettsmitgliedern und sieben Staatssekretäre kamen aus dem Kirchenbereich.

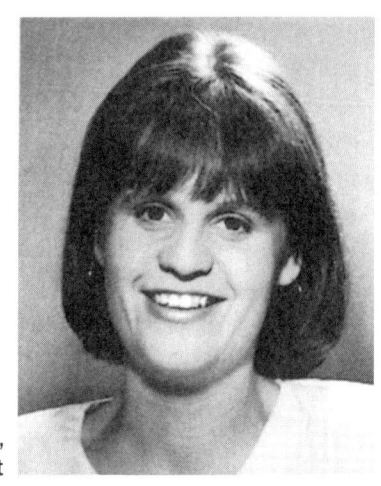

Cordula Schubert,
Ministerin für Jugend und Sport

batschows gab es Hoffnung auf Reformen, aber er glaubte, dass diese
nur innerhalb des Systems möglich sind. Einen Systemwechsel konnte
er sich nicht vorstellen. Doch dann kommt der Herbst 89, und nun
kann man nicht zurück, hat man doch jahrelang in den kirchlichen
Gremien Möglichkeiten zur Partizipation, zu Teilhabe, zur Mitbe-
stimmung gefordert: »Man kann nicht plötzlich sagen: ›Ja, das haben
wir zwar gefordert, aber jetzt, wenn es ernst wird, bitteschön, Frei-
willige durchtreten, ich nicht.‹ Ich habe aber, in meinem Anwalts-
büro, gesagt: ›Mein Stuhl bleibt frei, ich komme wieder. Das ist nicht
mein Lebensberuf‹«.

Das Angebot, ein Ministerium zu übernehmen, erreicht in dieser
atemlosen Zeit fast alle überraschend, und es gibt kaum Bedenkzeit.
Cordula Schubert erinnert sich: »Für mich kam es sehr überraschend;
denn bekanntlich war das mit den Telefonverbindungen in der DDR
ja nicht so weitverbreitet. Ich musste am Tag vorher schon zur Volkskammersitzung anreisen, das war der 10. April, die Volkskammersitzung begann irgendwann um 10.00 oder 9.30 Uhr. Jedenfalls
hätte ich da früh nicht mehr mit dem Zug von Chemnitz nach Berlin fahren können. So musste ich also einen Tag vorher anreisen.
Und Auto hatte ich natürlich keins; denn die Wartezeit war noch
nicht erfüllt. Und die hatten versucht, von Berlin aus mich telefo-

nisch über die CDU-Geschäftsstelle zu erreichen. Aber ich war ja schon weg. Ich bin dann direkt zur Volkskammersitzung gegangen.

Und unten vor der Tür wartete der Geschäftsführer der Christlich-Demokratischen Jugend und meinte: ›Also, ich wollte nur sagen, du bist die designierte Ministerin für Jugend und Sport. Und wenn du jetzt die Treppen hochgehst, da oben steht Elf99, das Jugendfernsehen der DDR, und will als Erstes von dir hören, welche Politik du beabsichtigst in der nächsten Zeit.‹ Ein Gespräch hat eben halt auf Grund der Zeitprobleme und Erreichbarkeiten vorher nicht stattgefunden.«

Herbert Schirmer: »Ich war in Potsdam und bin von da aus durch West-Berlin gefahren, was damals noch mit einigen Kontrollmechanismen verbunden war, und kam demzufolge zu spät in die Präsidiumssitzung der CDU an dem damaligen Platz der Akademie, heute wieder Gendarmenmarkt, und betrete den Raum, der sozusagen besetzt war von den Gremien der Partei. Und alle guckten irgendwie so ein bisschen auf mich und lächelten milde. Und ich hatte das Gefühl, als ich den Raum betrat, alle wissen etwas, was ich nicht weiß. Ich habe dann meinen Platz eingenommen und irgendeine Entschuldigung wegen des Zuspätkommens geflüstert, und die Tagesordnung lief weiter.

Und plötzlich wurden Zettel verteilt. Und da lag vor mir das Schreiben, in dem der zukünftige Ministerpräsident der DDR, Lothar de Maizière, mich beglückwünscht zum Amt des Kulturministers der DDR. Es hat bis zu diesem Zeitpunkt keine Vorgespräche gegeben.«


Regine Hildebrandt wird von der frohen Botschaft in der Kirche überrascht. Ihr Staatssekretär Alwin Ziel: »Wir wussten, wo sie ist, die sang im Domchor. Und dann kriegten zwei von uns, Wolfgang Thierse und ich, den Auftrag, zu Regine zu gehen und ihr zu sagen, also jetzt wird es ernst, wir haben beschlossen, du sollst Arbeits- und Sozialministerin werden. Und als wir dahin kamen in die Kirche, da war das so, dass der Chor gerade sang und Regine mittendrin. Und wir mussten warten, bis die mit ihrem Lied zu Ende sind. Und dann haben wir gesagt: ›Regine, du musst Ministerin werden!‹

Herbert Schirmer, Minister für Kultur    Regine Hildebrandt, Ministerin für
Arbeit und Soziales

Und ihre wörtliche Reaktion war: ›Ihr seid verrückt geworden!‹ Das
heißt, sie wollte gar nicht.«

Markus Meckel findet sich schwer in die Ministerrolle: »Ich bin
ja vorher eigentlich immer nur mit einem Pullover rumgerannt. Ich
habe auch als Pfarrer keine Anzüge getragen. Ich besaß nur einen,
und der passte mir nicht mehr so richtig. Vor meiner USA-Reise
habe ich mir dann einen Anzug gekauft. Und am Anfang meiner
Außenministerzeit war das der einzige Anzug, den ich hatte. Und
ich hatte dann kaum Zeit, mir andere zu kaufen, weil einfach die
Tage von morgens bis abends so voll waren, dass also allein schon
diese Banalität ein Problem darstellte. So dass es schon schwierig
war, sich darauf einzustellen und immer den notwendigen proto-
kollarischen Gepflogenheiten zu entsprechen, die man ja nicht
kannte. Man musste beraten werden. Wichtig war, aber auch das
dauerte eine Weile, dass ich mir dann ein paar Leute ausgeborgt
habe aus dem Auswärtigen Amt. Das heißt, Hans Dietrich Genscher hat mir angeboten, ein paar Leute zu schicken. Aber ich war
ja durchaus misstrauisch und wollte nicht unbedingt, dass dann vom
Auswärtigen Amt mein Haus auch noch intern mitgeleitet wird.«

Der Bayerische Ministerpräsident Streibl spricht von der Laienspielerschar, die da im Osten am Werk sei, und meint das durchaus abschätzig. Wolfgang Thierse:»Das war schon ärgerlich, aber wir hatten dann auch ein bestimmtes Selbstbewusstsein entwickelt. Ja, wir waren Laienspieler, wir haben Politik gelernt, miteinander, nicht gegeneinander. Wir haben debattiert. Aber es gab so eine grundlegende, emotionale Verbindung, eben weil wir noch nicht Profis, noch nicht abgebrüht, noch nicht zynisch waren.«

Klaus Reichenbach:»Wir haben bei den Koalitionsverhandlungen mit der SPD gesessen, und es ging in die Nacht. Ich glaube, halb eins war irgendwie so der letzte Punkt, bei dem es darum ging, die Ministerposten zu besetzen. Und dann gab es einen Riesenstreit mit der SPD. Die wollten einen Ministerposten mehr haben als die CDU ihnen zusagen konnte oder wollte. Und der goldene Kompromiss kam von de Maizière, der da in seiner üblichen Art und Weise an der Zigarette gezogen hat, muffig vor sich hinguckte und dann sagte:›Mache einen Vorschlag! Mein Amtsleiter wird Minister, im Amt des Ministerpräsidenten, dann haben wir eben mehr, und dann kriegt ihr euern.‹ Und da wurde bei allen zugesagt. Und so bin ich, ohne dass ich überhaupt gefragt wurde, ich saß nämlich rechts neben ihm, bin ich in dieser Nacht zum Minister gekürt worden. Und wollte es überhaupt nicht werden, denn Amtsleiter, damit wäre ich ja durchaus zufrieden gewesen.«

Die erste Kabinettssitzung findet am 12. April im Anschluss an die Vereidigung der Regierung im Berliner Stadthaus, dem Amt des Ministerpräsidenten, statt. Die Versammlung ist für 14.00 Uhr angesetzt. Einer kommt zu spät, Regierungssprecher Matthias Gehler. Ein wichtigerer Termin hat ihn aufgehalten: seine für 13.00 Uhr anberaumte standesamtliche Eheschließung.

In dieser konstituierenden Kabinettssitzung benennt Lothar de Maizière die merkwürdige psychologische Situation, in der sich seine Regierung befindet:»Meine Herren, wir dürfen vom jetzigen Moment, vom ersten Moment an nicht vergessen, dass wir eine Aufgabe haben, die lautet, wir müssen uns selber überfällig machen, wir müssen uns abschaffen!« Sicherlich eine Konstellation,

Klaus Reichenbach, Minister im Amt des Ministerpräsidenten

Matthias Gehler, Regierungssprecher

wie man sie so schnell in der Weltgeschichte nicht wieder finden wird: eine Regierung, deren Hauptziel ihr Verschwinden ist. Was übrigens auch für das Parlament gilt, die erste und letzte frei gewählte Volkskammer der DDR.

Dabei ist de Maizière klar, dass es mental nicht einfach ist zu wissen, ich gehe in so ein Amt mit dem Ziel, die Macht stückchenweise abzugeben. Einige, wird er 20 Jahre später sagen, ohne Namen zu nennen, fanden durchaus Gefallen daran, Minister zu sein, und veranstalteten lieber irgendwelche Besuche durch das halbe Land, als gediegene Kabinettsvorlagen zu erarbeiten. Im April 1990 geht er jedoch noch von einer Übergangszeit von mindestens zwei Jahren aus. Als Nahziel erhofft er sich bei den Sommerspielen 1992 in Barcelona eine gemeinsame deutsche Olympiamannschaft.

Schon in der ersten Kabinettssitzung benennt der Premier fünf wesentliche Punkte, die durch seine Regierung zu erledigen seien:

Erstens müsse die kommunale Selbstverwaltung wiedereingeführt werden, damit die Kommunen wieder Macht und Stimme haben. Der Einzelne solle vor Ort erfahren können, was Demokratie heißt. Also Schluss mit dem Zentralismus.

Zweitens müsse die Länderstruktur wiederhergestellt werden, damit eine grundgesetzkompatible Struktur entsteht und die östlichen Länder beim Bundesrat ihre Interessen einbringen können.

Drittens müsse so schnell wie möglich die Währungs-, Wirtschafts- und Sozialunion geschaffen werden.

Viertens gelte es, den ›Adapter‹ zu schaffen, um die zwei in 40 Jahren auseinandergelaufenen Rechtsordnungen wieder miteinander verzahnen zu können, einen Adapter zwischen zwei inkompatiblen Systemen.

Und fünftens, die außenpolitischen Aspekte müssen Zwei-plus-Vier geregelt werden, also zwischen den beiden deutschen Staaten und den vier Siegermächten des Zweiten Weltkrieges. »Und wenn wir diese fünf Punkte geschafft haben, dann gibt es eigentlich für uns keinen Grund mehr, weiter Regierung der DDR zu sein. Und diese fünf Punkte haben wir abgearbeitet.«

Fast alle Mitglieder des Kabinetts de Maizière bezeichnen die sechs Monate ihrer Amtszeit als die intensivste, als die rasanteste Zeit ihres Lebens, als beschleunigte Zeit, als schnell, spannend, aufregend – und stressig.

»Das Jahr 1990 war natürlich phantastisch«, sagt Klaus Reichenbach. »Ich habe gesehen, es gab die Chance der deutschen Einheit, das war ein politisches Ziel, was ich schon als Kind erträumt hatte und was natürlich zu erreichen an und für sich schon phantastisch war. Die Ereignisse haben mich dann einfach dahin gespült, wo wahrscheinlich der liebe Gott mich irgendwie vorgesehen hat. *Meine* Planung ist das nicht gewesen.«

»Die sechs Monate sind natürlich die prägendsten Monate meines Lebens gewesen«, sagt de Maizière. »Es gibt harte Erinnerungen, aber es gibt eben auch großartige Erinnerungen. Das Gefühl, in Moskau am 12. September den Friedensvertrag mit Deutschland zu unterschreiben und eine Geschichte abzuschließen, die mit dem Reichstagsbrand begonnen hat und die zu so grässlichen Stationen wie Novemberpogrom 1938 und 1. September 1939 und 22. Juni 1941 geführt hat und in die deutsche Teilung und in den Kalten Krieg, dann zu sagen: ›Mit Zustimmung unserer Nachbarn und der

Günther Krause,
Staatssekretär beim Ministerpräsidenten

Siegermächte unterschreiben wir hier eine endgültige Regelung‹, das ist schon ein Moment, den ich in meinem Leben nicht missen möchte.«

»Es war die kreativste Zeit in meinem Lebens«, resümiert Günther Krause, CDU-Fraktionsvorsitzender, Parlamentarischer Staatssekretär des Ministerpräsidenten und Verhandlungsführer bei den Gesprächen zum Einigungsvertrag. »Es war auch eine sehr aufreibende Zeit. Biologisch gesehen, ist man da nicht ein *halbes* Jahr gealtert, sondern drei oder gar vier Jahre, weil man so wenig geschlafen hat.«

Viele beschreiben einen Arbeitstag, der um 6.00 Uhr beginnt und oft erst nach 22.00 Uhr endet. Amtsminister Klaus Reichenbach berichtet, dass es oft an die Grenzen des Machbaren ging. Er sei im Schnitt nachts zwischen 23.00 und 1.00 Uhr aus dem Gebäude des Ministerrates gekommen und habe um 7.00 Uhr wieder am Schreibtisch gesessen. Er erleidet in der Zeit zwei Hörstürze.

Und der Premier: »Ich wurde in aller Regel morgens um halb sieben abgeholt und nachts um halb zwei wieder ausgekippt. Und dann habe ich, wenn es Dienstag war, noch die Kabinettsvorlagen von Mittwoch gelesen. Und das war Sonnabend, Sonntag, Montag, Dienstag, Mittwoch, Donnerstag, Freitag, Sonnabend, Sonntag so. Ich habe ein großes Glück: Ich kann in jeder Lebenslage schlafen. Wenn ich mich in den Dienstwagen hinten reinsetze, kippe ich um und schlafe von Treptow bis zum Ministerrat. Und wenn ich vom Ministerrat irgendwohin fahren muss, dann schlafe ich die nächste Runde. Ich habe immer zu meinen Sicherheitsleuten gesagt: ›Ihr wechselt euch ab in drei Schichten, aber ich werde nie ausgetauscht.‹

Ich hatte dem Justus Frantz versprochen, ich spiele in Greifswald bei der Eröffnung der Festspiele Mecklenburg-Vorpommern als Solist ein Konzert. Und habe dann mein Instrument mitgenommen und habe jeden Mittag von eins bis zwei im Ministerrat eine Stunde geübt. Meine Mitarbeiter dachten zuerst, jetzt ist er völlig verrückt geworden! Aber es hat mir damals sehr geholfen, weil ich das Gefühl hatte, das teilt den Tag und du tust etwas nur für dich und versuchst, deine Seele wieder in Einklang zu bringen mit dir selbst.«

Günther Krause: »Also aufstehen um 6.00 Uhr, zu Bett gehen morgens zwischen 1.00 und 2.00 Uhr. Ich kann mich entsinnen, dass ich im Mai irgendwann mal gesagt habe: ›Ich schwitze so, ich glaube, ich habe Fieber.‹ Und mein Fahrer sagte nur: ›Nein, der Winter ist vorbei.‹ Man hat überhaupt nichts mehr mitbekommen, man war so sehr im Stress und hatte jeden Tag neue Probleme.«

Es ist auch eine Zeit ungeheurer Möglichkeiten, wo Dinge ohne Bürokratie schnell und unkompliziert zu regeln sind. Diese Erfahrung macht zumindest Almuth Berger, die Ausländerbeauftragte: »Ich bin am Donnerstag zu Rainer Eppelmann gegangen und habe gesagt: ›Ich brauche eine Kaserne!‹ Und dann sagte er: ›Hm, wann?‹ Ich sagte: ›Na, vorgestern!‹ Also sofort. Und dann haben wir uns ans Telefon gehängt. Und er hat geguckt, welche Kaserne ist schon geräumt von der NVA. Die musste dann wieder bestückt werden mit Mobiliar, und am nächsten Tag konnte ich Flüchtlinge da unterbringen.

Oder ich bin zum Finanzminister gegangen und habe gesagt: ›Ich brauche Geld für die Versorgung der jüdischen Flüchtlinge, die kamen!‹ Da sagte er: ›Wie viel?‹ Ich sagte: ›Weiß ich nicht! Kann ich einfach nicht sagen!‹ Da sagte er: ›Setz dich einfach zusammen mit meinen Abteilungsleitern und überlege das, und dann komm wie-

13.5.1990, Musikfest Mecklenburg-Vorpommern, Lothar de Maizière spielt die 1. Bratsche im Streichquintett Nr. 2, c-Moll, KV 406 von Wolfgang Amadeus Mozart

der!‹ Und dann habe ich mich mit denen hingesetzt, und wir haben versucht, da irgendwelche Berechnungen anzustellen, die sicher abenteuerlich waren, und sind auf irgendeine Summe gekommen, so und so viele Millionen. Und dann bin ich wieder hingegangen und habe gesagt: ›Also, wir haben was ausgerechnet!‹ Dann sagte er: ›Okay, kriegst du!‹«

Lothar de Maizière nennt Zahlen, die den enormen Arbeitsanfall in diesen sechs Monaten illustrieren: Es werden 759 Kabinettsvorlagen behandelt, manche zwei- oder dreimal. Er unterschreibt 143 Verordnungen. Die Volkskammer bearbeitet und beschließt 96 Gesetze, die vom Ministerrat vorgelegt werden.

Der Prozess der Gesetzgebung ist folgendermaßen organisiert: Am Montag tagt die Staatssekretärsrunde. Hier werden alle aus den Ministerien vorgeschlagenen Gesetzesänderungen bzw. Änderungen der Verordnungen durchgearbeitet und auf Fehler, auf technische Durchführbarkeit und politische Brisanz geprüft. Die Ergebnisse werden am Dienstag mit den Fraktionsvorsitzenden der Koalition besprochen. Mittwochs früh um 8.00 Uhr tagt der Ministerrat und behandelt die Vorlagen. Anschließend werden sie, mit eventuellen Korrekturen, in die Volkskammer geschafft. In der Regel ist dort am Donnerstag die erste, am Freitag die zweite Lesung

17.5.1990, Täglich treffen Hunderte Asylanten in der DDR ein, die auf ein besseres Leben hoffen. Regierungssprecher Matthias Gehler (l.) und Aus-länderbeauftragte Almuth Berger (M.) im Gespräch mit Asylanten, die in einer ehemaligen NVA-Kaserne in Berlin-Biesdorf eine vorläufige Bleibe erhielten.

und Verabschiedung der Gesetze. Am schlimmsten Tag, an den sich Amtsminister Reichenbach erinnern kann, waren es 35 Gesetzesentwürfe und 23 Verordnungen – ein ganzer Koffer voll.

Gemessen am Arbeitsanfall, ist das Gehalt eher bescheiden und für alle gleich: 2750,00 Mark. Der Premier bekommt 1000,00 Mark mehr. Umweltminister Karl-Hermann Steinberg: »Bei Töpfer, in seinem Ministerium, gab es keine Putzfrau, die weniger hatte als ich als Minister.« Am 1. Juli wird aus der Ostmark die Westmark. Die Höhe des Gehaltes bleibt gleich.

Fast alle Minister und Staatssekretäre wohnen in Gästehäusern der Regierung, im Johannishof an der Friedrichstraße oder im Pankower Schloss Niederschönhausen. Die Zimmer sind schlicht und unpersönlich, aber man hält sich ja auch nur zum, viel zu kurzen, Schlafen dort auf. Die Miete für ein Zimmer beträgt 75 DDR-Mark im Monat, für ein Appartement ca. 250 Mark – nach dem 1. Juli natürlich in DM.

Dennoch erinnern sich fast alle gern an diese Zeit. Innenminister Diestel: »Ich habe selten mit so vielen klugen Leuten in einer Gemeinschaft wie in diesem Kabinett zusammengearbeitet. Es waren sehr, sehr Leistungsstarke. Wenn ich an Forschungsminister Terpe denke, wenn ich an Regine Hildebrandt denke, die eine hervorragende Arbeit gemacht hat, die zwar intellektuell sehr chaotisch, aber sehr menschlich und damals schon auch weitsichtig klug war, auch Günther Krause letztendlich als Staatssekretär im Kanzleramt – das war eine Zusammenarbeit mit Gleichgesinnten, die sehr intensiv war, und wo trotz dieser relativ kurzen Zeit, einem halben Jahr, irrsinnig viel geschehen ist.«

# 2. Ein Plebiszit

»Robust, clever, parteipolitisch genial und gemein zugleich!«

Wolfgang Thierse

Am 28. Januar 1990 trifft sich Ministerpräsident Hans Modrow mit Vertretern der Opposition. Das Ergebnis dieser Zusammenkunft ist eine Allparteienregierung der »nationalen Verantwortung«. Man beschließt, die Volkskammerwahlen vom 6. Mai auf den 18. März vorzuziehen. Der Zentrale Runde Tisch stimmt am nächsten Tag zu. Es werden die ersten und letzten freien Volkskammerwahlen der DDR sein, und das Ergebnis wird die meisten überraschen, denn in den Vorabumfragen hatte die SPD immer die Nase vorn – alles rechnete mit einem Sieg der Sozialdemokraten.

Wolfgang Thierse allerdings bezeichnet die Monate vor der Wahl als eine Zeit geradezu rasanter Stimmungsveränderungen. Etwa bis zum 4. November 1989, dem Tag der riesigen Demonstration auf dem Berliner Alexanderplatz, ging es darum, die Grundfreiheiten gemeinsam einzufordern und das Land zu verändern. Der Schlachtruf war: »*Wir* sind das Volk!«

Nach der Öffnung der Mauer schlug die Stimmung um. Jetzt rief man plötzlich überall »Wir sind *ein* Volk!« Das hieß, was sollen wir uns lange streiten um Veränderungen im Land, wir wollen soziale Marktwirtschaft und Vereinigung. Wir wollen die D-Mark. Auf den Demos im ganzen Land wurde skandiert: »Kommt die D-Mark, bleiben wir, kommt sie nicht, geh'n wir zu ihr!« Und das war keine leere Drohung. Im Januar verließen täglich über zweitausend vor allem junge, gut ausgebildete Leute die DDR. Mit 600 000 bis 700 000 Übersiedlungen aus der DDR rechnete der Deutsche Städtetag der Bundesrepublik für 1990. Deren Vorsitzender Herbert Schmalstieg befürchtete gravierende Probleme auf dem Wohnungsmarkt: »Das ist Sprengstoff, der den sozialen Frieden stark gefähr-

Wolfgang Thierse, ab August 1990
Vorsitzender der SPD-Fraktion
in der Volkskammer

det!« Baden-Württembergs Ministerpräsident Lothar Späth sprach sich für Rückkehrprämien für DDR-Bürger aus.

Am 5. Februar, in Vorbereitung der Volkskammerwahl, schließt sich die DDR-CDU mit dem Demokratischen Aufbruch (DA) und der DSU, unter Anwesenheit und wesentlichem Einfluss von Helmut Kohl, zum Bündnis »Allianz für Deutschland« zusammen.

Schon der Name »Allianz für Deutschland« ist psychologisch klug gewählt, weist er doch auf das Ziel Deutschland einig Vaterland hin und bedient damit geschickt die Erwartungen im Volk. Gewinnen wird der, der am konsequentesten für die Herstellung der deutschen Einheit eintritt.

Thierse nennt es Einmischung in die ostdeutschen Belange: »Die haben das am robustesten betrieben und waren nicht zimperlich. Blockparteien übernehmen und eine Allianz schmieden und gleichzeitig der SPD vorwerfen, sie wolle irgendetwas mit der alten SED machen! Das war schon robust, clever, parteipolitisch genial und gemein zugleich. Der einzigen neu gegründeten Partei, der SPD, die den Machtanspruch der SED als Partei bestritten hat, dieser Partei vorzuwerfen, sie wollte den DDR-Sozialismus in irgendeiner Weise verlängern. Also die Geste, mit der Helmut Kohl diesen Wahlkampf

2.2.1990, Berlin, Unter den Linden: Stephan Hilsberg (l.), Ibrahim Böhme (M.),
Markus Meckel (r.) im Wahlkampf

in Ostdeutschland entschieden hat, war doch ganz einfach: ›Ich richte es für euch. Es wird schnell gehen, es wird keine Schmerzen verursachen.‹ Der Patriarch, der mit paternalistischer Geste die ängstlichen, verunsicherten, ungeduldigen Ostdeutschen an die Hand nahm und sagte: ›Ich führe euch in das gelobte Land.‹ Das hat funktioniert.«

»Ein paar Tage vor der Wahl wurde ich von der taz interviewt«, erzählt Sabine Bergmann-Pohl, »die mich dann am Schluss fragte, wie meiner Meinung nach die Wahl ausgehen wird. Da antwortete ich: ›Ich glaube, wir kriegen ein ganz gutes Ergebnis, die Allianz für Deutschland. Wir sind ja für die Wiedervereinigung eingetreten. Ich schätze, wir kriegen so 28 bis 30 Prozent.‹ Und da bekam die Interviewerin einen Lachkrampf und sagte: ›Das glauben Sie doch alleine nicht!‹«

Oft waren die Sympathien im Lande bei der SPD und bei den Vertretern der Bürgerbewegung. »Wenn ich euch so sehe«, sagt ein älterer Arbeiter zu Thierse, »und wenn ich an meinen Vater und Großvater denke, dann möchte ich eigentlich Sozialdemokratie wählen. Aber ihr habt nicht die große Kohle, die hat Herr Kohl.«

Oskar Lafontaine, Kanzlerkandidat der West-SPD, versucht zu bremsen. Richard Schröder, Fraktionschef der Ost-SPD: »Lafontaine hatte ganz andere Motive. Der hat immer gesagt, das würde unbezahlbar werden und der Sozialstandard im Westen würde gefährdet. Ich wundere mich sehr, dass Lafontaine heutzutage gehandelt wird als jemand, der dafür gekämpft hat, dass alles sanfter zugehe. Nein, er hat gesagt: ›Die sollen uns nicht in unsere Kassen reinstürzen, die brauchen wir für uns selbst. Das gibt böses Blut, wenn hier so viele Ausländer von draußen reinkommen.‹ Das sind Lafontaines Sprüche gewesen. Ich habe ja auch oft das Argument gehört, ob die Geschwindigkeit der Änderungen nicht die Leute überfordert. Da habe ich etwas schnodderig geantwortet: ›Revolutionen überfordern die Menschen immer!‹«

Das Ergebnis der Wahlen am 18. März: Allianz für Deutschland 46,8 Prozent (CDU 40,6 Prozent, DSU 6,3 Prozent, DA 0,9 Prozent), SPD 21,8 Prozent, PDS 16,3 Prozent, BFD 5,3 Prozent, Bündnis 90 2,9 Prozent.

Thierse ist enttäuscht, aber nicht bestürzt. Er hatte das Ergebnis schon geahnt, als er kurz vor der Wahl zur Beerdigung seines Vaters nach Thüringen gefahren war und feststellen musste, dass die Stimmung im Lande ganz anders ist als in Berlin. Auch Richard Schröder roch den Braten. Ihm war klar, dass die Umfrageergebnisse, die die SPD klar vorn sahen, nur bedingt aussagefähig sind, waren sie doch telefonisch erhoben worden. In der DDR hatten ja nur sehr wenige ein privates Telefon, und das waren oft Funktionsträger. Das Ergebnis dieser Umfrage konnte nicht repräsentativ sein.

Lothar de Maizière interpretiert den Wahlausgang so: »Entschieden worden ist die Wahl durch die Frage, wer tritt am konsequentesten für die Herstellung der deutschen Einheit ein. Alle, die etwas anderes wollten, wurden nicht gewählt. Im Rechtsausschuss des Runden Tisches habe ich mit Richard Schröder und anderen zusammen über dem Wahlgesetz gesessen. Da wollten die Leute von Bündnis 90 die Einführung einer Fünf-Prozent-Sperrklausel, weil sie hofften, auf diese Weise die PDS außen lassen zu können. Ich habe damals gesagt: ›In der Bundesrepublik ist die Sperrklausel auch erst 1957 eingeführt worden, und wir müssten jetzt erst mal allen Parteien die gleichen Chancen einräumen.‹ Hätten die sich durchgesetzt, wären sie mit ihren 2,9 Prozent nicht einmal in der Volkskammer gewesen. Auch in der SPD waren einige, die noch vom ›dritten Weg‹ redeten. Im Grunde genommen gab es in der DDR drei Strömungen: Die eine Strömung war: ›Wir wollen einen erneuerten Sozialismus.‹ Die zweite war: ›Wir wollen eine neue DDR.‹ Die sollte klein, bescheiden, pazifistisch, ökologisch, basisdemokratisch, himmlisch und gerecht sein[4]. Wie man so etwas finanzieren sollte, war hingegen völlig unklar. Und die Dritten sagten: ›Unsere Lösung liegt in der deutschen Einheit.‹ Und der 18. März war im Grunde genommen ein Plebiszit, sehr viel stärker ein Plebiszit als eine Wahl, ein Plebiszit für die deutsche Einheit, für eine föderale, grundgesetzkompatible Republik und auch für den Rechtsstaat mit einer klaren Gewaltentei-

---

[4] De Maizière spielt hier auf den Verfassungsentwurf des Runden Tisches an. Näheres dazu im 9. Kapitel.

18.3.1990, Berlin, Volkskammerwahl, Lothar de Maizière bei der Stimmabgabe in Berlin-Treptow

lung. Und letztendlich ergaben sich aus diesen drei Momenten die Aufgaben der Regierung, der ich vorstehen durfte.«

»De Maizière, der nun plötzlich gewählt war, war von dem Ergebnis erschlagen«, erinnert sich Schröder. »Ich und Markus Meckel waren insofern von dem Ergebnis erleichtert, weil wir uns nicht richtig klar waren, wie wir Böhme als Ministerpräsidenten hätten verhindern können. Denn dass Ibrahim Böhme als Ministerpräsident völlig untauglich war, unabhängig von der Stasi-Verwicklung, sondern wegen seines ganzen Wesens, das war uns völlig klar. Wir kannten ihn ja über Jahre, wenn wir auch nicht alles von ihm wussten. Und so war es für mich eine gewisse Erleichterung, dass wir das Problem Böhme nicht bekommen.«

»Wir hatten schon vorher den Verdacht gehabt, dass er für die Staatssicherheit arbeitet«, erinnert sich Markus Meckel. »Bei mir hatte es geschwankt in früheren Jahren. Mal gab es Phasen des Vertrauens, mal Phasen des Misstrauens. Dann, Ende 1989, war das Misstrauen sehr groß. Aber wir konnten nichts mehr tun. Er war der Sonnyboy der SPD, im Westen wie im Osten, und wenn wir ihm einen solchen Vorwurf gemacht hätten, wäre das wie eine Denunziation gewesen.«

Ibrahim Böhme wird 1944 als Manfred Otto geboren und wächst als Waisenkind in Heimen auf, bis er im Alter von drei Jahren von Kurt Böhme adoptiert wird. Den Vornamen Ibrahim (Abraham, Vater des Volkes) gibt er sich später selbst. Es ist einer seiner Decknamen als Stasi-Spitzel.

Im Oktober 1989 ist Böhme einer der Gründerväter der SDP (die sich später in SPD umbenennt) und wird deren erster Geschäftsführer. Weitere Gründungsmitglieder sind Richard Schröder, Markus Meckel und Martin Gutzeit.

»Es fand sich ein westdeutscher Sozialdemokrat«, sagt Richard Schröder sibyllinisch, »dem offenbar die Aufgabe schmeichelte, im Osten Königsmacher werden zu können. Er hat den Ibrahim Böhme zu unserem Erschrecken, wenn ich jetzt von Meckel und mir spreche, zum Vorsitzenden der SPD und zum Ministerpräsidentenkandidaten auserwählt. Meckel sagte immer, das würde eine Katastrophe.«

Entgegen allen Absprachen wird Böhme in einer Hauruckaktion auf dem ersten ordentlichen Parteitag im Februar in Leipzig als Kandidat installiert.

Schröder weiter:»Dieser aus Westdeutschland stammende Sozialdemokrat hat den Ibrahim Böhme vor uns größtenteils sogar richtiggehend abgeschirmt. Außerdem gab es da noch eine Kuriosität: Weil der Ibrahim Böhme in seinem Büro ein völliges Chaos entstehen ließ, weil er keine Post bearbeitete, wurde ihm als Sekretärin eine Mitarbeiterin der SPD-Fraktion im Bundestag geschickt, die dann später als Inoffizielle Mitarbeiterin der Stasi nicht nur enttarnt, sondern auch bestraft worden ist. Für Westdeutsche ist das ja Landesverrat, wohingegen IM der DDR nicht bestraft wurden, allerdings oft entlassen.«

Lothar de Maizière wird später sagen, er habe noch nie einen so animalischen Schrecken bekommen wie bei der ersten Hochrechnung. Ihm sei plötzlich klargeworden, welches Amt da auf ihn zu-

18.3.1990, Lothar de Maizière und CDU-Generalsekretär Martin Kirchner
im Wahlstudio

rollt: »Wir hatten am Nachmittag noch drei Varianten für die Presse
geübt: Totale Niederlage, da haben wir schon gesagt, das können
wir bleibenlassen, das wird es wohl nicht werden, achtbares Ergebnis und strahlender Sieg. Dass der Sieg allerdings so eindeutig ausfallen würde, hatten wir nicht geahnt.«

Für de Maizières Pressesprecher Matthias Gehler kommt das Wahl-
ergebnis genauso überraschend. Nichts ist vorbereitet, und es entsteht plötzlich die Frage, wie kommt der Wahlsieger ins Pressezen-
trum, das sich im Palast der Republik befindet.

Gehler fährt einen »Manta«, sein erster Westwagen, den er sich
für 3000 DM gebraucht gekauft hat: »De Maizière ist mit dem Manta
von mir vorgefahren an den Palast der Republik, und wir sind dann
zum Haupteingang rein, man vermutete uns dort gar nicht, sind ein
paar Treppen hoch – und dann hat man uns erst entdeckt, da waren
wir aber schon ziemlich weit gekommen, überraschenderweise.
Und dann ging die Schlacht los. Es war sehr rabiat. Journalisten

können da auch sehr heftig sein. Ich weiß noch, dass de Maizière eine Kamera an die Seite geschlagen bekommen hat. Ich habe einen Journalisten mit dem Arm abgewehrt. Das war also schon sehr dramatisch, und wir waren arg in die Enge geraten.«

Nach den Interviews im ARD-Wahlstudio gibt es nun das Problem, wie bekommt man den umdrängten Wahlsieger wieder heraus aus dem Palast der Republik und zur Wahlparty der CDU, die im »Ahornblatt«[5] stattfindet. Glücklicherweise hat Gehler am Vorabend der Wahl herausgefunden, dass es einen unterirdischen Gang gibt, der vom Keller des Palastes in das gegenüberliegende Gebäude, den Marstall, führt.

»Wir sind dann in den großen, breiten Fahrstuhl gestiegen und sind nach unten gefahren, und die Tür ging auf, eine Etage tiefer, und dort stand Ibrahim Böhme mit dem Tross der SPD, die auch diesen Fahrstuhl benutzen wollten, aber wir waren schneller gewesen. Und es war irgendwo symbolisch und zugleich auch tragisch.

Mir ist der Augenblick heute noch in Erinnerung, wie die Tür aufgeht und der Ibrahim Böhme da steht, der sich so viel versprochen hatte und der dann in seinem ganzen Leben, auch durch seine Stasi-Verstrickung, so gescheitert ist. Es war auf der ganzen Linie eine menschliche Niederlage.«

Auch auf der Wahlparty im »Ahornblatt« wird Lothar de Maizière so bedrängt, dass er in die Küche flieht. Als er schließlich spät in der Nacht nach Hause fahren will, sind die Autoreifen des ersten frei gewählten Ministerpräsidenten der DDR zerstochen.

---

[5] Großgaststätte und Diskothek auf der Fischerinsel. Das Gebäude war eigentlich ein Denkmal der DDR-Architektur, ist aber trotz großer Proteste im Jahre 2000 abgerissen worden.

# 3. Arbeitsbeginn

**»Kommen Sie bitte ab morgen im Anzug.«**

**Matthias Gehler**

Den ersten Arbeitstag in ihren Ressorts erleben die frischgebackenen Minister recht unterschiedlich. Lothar de Maizière trifft sich mit seinem Vorgänger im Amt, Hans Modrow, im Stadthaus, dem Sitz des Ministerrates, zur Übergabe wichtiger Unterlagen. Dabei handelt es sich um vier große Leitz-Ordner, darunter die Verteidigungsdoktrin des Warschauer Vertrages, Dokumente zur Staatsreserve der DDR und anderes. Dafür gibt es Karteikarten, die bei jedem Wechsel unterschrieben werden müssen: »Und das war ein ziemlich merkwürdiges Gefühl, auf einer Karteikarte, wo stand: Stoph, Sindermann; Stoph, Modrow, jetzt drunterzuschreiben: ›Erhalten, de Maizière‹.«

Lothar de Maizière findet in seinem neuen Dienstzimmer einen riesigen eingebauten Panzerschrank, darin allerdings nur zwei dünne Mappen mit unerledigten Vorgängen. Der eine: Anträge hoher SED-Funktionäre und ehemaliger »Kundschafter des Friedens«, so nannte die Stasi ihre Auslandsspione, zum Kauf ihrer Häuser, die, idyllisch irgendwo an Berliner Gewässern gelegen, bisher kostenlos genutzt wurden.

Bei dem zweiten Vorgang handelt es sich um eine ausstehende Zahlung der Bundesrepublik Deutschland für einen Häftlingsfreikauf. Honecker hatte eine Anzahl Gefangener aus Bautzen in die Bundesrepublik entlassen. Die Freikäufe erfolgten nicht in Bargeld, sondern in Industriegütern und der Gegenwert stand noch aus: Etwa 1000 VW-Busse und 10 000 Stahlrohre von Krupp für den Bau der Erdgasstrasse. Amtsminister Reichenbach nimmt Rücksprache mit Hans Modrow, der diese Praxis des Freikaufens von Gefangenen verurteilt. Auf das Einfordern der Zahlung wird verzichtet.

12.4.1990, Volkskammer, Ex-Premier Hans Modrow (l.) gratuliert seinem Amtsnachfolger Lothar de Maizière.

Im Amt des Ministerpräsidenten mit seinen nachgeordneten Einrichtungen gibt es insgesamt 4500 Beschäftigte. 700 davon warten auf einer Belegschaftsversammlung – die Lothar Moritz, der Staatssekretär für die inneren Abläufe des Hauses, einberufen hat – im großen Bärensaal gespannt auf ihren neuen Chef: »Ich sah ihnen an, dass sie total verunsichert waren, was wird nun. Und dann habe ich ihnen gesagt: ›Meine Damen und Herren, ich weiß, dass ich derjenige bin, den Sie sich nicht gewünscht haben, aber wir müssen respektieren, was der Wähler gewollt hat. Und ich mache Ihnen einen Vorschlag. Vor zwei Jahren hatten wir in Berlin den Kirchentag unter dem Motto: Vertrauen ist immer ein Wagnis! Ich gehe dieses Wagnis ein, ich gebe Ihnen Vertrauen. Und wer glaubt, nicht mit mir arbeiten zu können, der kann sich gleich bei Herrn Dr. Moritz melden, und dann versuchen wir, für ihn eine sozial verträgliche Lösung zu finden. Von den restlichen Leuten aber erwarte ich Fleiß, Loyalität und Kompetenz. Und jetzt machen wir uns an die Arbeit!‹ Ein Aufatmen ging durch den Saal und mehrheitlich Hochachtung bis zum 2. Oktober.«

Seinen Kabinettsmitgliedern gibt de Maizière die Empfehlung, ebenfalls auf die Loyalität der Mitarbeiter zu setzen. Nicht alle können und wollen sich daran halten. Dazu kommt, dass die einzelnen Ressorts ja auch sehr unterschiedlich in ihrer politischen Relevanz sind.

Markus Meckel findet im Außenministerium einen riesigen Mitarbeiterstab vor: »Ich bin in dieses Haus nur mit zwei wirklichen Vertrauten gegangen, dem langjährigen Freund Hans Misselwitz, der dann Parlamentarischer Staatssekretär wurde, und mit Carl Christian von Braunmühl, einem auch langjährigen Freund, den ich durch die Friedensarbeit kennengelernt hatte. Ich ging in das Haus, dem ich nicht vertraute. Das Misstrauen kam einfach daher, dass natürlich klar war, dass der gesamte diplomatische Apparat Teil des kommunistischen Herrschaftsapparates war – und natürlich auch dessen Zielen diente. Ich habe also eine Reihe von den Ministerstellvertretern erst mal sofort entlassen und überhaupt diese Ebene der Stellvertreter abgeschafft, auch Abteilungsleiter ausgewechselt, aber auch schon da wurde es schwierig. Ich hatte ja keinen Ersatz.«

Dieses Problem, vertrauenswürdige und unbelastete Mitarbeiter zu finden, haben einige der Kabinettsmitglieder. Das personelle Reservoir ist ungeheuer dünn.

»Ich habe dann versucht, so einen Zirkel von Vertrauten, eine Beratergruppe, aufzubauen. Ich war mir bewusst, wirklich auf ganz, ganz dünnem Eis zu gehen, weil man sich auf niemanden so richtig verlassen konnte. Es sind auch zahlreiche Fehler passiert. Eine solche Administration aufzubauen, mit funktionierenden Kommunikationsstrukturen, das hat eigentlich die ganze Zeit nicht wirklich geklappt und war ein großes Handicap.«

»Manche von meinen Ministerkollegen«, sagt de Maizière, »sind in die Häuser reingegangen und haben gesagt: ›Also ihr seid eigentlich alle alte Lumpen, aber ich komme ohne euch nicht aus.‹ Die hatten es schwer in diesem Haus. Aber ich muss sagen, das diplomatische Korps war bis zum Schluss loyal.«

Die meisten Mitarbeiter in allen Ministerien waren natürlich Mitglieder der SED. Deswegen betreiben sie jedoch keine Destruktions-

Karl-Hermann Steinberg, Minister für Umwelt, Naturschutz, Energie und Reaktorsicherheit

Emil Schnell, Minister für Post- und Fernmeldewesen

politik. Die Leute, die zum Beispiel im Energieministerium arbeiten, sind daran interessiert, dass der Strom weiterfließt, und die im Landwirtschaftsministerium, dass es mit Ackerbau und Viehzucht gut weitergeht. Denen liegt ihr Fachgebiet mehr am Herzen als ihre Parteizugehörigkeit.

Karl-Hermann Steinberg findet in seinem Umweltministerium 350 Mitarbeiter vor, exzellente Fachleute für Wasserwirtschaft und im Naturschutzbereich; allerdings auch eine gewisse Anzahl, die politische Funktionen haben. Von denen trennt er sich schnell; es sind maximal zehn Prozent.

Postminister Emil Schnell denkt sich eine exotische Variante aus. Bei allen 130 000 Beschäftigten seines Zuständigkeitsbereiches führt er eine Befragung durch. Auf Versammlungen müssen die Leiter darstellen, wie sie bisher gearbeitet und welche Pläne sie für die Zukunft haben, welche Veränderungen in Richtung Führungsstruktur, Führungsverhalten und Demokratisierung sie beabsichtigen. Anschließend müssen die Versammlungsteilnehmer auf einem Zettel Ja oder Nein ankreuzen, auf dem nur ein Satz steht: Leiter sowieso hat mein Vertrauen.

Zwanzig Prozent, das sind 26 000 Menschen, bekommen ein Nein und werden auf untergeordnete Posten umgesetzt oder entlassen.

Regierungssprecher Matthias Gehler: »Es gab immer mal wieder die Äußerung, wir wären alle viel zu freundlich, und wir würden schon noch sehen, was wir davon hätten. Aber das war vielleicht unser Markenzeichen. Also es war eine neue Art, miteinander umzugehen, die erst Fuß fassen musste. Und ich hatte den Eindruck, dass die Mitarbeiter sehr loyal zu uns waren, wirklich sehr loyal, und darauf hat man auch bauen können.

Ich hatte etwa 180 Mitarbeiter im Amt des Regierungssprechers, im Bundespresseamt waren es 750. Und diese 180 Mitarbeiter haben sich so eingesetzt, dass eigentlich diese personelle Lücke, denn die haben ja miteinander verhandelt, nicht zu spüren war. Also die Leute haben ganz kräftig gearbeitet.«

Gehlers erster Besuch im Amt des Ministerpräsidenten ist ihm als besonderes Erlebnis in Erinnerung geblieben. Der ungediente Pressesprecher trifft im Eingang auf den Objektschutz: »Da standen Wachposten in Uniform, und die schlugen dann die Hacken zusammen und meldeten: ›Keine besonderen Vorkommnisse!‹ Und ich habe ›Guten Tag!‹ gesagt. Und damit wussten die nichts anzufangen und standen regungslos mir gegenüber. Eine Minute Schweigen! Und dann habe ich einfach erst mal gesagt: ›Rühren!‹ Da waren die richtig erleichtert. Die Situation war gerettet, und ich habe ihnen gesagt: ›Kommen Sie bitte ab morgen im Anzug und sagen Sie Guten Tag!‹ Und am nächsten Tag kamen sie im Anzug und haben ›Guten Tag‹ gesagt.«

Innenminister Diestel hat ein ähnliches Starterlebnis. An seinem ersten Arbeitstag wird er mit einem gepanzerten Citroën in das Ministerium gefahren: »Die Scheiben waren vier bis fünf Zentimeter dick, da guckte man wie durch ein Aquarium. Das waren die Dienstwagen von dem vorherigen Generalsekretär des ZK der SED, Erich Honecker. Ich kann mich erinnern, als ich da in den riesigen Ministertrakt hineingekommen bin, dass da sofort im Vorzimmer des Ministers eine zivil gekleidete Frau aufsprang von ihrem Stuhl, die Hacken zusammengenommen und mich militärisch begrüßt hat. Hab mich richtig erschrocken. Das war für mich, als Gefreiter der Reserve, zweimal degradiert, eine völlig unerwartete und ganz ei-

Peter-Michael Diestel, Innenminister

gentümliche Situation. Ich habe ihr dann die Hand gegeben, höflich und freundlich, und sie gebeten, sitzen zu bleiben.

In meinem Ministerzimmer saß der ehemalige Innenminister Generalleutnant Lothar Ahrendt. Ein ganz sympathischer Mann, auch in Zivil – ein General in Zivil sieht ja immer eigenartig aus. Die sehen aus wie reingeborgt in diese Klamotten. Ich habe dann ein längeres Gespräch mit meinem Amtsvorgänger geführt. Parallel dazu saß in einem Separee zum Innenministerzimmer das ganze Kollegium, so zehn oder zwölf Generäle, die warteten schon Stunden auf mich. Ich habe diesem Herrn Ahrendt für seine bisherige Arbeit gedankt, habe ihn gebeten, mir zu helfen in der Zeit, die jetzt kommt. Und da war er sehr spröde, abweisend und nachdenklich. Ich sagte: ›Herr Ahrendt, es geht nicht anders, Sie müssen mir helfen, ich habe damit fest gerechnet. Sie gehen jetzt mit mir in das Kollegium, und ich stelle Sie dort als meinen ersten Berater vor.‹ Er hat dann nach einem kurzen Zögern und Nachdenken Ja gesagt, wir haben ein Glas Sekt getrunken und sind da rein. Ich bin relativ unmilitärisch und unorthodox, da hatte ich einen riesengroßen Vorteil schon, dass ich ihnen meinen ersten Berater vorgestellt habe, nämlich ihren alten Innenminister.

Und dann habe ich die dort versammelten Herrschaften gebeten, der De-Maizière-Regierung mit aller Kraft, mit allen Möglichkeiten zu helfen. Und ich habe allen gesagt, dass in dieser Zeit, die jetzt anbricht, auch für sie ein Platz, irgendwo in dieser neuen Demokratie, in diesem neuen Land gefunden wird. Das habe ich aus tiefstem Herzen so gesagt und auch so ernst gemeint. Später, nach der Deutschen Einheit, bin ich sehr, sehr enttäuscht gewesen, wie wenig ich von diesen Versprechen halten konnte und wie schwer es mir meine Partei gemacht hat, das, was wir alle diesem Personenkreis versprochen haben, auch zu halten. Lothar Ahrendt ist, wenn ich mich richtig erinnere, nach der deutschen Einheit in die Arbeitslosigkeit bzw. den Vorruhestand gegangen, hat dann auch bei der Volkssolidarität mitgeholfen.«

Besonders interessant ist die Konstellation im Verteidigungsministerium.[6] Pfarrer Rainer Eppelmann ist der erste zivile Verteidigungsminister der DDR. Er schildert den Tag seines Amtsantritts so: »Dieser Tag ist für mich ein ungeheuer schöner und wichtiger Tag gewesen. Meine Gefühle und Gedanken waren natürlich sehr bunt und auch zwiespältig, weil ich mir sagte, den Minister, der den Oberbefehl über die Nationale Volksarmee hat, in meinem Falle ein Waffendienstverweigerer, der im Militärgefängnis gesessen hat – sie konnten es nicht verhindern. Da war mir klar, ja, wir haben gewonnen.

Ich bin in ein Ministerium gekommen mit mehreren Tausenden von uniformierten und zivilen Mitarbeitern. Und bei keinem einzigen wusste ich letztlich, wie er sich verhalten wird, ob er nun loyal sein wird, ob er scheinheilig sein wird, ob er sich feindselig verhalten wird, ob er mir freundlich die Hand gibt oder ob er die Faust in der Hosentasche hat oder Schlimmeres, keine Ahnung. Werden sie mir alles sagen, was ich wissen muss, um sachkundig zu werden? Das war mir schon klar, dass das eine besondere Herausforderung ist. Es war ja einer der Machtapparate der SED, da gab es vermutlich keinen einzigen Offizier, der nicht in der SED gewesen ist. Die

---

[6] Amtssitz in Strausberg bei Berlin.

April 1990, Strausberg, Rainer Eppelmann, Minister für Abrüstung und Verteidigung, übernimmt die Amtsgeschäfte von Admiral Theodor Hoffmann (l.)

standen vor dem Haus, waren da aufgereiht, wurden mir dann vorgestellt von Admiral Hoffmann[7], der inzwischen erfreulicherweise auf meine Bitte hin und nach einer erbetenen Zeit des Überlegens gesagt hat: ›Jawohl, ich bin bereit, bei Ihnen der dienstranghöchste Soldat zu sein!‹

Das war nicht meine erste Begegnung mit Generälen. Ich hatte ja viel früher eine, in den 60er Jahren als Bausoldat, das war unangenehm. Meinen Politoffizier sehe ich heute noch vor mir sitzen. Das ist ein Major gewesen, der saß breitbeinig vor uns und erzählte uns Bausoldaten des Jahrgangs 1966: ›Sie sehen vor sich den zukünftigen Oberbürgermeister von Köln!‹ Das war schon ein Schock für uns gerade Zwanzigjährige, als wir das hörten.« Offensichtlich sprach dieser Major von einer Eroberung der Bundesrepublik durch die NVA.

---

[7] Theodor Hoffmann war Vorgänger Eppelmanns in der Modrow-Regierung.

Hans-Wilhelm Ebeling, Minister für
wirtschaftliche Zusammenarbeit

Ganz anders verläuft dagegen der Amtsantritt von Entwicklungshilfe-
minister Hans-Wilhelm Ebeling: »Es war ja eine Sensation, dass ein
Pfarrer plötzlich in ein Ministerium kommt. Und das Erste, was ich
auf meinen Tisch stellte, war ein Kruzifix. Das war auch eine Sensation. Ich habe gesagt: ›Sie brauchen mich nicht mit Herr Minister
anzusprechen, wenn Sie einen Titel ansprechen wollen, dann ver-
passen Sie mir den Pfarrer, das ist mein Beruf!‹ Für die Mitarbeiter
sicherlich eine schwierige Situation, muss ich sagen; denn das waren
ja weithin Atheisten. Ich habe meinen Mitarbeitern auch angeboten, wenn sie Probleme haben in der Familie, unter Kollegen, wo
auch immer, sie können jederzeit zu mir kommen, ich stehe unter
dem Beichtgeheimnis. Und das ist dann in der Tat auch vereinzelt
geschehen.«

Ebeling führt auch einen neuen Arbeitsstil ein: »Es war ja in der
DDR immer so, dass der Minister vorn an der Stirnseite saß, dann
kam ein langer Tisch, rechts und links Stühle, er saß dort vorne als
alleiniger König. Und damit bin ich nun auch wieder ins Fettnäpf-
chen getreten. Ich habe also diese Tischplatte sofort aus meinem
Zimmer rausschaffen lassen, wie auch aus dem Beratungszimmer,
und habe einen runden Tisch aufstellen lassen, so dass wir alle im
Kreis saßen. Das war also für die DDR-Mitarbeiter unvorstellbar.

Diese Angst vor den Ministern, vor diesen führenden Politikern, saß so tief. Ich konnte mir das überhaupt nicht vorstellen. Und ich habe mal in einer Ansprache aus Anlass eines Geburtstages von Mitarbeitern gesagt: ›Wir sind nackt in die Welt gekommen, wir gehen nackt aus der Welt heraus und so, wie Sie sich in dieser Phase benehmen im Verhalten zu Ihren Mitmenschen, wird es Ihnen einmal angerechnet werden!‹ Gut, ich bin Pfarrer und wollte das also auch mit in diesen politischen Bereich einbringen.«

# 4.  Die große Umarmung

»Wir waren schließlich eine eigenständige Regierung!«

Gabriele Muschter

Von Anfang an steht vor der Regierung de Maizière die Aufgabe, den Prozess der Vereinigung der beiden deutschen Staaten, egal wie lange er dauert, so zu gestalten, dass die beiden unterschiedlichen Systeme kompatibel werden. Der Premier schneidet sein Kabinett, bis auf kleine Ausnahmen, die den politischen Besonderheiten des DDR-Systems geschuldet sind, dabei so, dass es dem der Bundesrepublik entspricht, um die direkten Gespräche zwischen den einzelnen Ressorts zu ermöglichen.

Die westdeutsche Seite entsendet Berater in alle Bereiche, oft Juristen, die bei der korrekten Abfassung der zahlreichen neuen Gesetze helfen sollen. Die Erfahrungen mit diesen Beratern schildern die Regierungsmitglieder recht unterschiedlich.

Lothar de Maizière bildet in seinem Haus Tandems, wie er es nennt, belässt aber die Entscheidungsbefugnis und die Leitungsverantwortung beim jeweiligen DDR-Bürger. Zum Beispiel beschäftigt er in seinem Büro einen Mann, der früher Büroleiter beim früheren CDU-Generalsekretär Heiner Geißler war und daher über ein enormes Maß an Erfahrung im Umgang mit westlichen Pressemedien verfügt: Fritz Holzwarth. Aber er ist Berater. Er ist nicht derjenige, der die eigentliche Verantwortung hat:»Und das Merkwürdige war, diese westlichen Berater, sozusagen um nicht in den Verdacht der Voreingenommenheit für den Westen zu geraten, waren zum Schluss die besseren Ossis. Sie wollten also auf keinen Fall in den Ruf geraten, nun die Sache bei den Verhandlungen als Gegenüber zu betreiben. Insofern haben sie sich bemüht, sich sehr, sehr schnell in die östlichen Probleme und die Ostdenke einzufühlen. Wenn ich daran

Jürgen Kleditzsch,
Minister für Gesundheitswesen

denke, als ich meinen Vetter Thomas[8] damals dahatte: Das war schon manchmal zum Lachen, wie er plötzlich zum Beispiel die Datschenregelung vertrat, weil ich ihm gesagt hatte: ›Pass auf, Thomas, wir müssen sehen, wie wir die Datschen vor dem Zugriff der Rückgabe schützen; denn da steckt zum Teil die halbe Lebensleistung der Ostdeutschen drin in den paar Brettern, die sie geklaut haben, und der Dachpappe, die sie mühselig ergattert haben!‹ Also diese Legende, wir wären von den westlichen Beratern ferngesteuert gewesen, die weise ich doch ziemlich entschieden, zumindest was mein Haus angeht, von mir.«

»Das waren sehr nette Kollegen mit einem hohen Sachverstand, die uns da zur Seite standen«, sagt Gesundheitsminister Jürgen Kleditzsch. »Das waren teilweise Ärzte, es waren aber auch teilweise Politiker und Juristen. Das hat uns unheimlich geholfen. Aber es gab ja unzählige Berater, die in die einzelnen Regionen des Landes gingen und dort natürlich ihre Erkenntnisse einbrachten und sagten: ›Nur so dürft ihr es machen‹ oder ›Nur so geht es‹. Man hat

---

[8] Thomas de Maizière, 1989 Pressesprecher der CDU-Fraktion des West-Berliner Abgeordnetenhauses, später verschiedene Ministerämter in Sachsen, seit Oktober 2009 Innenminister der Bundesrepublik.

also nicht versucht zu prüfen, was man an Positivem gemeinsam führen und entwickeln kann, sondern es wurde gesagt: ›So geht das nicht mehr, und so wird das ab jetzt gemacht!‹ Das ging natürlich hinter unserem Rücken, und das ist ein Problem gewesen. Das hat mich beschäftigt. Hinter unserem Rücken, wie wir später erfahren haben, sind schon Gruppen da gewesen, die Krankenhäuser beurteilt, bewertet und hinter vorgehaltener Hand vielleicht schon verhökert hatten.«

Pressesprecher Matthias Gehler: »Ich war neu in dem ganzen Geschäft und habe mich erst kundig machen müssen, hatte auch einen Berater zur Seite, einen Berater aus den alten Bundesländern, Hans-Christian Maaß, den ich sehr schätze, der gute Arbeit geleistet hat. Und im Gegensatz zu dem, was man sonst so manchmal von Westberatern hört, war das jemand, der sehr loyal zu mir stand und der auch nicht unbedingt die Absicht hatte, darüber eine Riesenkarriere zu machen, sondern der wirklich an der Sache interessiert war. Er hat mir sehr geholfen beim Aufbau des Regierungssprecheramtes.«

Walter Siegert, Staatssekretär im Finanzministerium: »Die Mehrheit war ehrlich bemüht, uns Rat zu geben. Dass dort auch Leute dabei waren, die sich profilieren wollten, dass Leute dabei waren, die bloß mal den interessanten Osten begucken wollten, das ist eine ganz andere Frage.«

Gabriele Muschter wird Staatssekretärin im Kulturministerium. Sie macht ganz andere Erfahrungen: »Eigentlich haben wir erst mal gedacht, es gibt viele Dinge, die zu bewahren sind und die man auch durchaus übernehmen könnte. Aber dazu haben in der Regel unsere Brüder und Schwestern ein ganz anderes Verhältnis gehabt. Da hieß es ja: ›Alles weg und fertig!‹ Es hat sie überhaupt gar nicht interessiert, sondern die wollten Stellen besetzen, die Helfer aus dem Westen! Das ist für mich ein Reizthema. Wenn man damals pensionierte Beamte in die neuen Länder geschickt und gesagt hätte, ihr könnt denen da ein bisschen zur Seite stehen, zum Beispiel auf dem Gebiet der Finanzen oder des Rechts, und die hätten dafür ein bisschen Entschädigung bekommen wie Fahrkosten und so etwas. Aber nein, die sind ja dann den anderen vor die Nase gesetzt worden. Man

Walter Siegert, Staatssekretär
im Finanzministerium

Gabriele Muschter, Staatssekretärin
im Kulturministerium

dachte: ›Die sind sowieso bald weg vom Fenster, dann machen wir mal, was wir wollen.‹ Ich kann mich noch erinnern: Wir haben einen leitenden Museumsmitarbeiter abgelöst. Und Frau Martiny, damals Senatorin in West-Berlin, rief mich an: ›Ich kann Ihnen nur raten, das sein zu lassen.‹ Ich antwortete nur, dass es sie überhaupt nichts anginge. Wir waren schließlich eine eigenständige Regierung, und ich fand es sehr unverschämt! Wir haben ihn trotzdem entlassen, und am anderen Tag standen wir dann als die neuen Stalinisten in der Zeitung. Aber das konnten wir aushalten.«

»Mir hatte am Anfang Egon Bahr angeboten, eine besondere Linie zu Falin zu schaffen«, berichtet Markus Meckel. »Es war sogar im Gespräch, dass Egon Bahr bei mir Staatssekretär wird. Ich habe dann intern gesagt, ich habe keine Lust, Minister unter Egon Bahr zu sein. Er hatte durchaus Kontakt zu meinem Stab, und hier gab es immer wieder Gespräche, aber ich wollte ihm keine feste Position in meinem Ministerium geben. Er wollte nämlich eine Linie zur KPdSU und glaubte, man könne wie in alten Zeiten Politik mit Moskau machen. Er hat ja dann einen Beratervertrag mit Eppelmann gemacht.«

5.7.1990, Egon Bahr (l.) erhält als Abrüstungs- und Sicherheitsexperte eine Beraterfunktion bei Rainer Eppelmann

Christa Schmidt, eine gelernte Lehrerin, übernimmt das Ministerium für Familie und Frauen. Sie bekommt zwei Berater aus dem Parallelministerium der Frau Professor Ursula Lehr. Der eine war dort zuständig für Jugend, was gar nicht das Fachgebiet von Christa Schmidt ist, sondern das von Cordula Schubert, der andere war in Bonn zuständig für Familie: »Ich will den Leuten zugestehen, dass sie im besten Glauben und mit besten Absichten gekommen sind. Aber auf uns eingelassen haben sie sich nicht. Alle nicht. Der Unterschied zwischen einem West-Berater und einem DDR-Bürger wie mir war unheimlich groß.«

Und sie erzählt eine Episode, die diesen Unterschied besonders deutlich macht. Sie sitzt mit ihrem Berater in einem großen Raum, wo hinten ein Fenster offen steht. Dem Berater zieht es im Genick und er bittet sie, die Sekretärin zu rufen, damit diese das Fenster schließt. »Da habe ich den Mann angeschaut und gesagt: ›Das kommt nicht in Frage. Das gibt es bei uns nicht. Entweder Sie machen das Fenster jetzt selber zu, wenn es Ihnen zieht, oder ich mache es zu. Aber so nicht.‹ Das ist für mich das typischste Beispiel gewesen, das ich in der Zeit erlebt habe.«

Christa Schmidt, Ministerin für Familie und Frauen

Eberhard Stief, Staatssekretär im Innenministerium

Es ist auch schwierig mit der Sprache: »Wir haben manchmal lachend festgestellt, dass wir wirklich beide dasselbe gemeint haben und es aber völlig unterschiedlich ausgedrückt haben. Oder aber, dass wir beide dasselbe gesagt haben, aber bei jedem ein ganz anderer Inhalt dahinter war. Gewiss, es war für beide Teile sehr schwer, aber uns zu verstehen, darum haben sie sich zu wenig bemüht.«

Eberhard Stief, Staatssekretär in Diestels Innenministerium, erinnert sich an viele Missverständnisse. Obwohl bei Verhandlungen beide Seiten Deutsch sprechen, hat er oft den Eindruck, dass der Partner chinesisch spricht. »Das waren Begrifflichkeiten, die wir nicht kannten. Und es hat so viele Sachverhalte gegeben, die die westdeutsche Seite nicht kannte. Was Zusammenhänge, was Zusammenwirkensmechanismen, was Einrichtungen betraf, ob das jetzt die Akademie der Wissenschaften war oder ob das einzelne Hochschulen betraf, unsere Leute hatten die Kenntnis, was dort gemacht wurde. Die westdeutsche Seite hatte diese Kenntnis nicht. Da ging es nur um die Einrichtungen an sich. Dass es aber dort auch Forschungsgegenstände gibt, mit denen man sich nicht verstecken musste, was die Ergebnisse betrifft – das hing wiederum zusammen mit der Wettbewerbsfähigkeit der DDR auf internationalen Märkten -, das hat sie nicht interessiert. Es ist ja nicht so, dass wir nur Schuhsohlen verkauft hätten. Also das hatte zeitweilig einen sehr, sehr bitteren Beigeschmack!«

Vierzig Jahre unterschiedliche politische und soziale Entwicklung hinterlassen offensichtlich auch ihre Spuren in der Sprache. »Wir haben in den Verhandlungen mit dem Innenministerium und den Fachressorts ja auch auf der anderen Seite Unsicherheit festgestellt, Unkenntnis eben«, resümiert Kulturminister Herbert Schirmer. »Nur hätten wir nicht mit solchen Begriffen um uns geworfen, um die andere Verhandlungsseite zu diskreditieren. Es hat ja genug Kommunikationsschwierigkeiten gegeben, weil wir häufig mit denselben Worten über unterschiedliche Dinge gesprochen haben und umgekehrt. Ich meine, irgendwo hat ja Herr Streibl auch recht. Natürlich waren wir Laienspieler in der Politik. Aber auch die Profis am Rhein waren mit den Fragen und den Modalitäten der Vereinigung der beiden deutschen Staaten überfordert.«

»Die Bundesrepublik«, sagt de Maizière, »hat zwar 40 Jahre ein Ministerium für gesamtdeutsche Fragen gehabt, das ziemlich viel Geld gekostet hat, aber leider keins für gesamtdeutsche Antworten.«

Und Christa Schmidt noch einmal: »Es war von Anfang an Fremdsteuerung da. Das ging ja mit diesen Beratern los. Der Berater bei mir hatte die Aufgabe, das Ministerium so zu gestalten, dass man bei einer Wiedervereinigung diesen Teil praktisch in das andere Ministerium übernehmen konnte. Und genauso ist das ja mit der Regierung gewesen. Herr de Maizière hatte viele Berater um sich. Das war immer so ein ganzer Schwarm, der da beim Mittagessen auftauchte. Ich glaube, dass auch ihm nahegebracht wurde, wie die Dinge zu laufen haben. Ich denke schon, dass Fremdsteuerung da war, für alle, dass sich da auch keiner zu Wehr setzen konnte. Vielleicht ein bisschen ›Machen Sie Ihr Fenster selbst zu‹, aber ansonsten konnte sich da keiner entziehen.«

# 5.  Der kleine und der große Klaus

»Wenn man eine geschiedene Frau heiratet,
bringt die zwar Kinder mit, aber auch Erfahrung.«

Lothar de Maizière

»In einem Dorfe wohnten zwei Männer, die beide denselben Namen hatten. Beide hießen Klaus, aber der eine besaß vier Pferde und der andere nur ein einziges. Um sie nun voneinander unterscheiden zu können, nannte man den, der vier Pferde besaß, den großen Klaus, und den, der nur ein einziges hatte, den kleinen Klaus. Nun wollen wir hören, wie es den beiden erging, denn es ist eine wahre Geschichte.« Das sind die ersten Sätze des Märchens »Der kleine und der große Klaus« von Hans Christian Andersen – eine David-und-Goliath-Geschichte. Am Ende wird der kleine Klaus den großen Klaus besiegt haben und reich sein. Ein Märchen eben.

Helmut Kohl und Lothar de Maizière begegnen sich zum ersten Mal im Januar des Jahres 1990 im West-Berliner Gästehaus der Bundesregierung in der Pücklerstraße. Der Termin für die Volkskammerwahl ist auf den 18. März vorverlegt worden, und de Maizière braucht Klarheit, ob er mit der CDU West gemeinsam Wahlkampf machen kann. Diese, allen voran CDU-Generalsekretär Volker Rühe, will zunächst nichts zu tun haben mit den »Schmuddelkindern von der Blockflötenpartei«, wie de Maizière es ausdrückt.

Bei dieser ersten Begegnung erzählt Kohl, dass er aus einfachen bürgerlichen Verhältnissen komme, sein Vater sei ein bayerischer Finanzbeamter gewesen. Alles, was er wäre, hätte er sich selbst erarbeitet. »Ich sagte, ich könne mit so einer Familie nicht dienen, ich käme aus einer ziemlich bildungsbürgerlichen bourgeoisen Familie, aber das soll uns ja nicht hindern, vernünftig zusammenzuarbeiten. Und dann war die Frage, wie man mit dem Blockflötenmakel umgehen müsste. Und ich habe gesagt: ›Herr Bundeskanzler, wenn man eine geschiedene Frau heiratet, bringt die zwar Kinder mit,

1.3.1990, Bonn, Wolfgang Schnur (DA), Lothar de Maizière (CDU), Hans-Wilhelm Ebeling (DSU) und Bundeskanzler Helmut Kohl (v.l.n.r.) schmieden die »Allianz für Deutschland«

aber auch Erfahrung. Ich habe in allen Kreisen der DDR Büros mit Personal, ich kann Ihnen leicht einen dicken Wahlkampf machen. Das können die neuen und jungen Parteien noch nicht, auch nicht die DSU und auch nicht der Demokratische Aufbruch, mit denen Sie ja offensichtlich mehr liebäugeln als mit unserer ostdeutschen CDU.‹«

Dieses Argument überzeugt den Pragmatiker Kohl offensichtlich. Vier Wochen später wird er am gleichen Ort ein Treffen zwischen Ost-CDU, DSU und DA arrangieren, bei dem das Wahlbündnis »Allianz für Deutschland« geschmiedet wird.

Das Zusammenführen ist nicht so einfach, die inneren Widerstände sind groß. DSU-Vorsitzender Hans-Wilhelm Ebeling: »Die DSU wollte die Ost-CDU nicht. Und ich muss ehrlich bekennen, ich wollte sie auch nicht. Ich habe in dieser CDU eigentlich nur Menschen kennengelernt, die voll hinter dem System der DDR standen. Es gab natürlich eine Menge Mitglieder in der CDU, die waren eingetreten, um nicht in die SED zu müssen. Das war die Schwierigkeit bei der Gründung der Allianz.« Innenminister und DSU-Mitglied Diestel drückt es noch drastischer aus: Für ihn war die CDU damals eine »widerwärtige Partei«. Ihm sei völlig unverständlich, wie man sich als Christ freiwillig unter das Dogma der SED stellen könne. Dazu kommt, dass der potentielle dritte Partner, der Demokratische Aufbruch, einen Vorsitzenden[9] hat, der im Verdacht steht, Inoffizieller Mitarbeiter (IM) der Stasi zu sein.

Ebeling: »De Maizière wollte die DSU nicht, wir wollten die CDU nicht. Also musste jemand da sein, der uns an einen Tisch brachte, damit wir einen einheitlichen Weg finden konnten. Bundeskanzler Kohl hat uns zusammengefügt.« Das Ergebnis gibt ihm politisch recht: der überwältigende Wahlsieg der ›Allianz für Deutschland‹ bei den Volkskammerwahlen am 18. März.

Zunächst jedoch kehrt Lothar de Maizière von dieser ersten Begegnung mit Kohl zurück und berichtet einem Vertrauten, dass er den Dicken nicht leiden könne. Der hätte zwölf Stück Kuchen gegessen und gar nicht richtig reden können, weil er immer den Mund voll gehabt habe. Das Verhältnis wird nie freundschaftlich werden, die beiden deutschen Brüder sind zu unterschiedlich: »Unser Verhältnis war sachlich korrekt. Es war kein Verhältnis, das auf besonderer Sympathie gegründet war. Eine Männerfreundschaft ist daraus nicht geworden. Er in seiner sehr barocken, rheinischen, katholischen Weltsicht und ich, sehr viel protestantischer und östlicher – auch in Denkstrukturen anders. Helmut Kohl denkt in, wenn ich das auf die Malerei übertragen würde, in großen Flächen und im Zug der Geschichte, während ich, leider Gottes, immer gleich auch an Details denke und mehr so die Art Federzeichnungstyp bin. Er, der barocke Pfälzer, der in Großzusammenhängen denkt; ich bin als Anwalt sehr viel detailversessener und ökonomisch preußisch. Er ist kein Mensch, der in Details verliebt ist. Sowie man mit Detailfragen zu ihm kam, sagte er: ›Gehen Sie mal zum Wolfgang‹, sprich

---

[9]  Wolfgang Schnur (Jg. 1944), Mitbegründer und Vorsitzender des Demokratischen Aufbruchs. Er trat im März 1990 zurück.

16.5.1990, Straßburg, Helmut Kohl und Lothar de Maizière zu Besuch
im Europaparlament

Schäuble. Und ich bin noch heute dankbar, dass zwischen Wolfgang
Schäuble und mir sehr schnell und fast von heute auf morgen ein
sehr enges freundschaftliches Verhältnis entstanden ist, das heute
noch andauert.

Das sind eben zwei Welten. Aber die Partner in der Politik kann
man sich nicht aussuchen, die hat man und muss sehen, wie man
mit ihnen zu Rande kommt. Wir haben einen Schwergewichtsboxer
und einen Federgewichtsboxer in den Ring gestellt und wundern
uns, dass der Federgewichtsboxer nach der zweiten Runde k. o. gegangen ist.«

Dies gilt komischerweise sowohl für die Staaten als auch für die
Statur der beiden Hauptprotagonisten. Christa Schmidt erlebt im
Oktober auf dem Vereinigungsparteitag der CDU in Hamburg ei-
nen fassungslosen de Maizière, dem beim Deutschlandlied die Trä-

nen kommen: »Er hatte ja in der Öffentlichkeit immer damit zu kämpfen, dass er neben Kohl eben wie so ein Männlein wirkt. Dafür kann aber keiner der beiden etwas.«

De Maizière, bekannt für flotte Sprüche, äußert sich vor der Presse schon mal so, dass er das Gefühl habe, dass kein Platz mehr für ihn sei, wenn er einen Raum betrete, in dem sich Helmut Kohl aufhalte. Sicher kein Spruch, der die Freundschaftsgefühle Kohls, der eh von den ständigen öffentlichen Anspielungen auf seine korpulente Statur genervt ist, vertieft.

Mehrere Regierungsmitglieder bezeichnen das Verhältnis der beiden als schwierig. Pressesprecher Gehler erinnert sich an Telefonate zwischen den Regierungschefs: »Das lief schon in einem besonderen Spannungsverhältnis der beiden ab. Ich entsinne mich, dass er den Hörer auflegte: ›Jetzt habe ich es dem Dicken wieder mal gesagt!‹ Und wir lachten alle danach.«

Am 23. Juni findet im Bonner Palais Schaumburg das alljährliche Kanzlerfest statt. Auf der großen Wiese sind Zelte und Stände aufgebaut. Berühmte deutsche Persönlichkeiten bis hin zum deutschen Adel sind erschienen. Natürlich sind die Minister der Bundesregierung anwesend. Und auch die Regierung der DDR ist geladen. Die Stimmung ist ausgezeichnet.

Der Konzertmeister des Bonner Beethoven Orchesters tritt an den östlichen Ministerpräsidenten mit der Frage heran, ob er die Eröffnung mitspielen wolle, Händels Wassermusik. De Maizières Einwand, er habe doch gar kein Instrument dabei, lässt der Kapellmeister nicht gelten, man hätte sich das schon gedacht, und der Solobratschist würde ihm gern sein Instrument leihen. De Maizière lässt sich überreden.

Helmut Kohl findet sichtlich Gefallen am Auftritt des kleinen Premiers aus Ostdeutschland. Matthias Gehler: »Und dann waren sie fertig, und Kohl ging nach vorn und nahm das Mikrofon und sagte so von oben nach unten, als könnte de Maizière nur Geige spielen: ›Der erste Mann eines Landes muss eben die erste Geige spielen können!‹ Und damit war eigentlich gesagt, na, jetzt kannst du gehen, du hast ja gespielt.«

23.6.1990, Bonn, Sommerparty im Kanzleramt

De Maizière: »Und da hat mich der Teufel geritten, und ich habe das Instrument genommen und es ihm hingehalten, um ihm zu sagen ›Du kannst es ja nicht.‹ Das Gesicht werde ich nie vergessen, das er gemacht hat!«

Gehler: »Und diese gewitzte Gegenreaktion, die hat das voll ausgesagt, was zwischen den beiden stattgefunden hat. Da war Spannung. Alles hielt in diesem Moment den Atem an, mir schien das wie eine Ewigkeit. Und dieser Stillstand, diese Spannung da, die ist mir so gegenwärtig, die werde ich nie vergessen.«

Am 2. August fliegt Lothar de Maizière mit Günther Krause und seinem Berater Fritz Holzwarth an den Wolfgangsee, um Helmut Kohl dort an seinem Urlaubsdomizil zu besuchen. Es ist 14 Tage her, dass Gorbatschow bei dem berühmten Treffen mit Kohl im Kaukasus seinen Widerstand gegen die deutsche Einheit aufgegeben hat, indem er erklärte, dass das geeinte Deutschland selbst und frei entscheiden könne, welchem militärischen Bündnis es angehören möchte. Deutschland solle seine »volle und uneingeschränkte Souveränität« zurückerhalten. Zu diesem Treffen war die ostdeutsche Seite nicht geladen, von den Ergebnissen, dem »Durchbruch« erfährt man aus der Presse.

Der Weg zur deutschen Einheit ist frei, aber de Maizière ist klar, dass sie nicht bis zum 2. Dezember, dem geplanten Termin der ersten gesamtdeutschen Wahl, aufzuhalten ist. Er sucht einen Ausweg aus einer geradezu verzweifelten Situation: Nach der Währungsunion haben sich die wirtschaftlichen Schwierigkeiten enorm verstärkt. Die Bauern drohen, das Getreide auf dem Halm anzuzünden und die Schweine mit der Forke zu erschlagen, weil sie keinen Absatz für ihre Produkte finden. Den Industriebetrieben geht es nicht anders. In den Supermärkten stehen jetzt die Westwaren. Fast jeden Tag fordert in der Volkskammer ein anderer die Einigung sofort.[10] De Maizière will Kohl vorschlagen, den Vereinigungsprozess deutlich zu beschleunigen.

»Ich kam von einer Wanderung zurück«, schreibt Kohl in seinen Erinnerungen[11], »als mir Walter Neuer die Nachricht überbrachte, dass Lothar de Maizière mich unverzüglich sprechen wolle. Ich erwiderte, dass dies doch kein Problem sei. Wir könnten doch telefonieren. Dem war jedoch nicht so. Der DDR-Ministerpräsident wollte mich persönlich sprechen und befand sich bereits mit Günther Krause auf dem Weg zu mir. Nachdem sie am Nachmittag mit ihrer riesigen Maschine auf dem kleinen Salzburger Flughafen gelandet waren, kamen sie eine Stunde später in St. Gilgen an. De Maizière fiel gleich mit der Tür ins Haus. Er schilderte mir eindringlich, dass seine Regierung die Situation in der DDR nicht mehr bis zum 2. Dezember beherrschen könne. Trotz der Bonner Milliarden rechne er mit dem baldigen wirtschaftlichen Kollaps seines Landes. Alles werde im Chaos versinken. Als Ausweg schlug er nun vor, in der darauffolgenden Woche vor die Volkskammer zu treten und den Beitritt der DDR zur Bundesrepublik bereits für den 14. Oktober zu verkünden. Für diesen Tag seien auch die Landtagswahlen in den

---

[10] Näheres dazu im 7. Kapitel.
[11] Helmut Kohl: Ich wollte Deutschlands Einheit, Berlin 1996, S. 450 f.

3.8.1990, Berlin, Lothar de Maizière verkündet auf einer Pressekonferenz das Vorziehen der gesamtdeutschen Wahlen vom 2. Dezember auf den 14. Oktober 1990 (rechts die stellvertretende Pressesprecherin Angela Merkel)

bis dahin gegründeten fünf neuen Ländern vorgesehen. Es biete sich daher an, parallel dazu auch die ersten gesamtdeutschen Wahlen durchzuführen.« Also Vorziehen der Bundestagswahl auf den 14. Oktober.

Kohl meldet Verfassungsbedenken an, stimmt dann aber, nach de Maizières Darstellung, zu: »Das fand er toll, könnte man so machen. Und wir sind auseinandergegangen, dass das so sein sollte. Günther Krause hat dann nachher mit Kohl noch im Wohnzimmer gesessen, dort stand ein Klavier, Günther hat Klavier gespielt, Deutschlandlied und was weiß ich nicht alles. Und ich bin rausgegangen und habe mich in der Küche mit Hannelore Kohl unterhalten, über familiäre Dinge oder sonst irgendwas. Eine reizende Frau, ganz warmherzig und lieb. Das war es dann.«

Am nächsten Tag beruft de Maizière in Berlin eine Pressekonferenz ein und verkündet die vorgezogenen Bundestagswahlen. »Ich habe bei Kohl am Wolfgangsee angerufen und habe gesagt: ›Herr

Bundeskanzler, der Countdown läuft, ich habe die Pressekonferenz einberufen, und ich werde also um 11.00 Uhr diese Nachricht verkünden.‹ Gesagt – getan. In späteren Büchern hat Kohl behauptet, ich hätte versucht, ihn über den Tisch zu ziehen. Das ist ein Bild, das schon rein optisch nicht vorstellbar ist.«

Das Bundeskanzleramt dementiert, de Maizière fühlt sich »unglaublich gelinkt«: »Kohl wollte wohl nicht als derjenige dastehen, der erst Ja und später Nein gesagt hat oder in Verfassungsfragen nicht sicher ist und Ähnliches. Ich habe es als unfair empfunden, es hat meine Autorität und mein Ansehen ja doch ziemlich angekratzt, und das konnten wir uns eigentlich damals nicht leisten. In dieses Treffen am Wolfgangsee ist ja viel ›reingeheimnist‹ worden, mir hätte man meine Stasi-Akte vorgehalten oder sonstige Dinge. Ist alles barer Unsinn! Ich glaube, dass wir bis zum 3. Oktober redlich miteinander umgegangen sind, wenn ich mal absehe von dieser Situation am Wolfgangsee.«

Die Bundestagswahl wirft ihre Schatten voraus. Die CDU hat die Mehrheit im Bundesrat, verliert aber nach Meinungsumfragen immer mehr Stimmen und wird nervös. Die SPD wittert Morgenluft. Die Verhandlungen zum Einigungsvertrag stehen kurz vor dem Ziel. Die Bundesländer sind an den Verhandlungen beteiligt. Als Vertreter der SPD-regierten Länder und stellvertretender Vorsitzender der Länderdelegation sitzt Wolfgang Clement mit am Verhandlungstisch. Nach de Maizières verhängnisvoller Pressekonferenz steht Clement auf und verlässt die Verhandlungsrunde. Die SPD fordert daraufhin ein Überleitungsgesetz, was das Ende der Verhandlungen zum Einigungsvertrag bedeutet hätte. Sie kann sich letztlich jedoch nicht durchsetzen.

Reinhard Höppner vermutet, dass de Maizière am Wolfgangsee in die Zange genommen worden ist, »mit welchen Mitteln auch immer«, denn es passieren bald nach seiner Rückkehr überraschende Dinge: Der Bruch der Koalition mit der Entlassung der Minister und die chaotische Volkskammersitzung am 22. August mit der Festlegung des Beitrittstermins. Über beide Ereignisse wird noch zu berichten sein.

3.5.1990, Berlin, Staatsempfang, UdSSR-Botschafter Wjatscheslaw Kotsche-
massow gratuliert der neuen DDR-Führung zur Amtsübernahme

Thierse vermutet: »Ich erinnere mich genau, Lothar de Maizière
wurde zum Kanzler gerufen, ich glaube sogar an den Wolfgangsee,
es war ja schließlich Sommerzeit, und er kam zurück und alles war
anders.«

Ganz so spontan wie Kohl es in seinen Erinnerungen darstellt, war
der Besuch am Wolfgangsee tatsächlich nicht. De Maizière war einige Tage vorher in Wien und wollte eigentlich schon von dort nach
Salzburg fliegen. Aber dann hätte er den ganzen Pressetross am
Hals gehabt. Als er dann am 2. August aufbricht, wissen das nur
sehr wenige, zum Beispiel die Leute von der Flugbereitschaft, damit
die Medien keinen Wind bekommen. Der Kanzler allerdings ist
eingeweiht. Die kleine Delegation, de Maizière, Fritz Holzwarth
und Günther Krause, wird vom Flughafen abgeholt.
Auch die Darstellung einiger SPD-Koalitionäre, dass der Premier
vom Bundeskanzler an den Wolfgangsee »gerufen« oder »zitiert«
worden sei und dort Befehle erhalten habe, lässt sich nicht halten.
Dieses Treffen am 2. August kam allein auf Initiative von de Maizière

zustande. Fritz Holzwarth hatte seinen Chef überzeugt, angesichts der dramatischen wirtschaftlichen Entwicklung das Gespräch mit Kohl zu suchen. Er erinnert sich gut an den Tag in St. Gilgen; das Thema Koalition spielte gar keine Rolle, es wurden auch keine Personalien besprochen. Es ging einzig um den vorgezogenen Termin der Wahlen angesichts der wirtschaftlichen Lage. Lothar de Maizière, sagt Holzwarth, sei auch nicht der Mensch, der sich irgendwo hinzitieren ließe. Selbst nicht zum sowjetischen Botschafter Kotschemassow[12], wie das ja in der DDR so üblich war. De Maizière: »Nach meiner Wahl rief Kotschemassow an, er erwartete, dass ich morgen zum Rapport erscheine. Da wurde ihm gesagt: ›Nein, ist nicht mehr. Sie dürfen um einen Termin nachsuchen.‹ War für den auch völlig neu.«

Auch Regierungssprecher Matthias Gehler bestätigt, dass de Maizière sich nicht zitieren ließ und an *der* Stelle geradezu störrisch gewesen sei. Er habe sehr auf Gleichberechtigung geachtet und sich immer wieder als Anwalt der 17 Millionen Ostdeutschen bezeichnet.

---

[12] Wjatscheslaw Iwanowitsch Kotschemassow (Jg. 1918), war letzter Botschafter der UdSSR in der DDR (1983–1990).

# 6.   Ein Wink mit dem Zaunpfahl?

»So richtig zerfallen konnten wir gar nicht!«

Reinhard Höppner

Am 16. August, zwei Wochen nach de Maizières Besuch am Wolfgangsee, bricht die große Koalition auseinander. Die SPD verlässt
das Regierungsbündnis. Die Ursachen sind komplex, die Schuld-
zuweisungen gegenseitig. Der Regierungschef verortet die Schuld
beim Koalitionspartner: »Ein Grund ist, dass im August 1990 Oskar Lafontaine in die Fraktion der Volkskammer kam und sagte:
›Freunde, wir sind im Vorwahlkampf, und Wahlkampf aus einer
Koalition heraus ist nicht zu führen. Ihr müsst eben sehen, wie ihr
nach Möglichkeit aus der Koalition herauskommt!‹ Dem hat damals Richard Schröder noch widersprochen. Andere waren der
gleichen Meinung.«

»Ach«, sagt Schröder, »das ist merkwürdig gewesen. Oskar Lafontaine war Kanzlerkandidat der SPD. Und von Leuten, die auf
ihn hörten, gab es von Juni an Papiere, die in der Fraktion
herumgereicht wurden, wir sollten aus der Koalition austreten.
Das Hauptargument war der Wahlkampf. Die Idee, die dahinter-
stand, fand ich nicht sehr fein: Hier geht es wirtschaftlich den
Bach herunter, und wir wollen damit nicht in Zusammenhang
gebracht werden. Das entsprach nun allerdings überhaupt nicht
meinem Politikverständnis, muss ich sagen, sich davonmachen,
wenn es schwierig wird. Ich könnte da auch einzelne Namen nennen, auch von unseren Ministern, die so argumentiert haben: ›Der
Laden fliegt auseinander, wir müssen hier raus aus der Koalition.‹«

Konkret geht es um die Entlassung des Finanzministers Walter
Romberg. Romberg ist in der Frage der Finanzierung der deutschen
Einheit anderer Meinung als de Maizière: »Ich hatte eine große

25.7.1990 Berlin, Ministerrat, Finanzminister Walter Romberg (l.),
Lothar de Maizière

Meinungsverschiedenheit mit Walter Romberg. Walter Romberg
wollte, dass alle im Osten gezogenen Steuereinnahmen im Osten
Deutschlands bleiben, dafür aber auch auf alle Zuschüsse aus dem
Westen verzichten. Und ich habe ihm damals gesagt: ›Walter, wir
haben keine Bestandssteuer, wir haben keine Vermögenssteuer oder
sonst irgendwas, wir haben keine Ertragssteuern, unsere Betriebe
haben keine Gelder, die sie versteuern können, wir werden kaum
Lohnsteuern haben, weil die Leute so wenig verdienen, dass sie
unter den Freisätzen bleiben, also all die üblichen Steuern, die an-
fallen, werden wir nicht ziehen. Hundert Prozent von nichts ist
immer noch nichts.‹ Nein, er wäre anderer Ansicht, und er würde
anders verhandeln.«

Richard Schröder: »Da hatten dem Walter Romberg seine nord-
rhein-westfälischen Berater den Floh ins Ohr gesetzt, und er wird
sicher heute noch gekränkt sein, wenn ich dieses Wort so benutze,
die neuen Bundesländer nehmen nicht am Finanzausgleich teil, dafür bleiben alle Steuern, die in den neuen Bundesländern aufkom-
men, auch in den neuen Bundesländern. Da hat Lothar de Maizière
gesagt: ›Wie kommen Sie überhaupt auf die Idee, dass wir im nächs-

ten Jahr große Steuereinnahmen haben?‹ Er hatte immer die Formel, nichts von nichts ist nichts.«

Lothar de Maizière: »Und da habe ich im Beisein der Fraktionsvorsitzenden gesagt: ›Walter, Artikel 5 unserer Koalitionsvereinbarung, die Richtlinienkompetenz des Ministerpräsidenten, insbesondere in den Fragen der deutschen Einheit, ist gewährleistet. Ich gebe dir 24 Stunden Bedenkzeit. Wenn du dich nicht entschließen kannst, die von mir vertretene Verhandlungsposition zu vollziehen, dann muss ich dich ablösen! Und zwar, weil du den Interessen der Menschen in Ostdeutschland entgegenwirkst!‹ Und dann habe ich ihn am nächsten Tag um vier Uhr angerufen, da waren die 24 Stunden um, und ich sage: ›Warum hast du dich nicht gemeldet?‹ Da sagte er, er würde sich nicht melden, er bliebe bei seiner Haltung, und da habe ich gesagt: ›Dann betrachte dich als abgesetzt, ich schicke einen Boten mit Entlassungsurkunde!‹ So! Und das nahmen die Sozialdemokraten zum Anlass, aus der Koalition auszusteigen.«

Vorausgegangen war, dass Rombergs Staatssekretär, Walter Siegert, zu de Maizière gekommen war und um seine Entlassung gebeten hatte. Begründung: Romberg hätte ihn beauftragt, zur Verhandlungsrunde nach Bonn zu fahren mit der Devise: Keine Finanzausgleichsbeteiligung, dafür bleiben alle Oststeuern im Osten. Das könne er nicht verantworten, das sei ein schwerer Schlag für die neuen Bundesländer. Wenn das beschlossen würde, stünde der Osten nackt da, weil es nach dem Wirtschaftszusammenbruch nur wenige Steuern geben werde.

»Er sagte zu mir: ›Herr Ministerpräsident, mein Minister will mich zwingen, eine Verhandlungslinie zu fahren, die gegen die Interessen der Ostdeutschen ist. Bitte lösen Sie mich ab!‹ Und da habe ich gesagt: ›Herr Staatssekretär, wir werden sehen, wer abgelöst wird!‹ Und er hat dann die Verhandlung weitergeführt auf der Grundlage dessen, was ich als notwendig und richtig erachtete.«

»Walter Romberg«, schätzt Schröder ein, »wurde entlassen, weil er nämlich nicht im Recht war, sondern Lothar de Maizière war im Recht in dieser Auseinandersetzung. Da können wir froh sein, dass er es gemacht hat. Ich bin dann, weil ich die Gründe für den Austritt

19.8.1990, Wolfgang Thierse begründet vor der Presse den Austritt der SPD aus der Koalition.

aus der Koalition nicht akzeptiert habe, zurückgetreten als Fraktionsvorsitzender. Das hing auch damit zusammen, dass man nun von uns erwartet hat, dass wir gegen Lothar de Maizière einen Misstrauensantrag stellen. Ich habe gesagt, ich sehe gar keinen Anlass zum Misstrauen. Denn es gab ja vorher schon diese Erwägungen von Lafontaine, die Koalition störe auf dem Wahlkampfschlachtfeld. Aber ich wollte nun nicht als parteischädigende Person auftreten und sagen, wie es wirklich war, und habe deswegen lieber meine Klappe gehalten und dem Publikum die Details nicht erzählt. Muss ja auch nicht alles erzählen, Hauptsache, ich erzähle nichts Falsches. Und bin dann zurückgetreten mit dem Satz: ›Ich habe mit Lothar de Maizière vertrauensvoll zusammengearbeitet, und ihr kriegt mich auch nicht dazu, dass ich plötzlich sage, er könne nichts und mache alles falsch.‹«

Was kaum bekannt ist, die SPD-Fraktion formuliert im August tatsächlich einen Misstrauensantrag gegen Lothar de Maizière. Schröder: »Und dann war die Frage, wer den vortragen soll. Da sagte Wolfgang Thierse: ›Ich kann nicht, ich habe da einen Termin in Bonn.‹ Das ist auch schon eine interessante Gewichtung. Dann haben sie noch mal den Gutzeit gefragt und mich, und ich glaube, vier Leute haben sie gefragt. Ich sagte: ›Was denkt ihr, warum ich zurückgetreten bin, damit ich euren Misstrauensantrag trotzdem noch hier verlese? Ich denke gar nicht daran!‹ Der Misstrauensantrag fiel aus, weil niemand den vortragen wollte.«

Nachfolger im Amt des Fraktionsvorsitzenden der SPD wird Wolfgang Thierse:

»Die große Koalition ist ja am Schluss auch deshalb geplatzt, weil wir nicht mehr den Eindruck hatten, dass die sozialdemokratischen Minister in der Regierung de Maizière überhaupt angemessen Einfluss nehmen konnten, dass Lothar de Maizière immer stärker von Kohl bestimmt wurde. Die Vereinbarungen galten nicht mehr so, und ich dachte, was ist denn das für ein Spiel? Wir können doch nicht in einer Regierung sein, in einer Koalition, die – nach unserer Wahrnehmung, vielleicht ist das ungerecht, aber sie war damals emotional ganz stark – nur noch instrumentalisiert ist von Helmut Kohl und seiner Regierung. Das war das Ende der großen Koalition. In diesem Zusammenhang habe ich dann nach dem Parteivorsitz der Ost-SPD auch den Fraktionsvorsitz übernehmen müssen.

Oskar Lafontaine war Spitzenkandidat der SPD, Kanzlerkandidat. Er war es wieder geworden nach diesem schrecklichen, bestürzenden Attentat auf ihn. Das muss man immer berücksichtigen. Ich erinnere mich daran, dass ich als Spitzenmann der Ost-SPD mit ihm immer wieder gesprochen habe. Viele seiner Kritikpunkte an der Vereinigungspolitik waren ja sachlich gut nachvollziehbar. Das haben wir vielleicht nicht in der Schärfe, aber doch der Sache nach auch geteilt. Aber ich habe ihm immer versucht, beizubringen, flehentlich fast: ›Oskar, du musst diese Kritik einbetten in ein starkes und grundsätzliches Ja zur Vereinigung, in ein Ja zu den Ostdeutschen, sonst versteht die Mehrheit der Ostdeutschen das als eine Absage an sie, eine Absage an die Vereinigung.‹ Und genau das hat er nicht vermocht. Erstens emotional nicht und zweitens auch, weil er sich selber eine taktische Zwangsjacke angezogen hat. Nämlich, wie kann ich Wahlkampf gegen Helmut Kohl machen, wenn ich sozusagen mit der Grundrichtung der Politik übereinstimme? Ich muss ihn doch aus der Opposition heraus attackieren. Und aus dieser Zwangskonstellation hat er keinen Ausweg gefunden.«

Schon im Juni hatte es erste Probleme und Verwerfungen in der großen Koalition gegeben. Markus Meckel stellt mit Verwunderung fest, dass die Informationen nicht so fließen wie sie sollten. Die ersten Entwürfe für den Einigungsvertrag, die im Büro Günther Krause entstanden waren, bekommt der Außenminister und Parteivorsitzende der Ost-SPD nicht etwa von seinem Koalitionspartner, sondern durch Indiskretion aus dem Kanzleramt in Bonn: »Es war dann so, dass wir eine Ministerratssitzung hatten, Anfang Juli, und danach sich die erste Runde für den Einigungsvertrag traf. Und man hat das so organisiert mit de Maizière bzw. Krause, dass wir zwischen der Ministerratssitzung und der ersten Verhandlungsrunde gar keine Chance mehr hatten, mit unserem Staatssekretär zu sprechen, weil sie sofort begannen. Das heißt, die interne koalitionäre Festlegung von Positionen ist, ich würde schon fast sagen zum Teil bewußt, verhindert worden. De Maizières wichtigster Verbündeter in der SPD war Richard Schröder. Da gab es eine enge Beziehung, da gab es auch eine gute Informationsebene, aber zu anderen in der Regierung und auch in der Fraktion war dies nicht der Fall.«

»Für uns war es wirklich ein Segen«, bekennt Günther Krause, »dass der Professor Schröder von der SPD so lange Fraktionsvorsitzender war. Sein Nachfolger, der ja dann auch mal zeitweise Bundestagspräsident war, hat nicht unbedingt nur die deutsche Einheit in seinem Lächeln gesehen, sondern er hat natürlich auch die Parteipolitik gesehen. Natürlich war das dann eine Schlacht. Die CDU hat immer mehr im Bundesrat verloren. Das war ein Riesenproblem. Die SPD wollte natürlich unbedingt über die Bundestagswahl Boden gutmachen.«

Es gibt einige aus den Reihen der SPD, die nicht dafür sind, die Koalition zu verlassen. Dazu gehören Regine Hildebrandt und Markus Meckel. Auch Emil Schnell, der Postminister, bedauert das Scheitern der Koalition: »Wir waren der Meinung, wir haben eine

Verantwortung übernommen. Es ist absehbar, dass es in ein paar Wochen oder Monaten vorbei ist, und das ist eigentlich kein Anlass, da abzuspringen aus partei- oder wahlstrategischen Gründen. Das gefiel mir nicht, und deswegen habe ich mich zwar der Disziplin damals untergeordnet, als es darum ging, dass die SPD-Minister die Regierung alle verlassen, aber für richtig habe ich es nicht gehalten und halte es auch heute nicht für richtig. Aber ich kann mir gut vorstellen, dass auch de Maizière einen Wink mit einem Zaunpfahl bekommen hat von Kohl und dass auf CDU-Seite sicherlich Kräfte da waren, die Interesse daran hatten, dass man vor der Wahl klarere Blockstrukturen wieder hat.«

Auf der ersten Fraktionssitzung der SPD nach dem Ende der Koalition, zu der der Premier geladen ist, beobachtet Höppner, dass de Maizière sich merkwürdig verhält und mit vielen Worten versucht, etwas zuzudecken: »Nach meinem Eindruck hat er zunehmend die Hoheit über seine eigenen Entscheidungen verloren.«

Und Markus Meckel erinnert sich: »Ich habe es mehrfach erlebt, dass ich Dinge mit Lothar de Maizière besprochen habe bei ihm in seinem Büro, anschließend in mein Ministerium zurückfuhr und dann schon die Information da war, dass er das wieder zurücknimmt, was wir gemeinsam vereinbart hatten. Ich hatte damals immer wieder den Verdacht, dass er zwischendurch mit Bonn telefoniert hat.«

Der parteilose Landwirtschaftsminister Peter Pollack ist überzeugt, dass es Druck aus Bonn gab: »Es war abgestimmt zwischen Herrn de Maizière und Herrn Kohl, dass möglichst die SPD aus der Regierung herausgedrängt werden sollte, damit die CDU die alleinige Partei war, die Deutschland in die Einheit führte am 3. Oktober.«

Auch Reinhard Höppner glaubt, dass de Maizière Romberg nicht entlassen hätte, wenn er da nicht unter Druck gesetzt worden wäre: »Es wird immer über Romberg und immer über diese Zahlen geredet, die da im Zuge der Kosten der Deutschen Einheit genannt worden sind. Meine Überzeugung ist, es spielten im Hintergrund viel mehr Dinge eine Rolle. Es war eher der Auslöser als der wirkliche Grund. Und irgendwann mal war dann eine Situation, wo das für die SPD auch nicht mehr akzeptabel war, diese Art von Umgang. Es war dann schon ein wechselseitiges Zerwürfnis. Aber es war nie wirklich eines, weil wir alle wussten, wir müssen das gemeinsam stemmen. Wir mussten doch den Beitritt beschließen! Dazu brauchte man zwei Drittel. Das heißt, so richtig zerfallen *konnten* wir gar nicht!«

Die freiwerdenden Ministerämter werden nicht neu besetzt. In der Regel führen die Staatssekretäre in den restlichen gut sechs Wochen bis zum Ende der DDR die Geschäfte weiter. Markus Meckel, der auch sein Amt verliert: »Der Vorwurf, den man Lafontaine damals machen musste, ist der gleiche, den ich Helmut Kohl mache, dass beide den Einigungsprozess instrumentalisierten für die Perspektive auf die nächste Bundestagswahl.«

Lothar de Maizière bringt es, wie so oft, auf den Punkt: »Das Problem war, dass wir die Herstellung der deutschen Einheit in einem Wahljahr der Bundesrepublik zu vollziehen hatten. Wenn der liebe Gott noch mal die deutsche Einheit will, dann soll er sie bitteschön in ein Nicht-Wahljahr legen!«

# 7. Das letzte Parlament

»Dann mal gut zu Fuß!«

Lothar de Maizière

Am 5. April trifft sich das erste frei gewählte Parlament der DDR, die Volkskammer, zu ihrer konstituierenden Sitzung. Zum ersten Mal auch wird eine Frau zum Präsidenten der obersten Volksvertretung gewählt: Sabine Bergmann-Pohl. Wie die meisten der neuen Amtsträger kommt auch die Fachärztin für Lungenkrankheiten überraschend zu ihrem Posten: »Ich wollte nicht, ich habe auch erst abgelehnt, weil ich gern als Ärztin gearbeitet habe. Dann ist sehr viel Druck auf mich ausgeübt worden, und irgendwann nach dem dritten oder vierten Gespräch habe ich dann nachgegeben und gesagt: ›Na gut, in drei Gottes Namen, ich kandidiere für die Volkskammer.‹ Ich hatte dabei aber immer im Hinterkopf, in meinem Beruf zu bleiben und das so nebenbei zu machen.

Dann war eine Fraktionssitzung, ich glaube, es war die erste. Da ging es darum, dass der Fraktionsvorsitzende gewählt werden sollte. Es gab nur einen Kandidaten: Herrn de Maizière. Das war aus meiner Sicht ein bisschen naiv. Er war ja später Ministerpräsident, und wir hätten gleich jemand anderen wählen sollen. Es wurden dort noch mehrere Kandidaten vorgestellt, und neben mir stand jemand auf und sagte: ›Wir brauchen auch eine Frau. Eine Frau ist immer gut, ich schlage *Sie* vor.‹ Ich war völlig entsetzt! Das ging dann jedoch Gott sei Dank an mir vorbei, obwohl ich ein recht gutes Ergebnis nach de Maizière erreicht hatte. Ich verließ dann die Fraktionssitzung, weil ich in Vertretung von de Maizière zu einem Gespräch mit Abgeordneten des Europäischen Parlaments gehen sollte. In meiner Abwesenheit hat man überlegt, wen man als Volkskammerpräsidenten vorschlagen könnte, und da fiel wieder mein Name. Ich wusste jedoch nichts davon. Als ich in die nächste Frak-

Volkskammerpräsidentin
Sabine Bergmann-Pohl

tionssitzung kam, musste ich mich innerhalb von fünf Minuten entscheiden, ob ich nun kandidiere oder nicht kandidiere. Ich dachte mir dann, ich mache es halt.«

Auf der konstituierenden Sitzung setzt sich die CDU-Frau im zweiten Wahlgang gegen den SPD-Mann Reinhard Höppner durch. Höppner wird einer ihrer Stellvertreter und bringt einige Parlamentserfahrung als Präsident der Synode der Evangelischen Kirche in der Kirchenprovinz Sachsen mit, zum Beispiel im Umgang mit Geschäftsordnungen: »Es war für mich völlig klar, wenn ich in die Volkskammer gehe, dass ich dann diese Erfahrung im Präsidium einbringen werde. Insofern war diese Linie bei mir relativ klar vorgezeichnet.«

Sabine Bergmann-Pohl dagegen ist tatsächlich eine Laienspielerin: »Ich war natürlich verunsichert und etwas ängstlich, weil ich mutterseelenallein war. Ich hatte von meiner Partei kaum Unterstützung. Es kam niemand und sagte, dass mir jemand zur Seite gestellt würde, sondern ich kam wirklich allein in diesen Apparat hinein. Am 4. April, dem Tag vor der konstituierenden Sitzung, habe ich meinen Arztkittel ausgezogen. Ich war auf diese Arbeit als Parlamentspräsidentin überhaupt nicht vorbereitet. Ich habe mich auch erst im Laufe der Zeit dort einarbeiten müssen. Versierter war da wohl Herr Höppner, mein Vizepräsident von der SPD, weil der vorher Präsident der Synode war und solche Parlamentsdebatten schon geleitet hatte. Ich habe höchstens mal auf einem Kongress eine Debatte unter Ärzten geleitet, aber das war es dann auch schon. Ich war natürlich am Schluss sehr viel schlauer und versierter als am Anfang. Das hat mir schon Sorgen bereitet, aber man kam auch kaum dazu, darüber nachzudenken, weil wir so viel zu tun hatten.«

In der kurzen Zeit ihres Bestehens bearbeitet und beschließt die Volkskammer 164 Gesetze[13], davon 3 Staatsverträge: den Vertrag über die Wirtschafts-, Währungs- und Sozialunion, den Einigungsvertrag und den Zwei-plus-Vier-Vertrag, oft auch als Deutschlandvertrag bezeichnet. Darüber hinaus werden 93 Beschlüsse und Willenserklärungen verabschiedet, wie zum Beispiel, gleich auf der zweiten Volkskammersitzung, die Erklärung zur Schuld der Deutschen gegenüber dem Ausland, auch dem jüdischen Volk.

»Wir hatten«, so Markus Meckel, »am 12. April eine Erklärung in der Volkskammer verabschiedet, in der wir sehr deutlich gemacht haben, dass wir uns der Verantwortung der Deutschen auf dem Hintergrund unserer Geschichte stellen. Das war uns von großer Wichtigkeit. Wir haben hier das Verhältnis zu Israel benannt, unsere Schuld als Deutsche gegenüber den jüdischen Bürgern, aber auch gegenüber den Völkern der Sowjetunion, gegenüber Polen, gegenüber den Tschechen – auch gegenüber den Tschechen in Bezug auf diesen Einmarsch 1968, von dem wir damals noch glaubten, dass es Truppen der DDR in der Tschechoslowakei gegeben hat. Wir wollten diese Verantwortung aus der Geschichte auf uns nehmen, eine Verantwortung, die die SED immer geleugnet hatte. Für die SED war die Mauer der antifaschistische Schutzwall, das heißt, wir standen auf der Seite der ruhmreichen Sowjetunion als Sieger der Geschichte, und aus ideologischen Gründen gehörten wir dann

---

[13] Es sind die 96 Gesetze, die der Ministerrat eingebracht hat, zusätzlich der Vorlagen der Fraktionen sowie der Rechtsverordnungen und Gesetze der Bundesrepublik und der EG-Gesetze, die in Vorbereitung des Vereinigungsprozesses in Kraft treten mussten.

gewissermaßen dazu. Dass die Deutschen in der DDR genauso wie die Westdeutschen Teil dieses deutschen Volkes waren, das so viel Unheil über ganz Europa und die Welt gebracht hatte, spielte dann keine Rolle mehr, weil das identifiziert wurde mit dem Imperialismus.«

»Als ich als Volkskammerpräsidentin gewählt wurde, sagte mir jemand kurz nach der Wahl: ›Sie sind übrigens jetzt alles!‹ Es war noch kein Minister da, ich war Chef der Armee, ich war alles in einer Person. Man durfte nicht darüber nachdenken. Ich habe auch nicht darüber nachgedacht. Ich habe immer gedacht, was bringt die nächste Stunde, der nächste Tag. Und am Abend vor der konstituierenden Sitzung war ich in der CDU-Zentrale. Da saßen Herr de Maizière und der Fritz Bohl, damals Kanzleramtsminister bei Helmut Kohl. Der sagte in einem Nebensatz zu mir: ›Und im Übrigen, wenn Sie morgen als Volkskammerpräsidentin gewählt werden, dann sind Sie auch gleichzeitig amtierendes Staatsoberhaupt. Wir haben nämlich eine Verfassungsänderung vor, und es soll noch ein Staatsoberhaupt gewählt werden. Und bis zur Wahl des Staatsoberhauptes sind Sie dann in der Funktion.‹ Das hat mir natürlich den letzten Schlaf geraubt, das muss ich schon sagen, weil ich dann auch Angst bekam.«

Vorgesehen ist, das Amt des Staatsratsvorsitzenden abzuschaffen und stattdessen wieder einen Staatspräsidenten zu wählen. Für diese Funktion ist Manfred Stolpe vorgesehen. Der jedoch winkt ab. Und so bleibt es letztlich bis zum Ende der DDR bei der Doppelfunktion.

Gleich zu Beginn ihrer Karriere trifft Sabine Bergmann-Pohl eine verhängnisvolle Entscheidung: Es ist die berühmte Kleidergeschichte, die sie zeit ihres politischen Lebens verfolgen wird. Gleichzeitig wirft diese Geschichte ein Licht auf die hysterische Stimmungslage in der kollabierenden DDR. Die Volkskammerpräsidentin (und, wie sagt man, Staatsoberhäuptin?) braucht schlicht Klamotten für ihren Job: »Meine Garderobe bestand aus Jeans, Röcken, Pullovern und zwei Kostümen. Wenn man die Wahlen anschaut, da hatte ich ja auch Rock und Bluse an. Und ein befreundetes Ehepaar aus West-

21.6.1990, Volkskammer, Sabine Bergmann-Pohl, Reinhard Höppner

Berlin hat gesagt: ›Wir gehen einfach am Ku'damm schnell einkaufen, und du deckst dich da mit ein paar Kostümen ein, damit du deinen Repräsentationspflichten nachkommen kannst. Wir leihen dir das Geld.‹ Wir hatten ja kein Westgeld. Ich tat das dann auch, also ich hab mich ja nicht sponsern lassen. Aber da man nicht nur von Freunden umgeben war, wurde das der Presse zugespielt, und es gab einen unheimlichen Aufruhr in der DDR, dass ich zum Ku'damm gehe und mich einkleide.«

Ihr erster Weg als Staatsoberhaupt führt sie in das Amtsgebäude von Erich Honecker, der zu diesem Zeitpunkt, nach seinem Kirchenasyl in Lobetal, eine Unterkunft im Militärhospital der sowjetischen Streitkräfte in Beelitz gefunden hat. »Ich ging mit Herrn Höppner, den ich um Begleitung gebeten hatte, in das Staatsratsgebäude und betrat dort das erste Mal diese heiligen Hallen. Ich war von dem Arbeitszimmer Honeckers unglaublich beeindruckt. Es war ein riesiger Raum, der Schreibtisch stand ganz hinten. Das hatte einen psychologischen Grund: Je länger man durch den Raum schreiten musste, desto kleiner wurde man. Also nicht ich, in dem Moment, aber für die Mitarbeiter und Besucher war das natürlich so gedacht. Es war ein bisschen unangenehm, dass ich dorthin gehen musste und meinen Vorgänger, Herrn Gerlach, bitten musste, das Amt an mich zu übergeben. Die Mitarbeiter standen wie eine Mauer, völlig versteinert, vor mir, nicht wissend, was kommt. Richard von Weizsäcker hat mir dann seinen Büroleiter zur Verfügung gestellt, Herrn Dr. Dellmann, der die Leitung des Staatsrates, also der Behörde, übernommen und mich unglaublich unterstützt hat. Ich akkreditierte und verabschiedete Diplomaten, führte mit ihnen Gespräche, und das fand immer im Staatsratsgebäude statt.«

Das Verhältnis zwischen der Parlamentspräsidentin und ihrem SPD-Stellvertreter Höppner ist gut. Es gibt keine ernsthaften Konflikte. Die Arbeitsteilung ist klar, Höppner kümmert sich um die Sachen, die das parlamentarische Geschäft anbetreffen; Bergmann-Pohl übernimmt zusätzlich zu den Parlamentsaufgaben Repräsentationspflichten.

Es gibt in diesen Monaten mehrere Bombendrohungen gegen das Parlament: »Als der Botschafter von Großbritannien seine Aufwartung bei mir machte, gab es just in dem Moment eine Bombendrohung, und wir mussten aus der Volkskammer raus und auf den Parkplatz gehen. Der Botschafter kam mit seinem großen Auto mit Standarte und fuhr da vor. Und ich stand nun in diesem Pulk der Abgeordneten vor der Volkskammer. Er stieg aus, ich begrüßte ihn und sagte: ›Tut mir leid, Herr Botschafter, wir können jetzt nicht in mein Büro gehen, aber hier ist eine Balustrade, würde es Ihnen etwas ausmachen, sich mit mir hierhin zu setzen und hier das Gespräch zu führen?‹ Er hat es gemacht, und hinterher hat er überall erzählt, es sei der tollste Empfang gewesen, den er überhaupt irgendwo gehabt hat. Man muss sich da nicht verkrampfen, das sind auch nur ganz normale Menschen.«

Von Außenstehenden ist oft gelobt worden, wie wohltuend sich die letzte DDR-Volksvertretung von arrivierten Parlamenten unterscheidet. Es sind nicht vornehmlich Juristen, die dort sitzen, sondern viele untypische Berufe, Tierärzte, Techniker, Naturwissenschaftler. Und viele Theologen. Das finden manche schon wieder komisch und befürchten, die Kirche wolle in die Politik hineinre-

6.7.1990, Berlin, Marx-Engels-Platz, Nach Bombendrohungen verlassen
die Abgeordneten die 22. Volkskammersitzung. Links: Sabine Bergmann-Pohl

gieren. Aber zu keiner Zeit ist zu erkennen, dass die Kirchenleute als Partei agieren.

»Ich will sogar noch weitergehen«, sagt Peter-Michael Diestel. »Sie waren viel zu klug, um Politiker sein zu wollen oder werden zu wollen. Es gab nach meinem Dafürhalten noch nie eine derartig hohe Zusammensetzung von Professoren, von Akademikern, von Ärzten, wenig Juristen, sehr, sehr wenig Juristen. Deswegen bin ich nämlich Innenminister und Vizekanzler zugleich geworden, weil ich einer der wenigen Juristen in dieser Truppe war. Es waren sehr viele Menschen in der Volkskammer versammelt, die ein Lied hatten. Damit meine ich, die eine Sendung hatten, die etwas sagen wollten, etwas gestalten wollten und die nicht wegen dem schnöden Mammon oder weil sie sonst nichts anderes konnten, Abgeordnete, Staatssekretär und so weiter werden mussten.

Und deswegen ist auch dieser Prozess so gut organisiert, schnell, mit dieser gigantischen Gesetzgebungsleistung über die Bühne gegangen. Wir mussten ja! Am 18. März war die erste freie Wahl, in etwa zehn, zwölf Tagen ist das Kabinett gebildet worden, und dann gab es eine gigantische Rechtsangleichung, Rechtsanpassung über die parlamentarische Arbeit dieser Volkskammer. Das heißt, wir mussten die unterschiedlichen Rechtsmoralordnungen, die Normkomplexe aneinander orientieren, um den Schritt zur deutschen Einheit dann auch gehen zu können. Das war eine gigantische Arbeit, die ist einmalig, und auf die können alle Beteiligten stolz sein, die da mitwirken durften.«

»Es gab eine ganze Menge ausgeprägter Individualisten«, erzählt Höppner, »die sich auch an Fraktionsregeln nicht hielten. Man konnte gewärtig sein, dass ein Abgeordneter sich meldete, reden wollte und auch redete und sich nicht an seine Redezeiten hielt. Diese ganzen Absprachen, die ja das parlamentarische Geschäft heutzutage für einen Präsidenten absolut übersichtlich machen, der hat sein Manuskript und liest es ab, die gab es alle nicht. Man musste ständig darauf gefasst sein, dass direkt etwas passiert. Das brachte natürlich eine gewisse Lockerheit und Spontaneität und damit natürlich auch eine größere Authentizität. Ich glaube, zum Zuschauen war das viel interessanter als alle Parlamente heute.«

»Man hat sich gezankt wie die Kinder im Sandkasten um die Schaufel«, sagt Familienministerin Christa Schmidt von der CDU. »Es war wirklich schlimm. Und das ging manchmal stundenlang. Trotzdem meine ich, dass dieses gemeinsame Vorgehen überwogen hat. Auf jeden Fall. Denn das wurde mir ganz schnell bewusst, als ich das erste Mal im Bundestag war. Dann kommt dazu, dass zum Beispiel in der Volkskammer sehr viel Disziplin herrschte. In den Anfängen ging kaum jemand raus, sondern die waren da, wenn was war. Das ist dann, nach bundesdeutschem Vorbild, erst nach und nach eingerissen, dass da jeder geht oder kommt, wann er will, das hatten wir am Anfang nicht. Da gab es wirklich Disziplin und Ordnung, und die Leute haben zugehört, wenn da vorn jemand etwas gesagt hat.«

Bergmann-Pohl: »Es wurde ja alles übertragen. Ich habe immer gesagt, wir haben höhere Einschaltquoten als die Lindenstraße! Und das hatten wir auch. Die Leute hingen ja am Fernseher und haben geguckt, was da los ist. Ich bekam dann auch viele bitterböse Briefe, dass ich das Parlament nicht im Griff hätte. Aber man *konnte* die Abgeordneten nicht im Griff haben, die waren alle so erfüllt von einer neuen Demokratie, und jeder wollte dazu beitragen.«

Und Höppner ergänzt: »Eine gewisse Unberechenbarkeit gab es. Aber natürlich, diese Parteiverhärtungen, die wir heute zum Teil haben, die gab es nicht. Die hätte es auch schon im Wahlkampf vorher nicht gegeben, wenn nicht die Westwahlkämpfer immer fleißig dabei gewesen wären. Wir *konnten* uns gar nicht so beharken, wie man das heute tut.«

Der Anfang ist schwer, und eine der ersten Aufgaben besteht darin, die notwendige Logistik aufzubauen. Es gibt keine Arbeitsmöglichkeiten, den Abgeordneten stehen keine Räume zur Verfügung, es gibt keine Telefone und nur eine Leitung in die Bundesrepublik. Alles das war in der alten DDR auch gar nicht nötig. Zu Honeckers Zeiten traf sich die Volkskammer höchstens zweimal im Jahr, und auch nicht, um wirklich zu arbeiten, sondern um die Beschlüsse, die ganz woanders gefasst worden waren, abzunicken. Demokratiespiel.

Nun tagt man mindestens einmal in der Woche. Auf der zweiten Sitzung, am 12. April, findet die Vereidigung der neuen Regierung in der Volkskammer statt. Hier kommt es zu einem ersten Eklat, weil Lothar de Maizière sich weigert, einen Eid auf die DDR-Verfassung abzulegen. Sabine Bergmann Pohl verzweifelt: »Ich wollte bei der zweiten Volkskammersitzung schon aufgeben und zurücktreten. Es gab ein unglaubliches Tohuwabohu. Wir hatten zwar am Abend vorher schon darüber gesprochen und haben auch überlegt, wie wir einen Kompromiss zustande bekommen. Das Problem war aber nachher, dass die Abgeordneten aufsprangen, vor die Mikrofone rannten und hineinbrüllten – es war ein völliges Chaos, und ich musste die Sitzung unterbrechen. Wir haben dann einen Kompromiss gefunden und haben interfraktionell dann eine Erklärung erarbeitet, auf die Herr de Maizière seinen Eid ablegen konnte.«

Die neue Volkskammer bekommt säckeweise Post aus der Bevölkerung: »Wir haben in meinem Büro ein eigenes Team installiert, das diese Briefe gelesen und teilweise auch beantwortet hat. Ich habe dafür Leute eingestellt, die ich persönlich kannte und zu denen ich ein großes Vertrauen hatte. Es sind viele der Briefe auch an mich persönlich adressiert worden. Es war so ein Wechselspiel der Gefühle. Ich wurde beschimpft, ich wurde bedroht, wir würden es nicht professionell genug machen, wir würden uns bereichern, bis zu ganz persönlichen Schmähungen – das ist mir wahnsinnig schwergefallen, da habe ich auch immer Angst um meine Familie gehabt. Aber ich habe auch sehr viel positive Post bekommen.

Man hat mich ja nicht immer sofort über alles aufgeklärt. Ich wusste gar nicht, dass es Morddrohungen gab. Ich erinnere mich, ich bin an einem Morgen zur Volkskammer gegangen, und da waren Absperrungen rundherum. Ich habe mich wahnsinnig aufgeregt und habe gesagt: ›Ich will nicht, dass die Volkskammer, wie früher, abgeschottet ist. Jeder soll die Möglichkeit haben, hier hereinzukommen.‹ Dann wurde mir gesagt, dass es vom Innenministerium angeordnet wurde. Mein Büroleiter druckste rum, und ich wollte wissen, was da los sei, ich wollte die Barrikaden wieder abbauen lassen. ›Das geht nicht‹, sagte man mir, ›wir haben Morddrohungen.‹ Wir haben das dann doch wieder abgebaut, es war ja

Quatsch, man hätte mich erschießen können beim Verlassen des Hauses.

Nachdenklich bin ich dann geworden durch eine Reaktion meines Sohnes. Die Sache ging ja auch durch die Presse, und mein Sohn war damals in der 7. Klasse. Mitten in der Stunde stand er auf, packte seine Tasche, und die Lehrerin fragte ihn, wo er hinwolle. Da sagte er: ›Haben Sie nicht das Polizeiauto gehört? Meiner Mama ist was passiert, ich muss sofort nach Hause.‹ Das treibt mir jetzt noch die Tränen in die Augen, weil mir da klar wurde, unter welchem Druck auch meine Familie stand, meine kleinen Kinder! Meine Familie hat schon unter der Situation gelitten.«

Am Vormittag des 17. Juni, einem Sonntag, gibt es im Schauspielhaus am Platz der Akademie, dem heutigen Konzerthaus am Gendarmenmarkt, eine Festveranstaltung zum Gedenken an den Volksaufstand am 17. Juni 1953. Es ist natürlich die erste Gedenkveranstaltung dieses Ereignisses in der DDR, und es ist auch die erste gemeinsame Veranstaltung der Parlamente der beiden deutschen Staaten. Der Vorschlag war von DDR-Seite gekommen. Es sind jedoch zwei komplizierte Dinge zu klären: die Frage des Ortes und die Zustimmung der Sowjets. Noch hat die Besatzungsmacht das Sagen, noch gilt der Vier-Mächte-Status. Die Bundesrepublik kann keine offiziellen Akte in der DDR veranstalten, die DDR-Volkskammer kann nicht im Reichstag zusammentreten. Reinhard Höppner spricht mit dem stellvertretenden Botschafter der UdSSR. Man einigt sich auf den Terminus ›Kulturveranstaltung‹ und wählt das Schauspielhaus, das ja auch örtlich in der Mitte zwischen Palast der Republik, dem Sitz der Volkskammer, und dem Reichstag liegt. Dennoch muss die Botschaft die Zustimmung in Moskau einholen. Am 8. Mai findet wie jedes Jahr zum ›Tag der Befreiung‹ die traditionelle Kranzniederlegung am Sowjetischen Ehrenmal in Treptow statt. Der stellvertretende Botschafter raunt Höppner im Vorbeigehen nur zwei Worte zu: »Geht klar«.

Als Festrednerin schlägt Höppner die Schriftstellerin Christa Wolf vor, die auf der Riesenkundgebung auf dem Berliner Alexanderplatz am 4. November 1989 eine vielbeachtete Rede gehalten hatte. Doch

17.6.1990, Berlin, Schauspielhaus, Gedenkveranstaltung zum Volksaufstand am 17. Juni 1953

von ihr stammt auch der Aufruf »Für unser Land«, der sich für die DDR und gegen den »Ausverkauf unserer materiellen und moralischen Werte« richtet. Deutliches Zähneknirschen von westlicher Seite, dennoch verhaltene Zustimmung. Aber Christa Wolf lehnt ab, mit der schlichten Begründung, sie wisse nicht, was sie sagen solle. Es ist eine Zeit der Sprachlosigkeit der ostdeutschen Intellektuellen, eine Zeit der Orientierungssuche: Alle Vorstellungen des Erhalts der DDR als eines reformierten, wie auch immer gearteten Gebildes erweisen sich als illusionär. Täglich verlassen zwei- bis dreitausend Menschen die DDR. Die deutsche Einheit zeichnet sich ab. Die Rede hält dann Manfred Stolpe.

Auch auf der Festveranstaltung muss wieder auf die Besonderheiten des Viermächtestatus geachtet werden. Kohl darf nicht als Bundeskanzler, sondern nur in seiner Funktion als Abgeordneter des Bundestages auftreten. Die Volkskammerpräsidentin darf ihn demgemäß auch nicht als Bundeskanzler begrüßen. Das tut dann Rita Süssmuth in ihrer Rede – zum Entsetzen von Bergmann-Pohl: »Das war nicht das einzige Mal, dass sie mir Probleme bereitet hat!«

Am Nachmittag des gleichen Tages findet eine Sondersitzung der Volkskammer statt. Diese war notwendig geworden, weil drei Tage vorher auf der regulären Sitzung die Lesung des Treuhandgesetzes gescheitert war. Dieses musste jedoch vor dem 1. Juli, dem Termin der Währungsunion, verabschiedet sein, sozusagen als »Sicherheit der Banker«, wie Höppner es formuliert. Einige Bonner Spitzenpolitiker nutzen die Gelegenheit, um einmal eine Volkskammertagung zu erleben. Also sitzen auf der Tribüne unter anderen Helmut Kohl und Rita Süssmuth.

Es gibt Volkskammerabgeordnete, die sich durch die Anwesenheit des Bundeskanzlers sehr angeregt fühlen: »Da«, amüsiert sich Höppner, »gab es ausreichend Leute mit Geltungsbedürfnis, die da gern eine Rede halten wollten.« So meldet sich der Fraktionsvorsitzende der DSU, Hansjoachim Walter, zu Wort und fordert: »Beitritt sofort!«

»Wir haben uns dagegenstellen müssen«, erinnert sich de Maizière. »Jemand, der die deutsche Einheit will, muss sich gegen die deutsche Einheit stellen, weil ich in der Volkskammer gesagt habe: ›Meine Herren, seid euch im Klaren darüber, wenn wir das so beschließen, stehen plötzlich 380 000 sowjetische Soldaten auf NATO-Territorium ohne jedwede Regelung, und damit riskieren wir eine Auseinandersetzung, die 3. Weltkrieg heißen kann!‹ Obwohl damals die Russen schon vernünftig genug waren. Aber es war ja nicht auszuschließen. Ich meine, wir haben ja ohnehin eine Situation gehabt, von der ich noch heute der Überzeugung bin, dass der himmlische Vater gesagt hat: ›Alle Schutzengel, die es in Europa gibt, immer ständig über der DDR kreisen, damit uns nichts Außergewöhnliches passiert!‹«

Ganz anders stellt CDU-Fraktionsführer Günther Krause dieses Ereignis dar, nämlich als bewusste und vorbereitete Aktion. Der Hintergrund ist, dass der Prozess der Vereinigung ins Stocken zu geraten droht. Dies zumindest ist die Sorge von Krause, Klaus Reichenbach und Krauses engstem Berater, Ulrich Born, Fraktionsassistent der CDU und einer der Berater aus dem Westen. Sie sehen das Problem der zunehmenden Liquiditätsschwäche der DDR und erkennen, dass Lothar de Maizière nicht zu einer schnellen Einigung zu bewegen sein wird. Von westdeutscher Seite gibt es Überlegungen zu einem Überleitungsgesetz anstelle des Einigungsvertrages. Das will Krause unter allen Umständen verhindern, weil damit die Vorstellungen der DDR-Seite faktisch gegenstandslos würden, der Einfluss auf die Gestaltung des Prozesses nicht mehr gegeben wäre. Bekannt ist aber zu diesem Zeitpunkt schon, dass die Unterzeichnung des Zwei-plus-Vier-Abkommens für den 1. und 2. Oktober geplant ist und damit das Tor zur Vereinigung weit offensteht.

Hansjoachim Walter hatte gegenüber Krause am Vorabend des 17. Juni zu erkennen gegeben, dass er auf der Sondersitzung den sofortigen Beitritt der DDR zur Bundesrepublik Deutschland proklamieren und darum bitten würde, dass mehrheitlich darüber entschieden wird. Krause bestärkt ihn in seinem Vorhaben, befürchtet aber, dass die Formulierung dieses DSU-Antrags rechtspopulistisch ausfallen könnte. Er beauftragt deshalb seinen Intimus Ulrich Born, eine Textformulierung zuzuarbeiten. Auf der Schreibmaschine, die früher bei Stasi-Chef Erich Mielke stand und sich jetzt in der CDU-Fraktion befindet, wird dieser Antrag verfasst.

Nachdem Walter den Antrag vorgetragen hat, muss Krause als Vorsitzender der größten Fraktion in der Volkskammer als Erster sprechen: »Ich sah die blassen Gesichter der Bundespolitiker auf der Tribüne, und dann hat das stattgefunden, was wir im Vorfeld natürlich besprochen hatten, dass wir vorschlagen, diesen Antrag in die Ausschüsse zu überweisen und nicht am gleichen Tag zur Abstimmung zu bringen. Das hat den Professor Walter nicht unbedingt so gefreut, aber gut. Und am nächsten Tag bekam ich den Anruf aus Bonn, wo der Bundeskanzler mir dankte für diese Weitsicht, und es hätte riesengroße Probleme gegeben, wenn wir jetzt einfach den Beitritt gemacht hätten, ohne den Zwei-plus-Vier-Vertrag zu realisieren. Und es kam dann von ihm selbst der Vorschlag, na ja, da müssen wir uns Gedanken machen, dass wir ziemlich schnell über einen Einigungsvertrag reden.«

Lothar de Maizière ist über diese Aktion übrigens nicht unterrichtet. Krause: »Der hätte das verboten.«

Auch Wolfgang Thierse hat die dramatische Situation nicht vergessen: »Am 17. Juni hatte die DSU urplötzlich den Antrag gestellt, die Volkskammer solle den sofortigen Beitritt zur Bundesrepublik Deutschland beschließen. Und die DSU tat das mit dem Blick darauf, dass Helmut Kohl anwesend war und auf der Tribüne saß. Die Sitzung wurde unterbrochen, und jetzt kommt's: Lothar de Maizière kam zur SPD-Fraktion geeilt. Ich erinnere mich noch genau, wie er neben mir saß, auf der anderen Seite Richard Schröder, und wir darüber redeten, wie wir genau dieses verhindern könnten. Denn das hatte uns doch verbunden: keine Sturzgeburt, nicht irgendeinen regellosen, abenteuerlichen Beitritt zu vollziehen, sondern Regelungen, klare Vereinbarungen, also einen Vertrag zu erreichen.« Der Antrag der DSU wird schließlich in den Ausschuss Deutsche Einheit verwiesen.

Ähnlich turbulent geht es am Mittwoch, dem 8. August, zu, als in Vorbereitung der ersten gesamtdeutschen Wahlen das gemeinsame Wahlgesetz beschlossen werden soll: »Die Volkskammer war ja für uns etwas völlig Neues«, berichtet Amtsminister Klaus Reichenbach. »In diesem Sinne Politik machen zu dürfen war ja im Prinzip für jeden superinteressant, und die Volkskammerdebatten sind unglaublich lebendig gewesen. Wenn ich jetzt in manchen Parlamenten Debatten sehe, dann war das natürlich wesentlich aufregender. Die Themen, die in der Volkskammer behandelt worden sind, waren auch wesentlich interessanter. Wenn Sie über irgendeine Verordnung lesen müssen, wie Ihr Produkt aussehen muss oder was dazugehört, das ist etwas ganz anderes, als wenn Sie im Prinzip ständig über die deutsche Einheit reden und die Brisanz, die damit zusammenhängt. Und demzufolge war es natürlich so, dass jede Volkskammersitzung mit trockenem Dynamit versehen war. Wenn etwa die DSU alle drei Tage einen Antrag gestellt hat, dass übermorgen die deutsche Einheit sein soll. Wir hatten einmal in der Nacht eine Abstimmung, das war eine absolute Katastrophe! Es ging um das Wahlgesetz. Da kann ich mich noch erinnern, ich habe mit Sabine Bergmann-Pohl gemeinsam in der Nacht am Telefon gesessen. De Maizière hatte eine Familienfeier zu Hause. Den haben wir in der Nacht um halb eins angerufen, er muss unbedingt zur Abstimmung kommen. Er war aber schon im Schlafanzug. Der ist dann noch gekommen und andere auch. Und zum Schluss haben wir trotzdem mit ein oder zwei Stimmen verloren, weil irgendein Abgeordneter der CDU aus Sachsen mit drei seiner CDU-Kollegen nach Hause gefahren war und uns die vier Stimmen fehlten.«

Laut Protokoll endet diese Volkskammersitzung um 2.20 Uhr. PDS und Bündnis 90 stimmen geschlossen gegen das Wahlgesetz, Letztere, weil sie grundsätzlich gegen eine Vereinigung sind und immer noch von einer erneuerten DDR träumen. Die erforderliche Zweidrittelmehrheit wird nicht erreicht. Reichenbach: »Früh um sieben dann am nächsten Tag klingelte das Telefon. Kanzler Kohl! Er hat gesagt: ›Was habt ihr denn gestern für einen Scheißdreck in eurer Volkskammer gemacht?‹ Also solche Dinge gab es alles. Und das war natürlich das pure Leben. Das war interessant, und es war irgendwo verrückt.«

Vierzehn Tage später, am 22. August, es ist die 29. Tagung der Volkskammer, wird das Wahlgesetz wieder auf die Tagesordnung gesetzt und diesmal mit der erforderlichen Mehrheit beschlossen. Im Anschluss daran, es ist bereits später Abend, stellt der Ministerpräsident überraschend den Antrag, eine Sondersitzung zum Thema Termin des Beitritts der DDR zur Bundesrepublik Deutschland nach Artikel 23 des Grundgesetzes einzuberufen.

Volkskammervizepräsident Höppner: »Da hat der Ministerpräsident das Recht dazu, das war völlig klar, also gab es eine Sondersitzung. Keine Diskussion. Das Präsidium hat dann beschlossen, die Sondersitzung gleich am Abend um 21.00 Uhr zu machen, damit nicht alle noch mal neu anreisen müssen. Ich fragte als Erstes den Ministerpräsidenten, ob er denn eine Vorlage hätte. Nein, die hätte er nicht. Also es gab keine Vorlage, überhaupt nichts! Wir hatten keinen Beratungsgegenstand, außer dass Herr de Maizière gesagt hatte: Sondersitzung. Daraufhin habe ich gesagt, wir müssen eine Tagesordnung haben, eine Vorlage, die kann man dann mit Änderungsanträgen machen, aber irgendjemand muss doch ein Schriftstück auf den Tisch legen. Dann fiel mir ein, dass wir am 17. Juni eine Reihe von Anträgen zur Frage des Beitritts an den Ausschuss Deutsche Einheit überwiesen hatten. Ich nahm die Anträge alle wieder auf unsere Tagesordnung, dann könnten wir das mit Änderungsanträgen machen.

Dann wurde die Sitzung einberufen, immer im Fernsehen übertragen, also gut beobachtet. De Maizière trat ans Rednerpult, hielt eine bedeutende Rede über die Wichtigkeit der Festlegung des Beitrittstermins und so weiter und setzte sich wieder hin. Ich schaute mich entsetzt zu ihm um – er hätte doch jetzt wenigstens irgendeinen Termin nennen müssen. Er muss doch einen Vorschlag machen, den ich dann als Abänderungsantrag hätte verwenden können. Er machte keinen Vorschlag, und ich erfuhr auf Nachfrage, er hätte gar keinen Terminvorschlag. Ich hatte ja keinen Verhandlungsgegenstand, und damit blieb mir nichts anderes übrig, als die Sitzung zu unterbrechen und zu sagen: ›Einigt euch auf einen Termin!‹ Ich war ja dafür nicht zuständig, ging in mein Zimmer, kam wieder heraus, fragte nach dem Ministerpräsidenten und erfuhr, er würde in seinem Zimmer Akten bearbeiten. Ich bin zu den Fraktionsvorsitzenden und sagte ihnen, sie müssten jetzt etwas machen. Die standen da und tranken Kaffee.«

In dieser Nacht bemühen sich viele, einen Termin zu finden. Eins ist den meisten klar, es muss nach Abschluss der Zwei-plus-Vier-Gespräche sein. In und zwischen den Fraktionen gibt es hektische Aktivitäten, aus denen sich jedoch die PDS raushält. Und die DSU, die ja sofortigen Beitritt beantragt hatte. Die Atmosphäre ist aufgeheizt. Der parlamentarische Geschäftsführer der SPD, Martin Gutzeit, brüllt die Parlamentspräsidentin an, sie habe ihm am Vorabend versprochen, dass der Termin des Beitritts außerhalb der Öffentlichkeit zwischen den Fraktionen gefunden wird. Sie muss ihm erklären, dass der Vorstoß des Ministerpräsidenten ja nicht vorhersehbar war.

Höppner weiter: »Ich habe das Spiel noch mal wiederholt, und dann klingelte es bei mir. Ich sagte: ›Passt auf, ich werde diese Sitzung nicht schließen, bevor wir nicht einen Beitrittstermin beschlossen haben. Und wenn das nachts um drei oder vier Uhr ist, ist mir völlig egal. Wir können uns nicht vor der Weltöffentlichkeit blamieren, eine Sondersitzung einberufen, alle stellen ihre Programme um, Kameras werden hingeschickt, und dann sagen wir die ab, weil wir uns nicht auf ein Datum einigen können? Das ist absolut unmöglich!‹ Mit den Fraktionsvorsitzenden im Flur der Volkskammer, die

Journalisten um uns herum. Und wir sind erst mal in den Nachbarflur gegangen, wir hätten uns ja schlecht vor den Kameras herumstreiten können: ›Leute, die Aufgabe ist ganz einfach: Wir brauchen ein Datum. Nichts weiter.‹ Dann hörten wir, dass Bonn wohl den 14. Oktober vorgeschlagen hatte. Das war logisch, das ist die Einführung der Länder gewesen, die Wahl der Länderparlamente und ist, juristisch gesehen, eigentlich der richtige Termin. Aber wir hatten uns alle in dem Einigungsvertrag schon so viel von Bonn vorschreiben lassen, dass in diesem Fall spontan und parteiübergreifend klar war: Der 14. Oktober wird es auf alle Fälle nicht! Jetzt haben wir hier die Hoheit, und wir denken uns einen eigenen Termin aus.«

Lothar de Maizière erklärt seinen Vorstoß so: »Es war die Zeit, als wir fast in jeder zweiten Volkskammersitzung jemanden hatten mit Beitritt sofort, möglichst mit Wirkung von vorgestern. Und ich habe dann der Volkskammer gesagt: ›Heute schaffen wir Klarheit! Ich beantrage die Sondersitzung am gleichen Tag!‹ Die Geschäftsordnung der Volkskammer gab das her. Riesenaufregung! Ich erinnere mich noch, Wolfgang Ullmann kam auf mich zugerannt und sagte, er ginge jetzt zum Generalstaatsanwalt der DDR und wollte mich anzeigen, das wäre Hochverrat. Ich sagte: ›Dann mal gut zu Fuß!‹ Thierse beantragte dann plötzlich den 13. September, einen Tag nach der Unterzeichnung Zwei-plus-Vier. Da musste ich erwidern, das geht noch nicht, weil die Rechte der Alliierten noch nicht abgesetzt sind, sondern erst bei der Außenministerkonferenz am 1. Oktober in New York.

Dann kam der Antrag, am 2. Oktober, da habe ich den Liberalen gesagt: ›Ja, da ist euer Ober-Guru, der Hans-Dietrich Genscher, noch in New York. Mit Zeitverschiebung kann der frühestens am 3. Oktober wieder mit dabei sein.‹ Also das war ein ziemlich kompliziertes Hin und Her. Die Situation an diesem Abend und in dieser Nacht war sehr angespannt, um nicht zu sagen chaotisch.

Es ist verhandelt worden bis in die tiefe Nacht, um 2.57 Uhr oder so was war dann die Entscheidung gefällt: Wir treten dem Geltungsbereich des Grundgesetzes mit Wirkung vom 3. Oktober, null Uhr, bei!

23.8.1990, Volkskammer, Gregor Gysi, Günther Krause, Lothar de Maizière, Rainer Eppelmann (v.l.n.r.) nach dem Beschluss zum Beitritt am 3.10.1990

Und dann war der Beschluss falsch formuliert: ›Die Volkskammer beschließt den Beitritt zum Geltungsbereich des Grundgesetzes mit Datum vom 3. Oktober!‹ Und jetzt kommt der Witz: Gregor Gysi kam danach an und sagte: ›Der Beschluss ist falsch und muss heißen: Die Volkskammer beschließt den Beitritt *der DDR* zum Geltungsbereich des Grundgesetzes, denn so wäre ja nur die Volkskammer beigetreten, nicht das Volk der DDR.‹«

Höppner: »Wenn man jetzt die Protokolle liest, dort steht ordentlich, dass der Beitritt der DDR zum Geltungsbereich des Grundgesetzes beschlossen worden ist. Wir haben das im Protokoll korrigiert, aber *beschlossen* haben wir es nicht. So viel zum Thema Improvisation in der Volkskammer. Übrigens, Gysi hat mir hinterher mal gesagt, ich solle es ja nicht seinen Leuten sagen. Wenn die erfahren, dass er den Beitritt hätte aufhalten können, würden die ihn heute noch zu Kleinholz machen.«

Oft ist behauptet worden, der Beitrittstermin wäre von Bonn vorgegeben worden. Der Verlauf dieser Sondersitzung zeigt deutlich, dass dem nicht so war. Darin waren sich die meisten Abgeordneten einig, dass es keinen 41. Jahrestag der DDR mehr geben sollte. Helmut Kohl hatte nur den Rat gegeben, es nicht im November zu machen. Seine Begründung, da sei immer so trübes Wetter. Denn er hatte schon im Auge, dass der Beitrittstermin zum Nationalfeiertag würde.

Cordula Schubert: »Nach der Abstimmung ist Gysi an das Mikrofon gegangen und hat gesagt: ›Wir haben soeben das Ende der DDR beschlossen.‹ Und alle haben gejohlt, geklatscht und festgestellt, wie toll das ist. Diese Szene ist mir noch sehr gut in Erinnerung. Es war eine unwahrscheinliche Erleichterung. Das, was man wollte, war nun greifbar nah.«

Gregor Gysi: »Es waren fünf oder sechs Sätze, mehr waren es wirklich nicht. Ist ja auch nicht gerade typisch für mich, aber damals war es so. Und dann fing ich mit dem Satz an: ›Sie haben soeben nicht mehr und nicht weniger beschlossen als den Untergang der Deutschen Demokratischen Republik …‹ Weiter kam ich nicht. Dann tobte die Union. Und dann wartete ich. Ich weiß nicht, wie lange. Eine halbe Minute, eine Minute, das kann man immer so schwer schätzen, wenn man da steht. Und dann konnte ich den Satz fortsetzen. Und dann hatte das schon etwas Nachdenkliches, weil ich ja nur gebeten habe, wenn wir beitreten, sich zu überlegen, wie man mit Biographien, wie man mit Leuten umgeht, wie wir sozusagen die Interessen in Zukunft noch verwirklichen, in drei, vier, fünf Sätzen. Und da passierte schon etwas sehr Merkwürdiges. Ich hatte gesprochen, die Sitzung war zu Ende, und es kamen zu mir de Maizière und Krause. Und, das habe ich noch nie erzählt, der Krause kam und sagte: ›Da meine Fraktion nicht wusste, was sie sagen sollte, hat sie nach dem ersten Halbsatz *Unzulässig* gebrüllt. Das tut mir leid, dafür wollte ich mich entschuldigen, denn Sie haben ja nichts Schlimmes, sondern nur etwas Nachdenkliches gesagt.‹ Und der de Maizière sagte mir etwas, was mich sehr nachdenklich gemacht hat. Er hat gesagt: ›Gregor, die deutsche Einheit kommt. Jetzt musst du sie auch wollen.‹ Das war sein einziger Satz.«

Richard Schröder: »Gregor Gysi, der im Großen und Ganzen ein gutes Gespür für Stimmungen hat, hat sich in diesem Fall mal völlig verkalkuliert. Er wollte nämlich mit diesem Satz die Leute nachdenklich machen. Er verband eben doch offenbar mit der DDR so viele Identitätsgefühle, dass er meinte, wenn er sagte: ›Ihr habt die Abschaffung der DDR beschlossen‹, dass dann so etwas wie Verlustgefühle aufkämen. Es war aber bei der Mehrheit der Abgeordneten überhaupt nicht der Fall, die hatten aus der Stimmung heraus gehandelt, ein Glück, dass wir sie bald los sind!«

Christa Schmidt dagegen erinnert sich, dass sie die Rede von Gysi am meisten berührt habe.

Vierzehn Tage vor dem Beitritt der DDR zur Bundesrepublik wird der Palast der Republik, und damit auch die Volkskammer, geschlossen. Es hatte, auch vor 1990, widersprüchliche Gutachten gegeben, das letzte nun, die Untersuchung eines West-Berliner Institutes, ist eindeutig: Bei jeder Erschütterung, zum Beispiel durch den Straßenverkehr, rieselt Asbeststaub. Amtsminister Reichenbach, der für alle Immobilien des Ministerrats zuständig ist, und dazu gehört auch der Palast der Republik, verfügt dessen Schließung.

Gehler fällt die Aufgabe zu, die Beschäftigten des PdR, wie man in der DDR sagt, zu informieren:»Große Betriebsversammlung im Palast der Republik. Da saßen 1500 mit Parteiabzeichen vor Ihnen, und das waren wirklich Hundertfünfzigprozentige. Und die haben geschrien: ›Den müsste man gleich lynchen!‹ Also es war ziemlich hart, was ich da erlebt habe. Und denen wollte ich schlicht und einfach erklären, dass sie hier einer hohen Gesundheitsgefährdung ausgesetzt sind und dass wir hier was tun müssen. Dann haben die Wissenschaftler gesprochen. Und dann schlug mit einem Mal, ich habe so etwas noch nie erlebt, die Stimmung um, und die sagten dann plötzlich: ›Wollt ihr uns hier alle vergiften? Warum habt ihr bislang nichts unternommen?‹

Ich bin dann zu de Maizière und habe erzählt, was ich da erlebt habe. Und dann hat Thierse einen Brief von de Maizière gekriegt, weil uns bekannt war, dass der SPD-Vereinigungsparteitag da drin

19.9.1990, Berlin, Mitarbeiter des Palastes der Republik fordern auf einer Protest-
versammlung die sofortige Schließung des Hauses, rechts: Krisenmanager Günther
Krause

stattfinden sollte. Und Thierse fragte mich noch mal: ›Sagen Sie
mal, Herr Gehler, ist das denn jetzt so, dass das wirklich so belastet
ist?‹ Und ich sagte: ›Ich kann es nur so sagen, ja, es ist ganz real so!‹
Thierse hat dann einen Brief zurückgeschrieben an de Maizière.
Und in dem Brief stand, dass sie auf alle Fälle darauf bestehen, dass
im Palast der Republik der Vereinigungsparteitag stattfindet, und
die SPD würde die Verantwortung übernehmen, wenn es zu Ge-
sundheitsschäden käme. Ein Irrsinn geradezu. Aber wir haben damals so gelebt, und auch solche Dinge wurden geschrieben. Es war
eine aufgeladene Stimmung.«

Reinhard Höppner sieht die Sache eher symbolisch: »Wir wurden geradezu gezwungen, vor Ende unserer Arbeit aus dieser
Volkskammer auszuziehen und unsere Tagungen dann im ZK-
Gebäude abzuhalten. Wir durften nicht mehr in dieser Volkskammer tagen. Begründung: Asbestverseuchung. Gut, dass der Palast
der Republik asbestverseucht war, will ich nicht bezweifeln, aber

wenn man da monatelang drin gewesen ist, kommt es auf drei Sitzungen nun auch nicht mehr an. Das war eine Art von Demütigung, wer auch immer die da jetzt im Einzelnen eingefädelt hat. Ich jedenfalls habe gesagt, ich persönlich würde das nicht mitmachen. Ich bin in meinem Büro in dieser alten Volkskammer geblieben, bin nicht umgezogen und war dann der Einzige da, mit meiner Sekretärin. Einfach als Demonstration, dass ich mich so nicht demontieren lassen würde.«

Höppners Alleingang führt zu einer brenzligen Situation. Als es im September wieder mal zu Unruhen in verschiedenen Haftanstalten der DDR kommt, rebellieren auch im Gefängnis Rummelsburg die Häftlinge. Vor dem Eingang der nun fast leeren Volkskammer stehen nur noch zwei gelangweilte Polizisten, als der Sprecher der Gefängnisinsassen von Rummelsburg, ein mehrfacher Mörder, den Volkskammerverantwortlichen in Sachen Amnestie zu sprechen verlangt: »Der hatte offenbar Urlaub bekommen. Die Polizisten wussten nicht, was sie machen sollten, riefen meine Sekretärin an, in dem Haus waren nur noch meine Sekretärin und ich, und dann kam dieser Mörder zu mir hoch, wir setzten uns zusammen ins Zimmer und unterhielten uns lang und breit über die Situation in Rummelsburg und was man denn tun könne, und dergleichen mehr. Es war eigentlich ein ganz normales Gespräch. Aber wenn ich mir heute vorstelle, der ist da ohne Begleitung durchs Haus gelaufen, und ich war mit dem allein im Zimmer! So war das Ende der Volkskammer.«

Auch CDU-Ministerin Christa Schmidt ist fassungslos: »Plötzlich war man um unsere Gesundheit besorgt, dass wir uns nicht noch was mit dem Asbest holen. Wir durften nicht mehr in den Palast der Republik. Ich fand das eine Infamie höchsten Grades! Das eine Mal hätten wir auch noch überstanden. Ich fand das schon herabwürdigend, uns da einfach zu verbannen und uns nicht mehr reinzulassen.«

»Das war eine Entscheidung gesundheitsmäßig, aber natürlich auch eine politische Entscheidung«, rechtfertigt sich Bauminister Axel Viehweger. »Das muss man ehrlicherweise sagen. Kann man es machen oder kann man es nicht machen? Muss man es machen?

Axel Viehweger, Minister für Bauwesen,
Städtebau und Wohnungswirtschaft

Es war schwierig genug, den zu schließen, denn kurz danach sollte
ja der SPD-Parteitag dort stattfinden, der Bundesparteitag. Da weiß
man immer, es gibt einen politischen Aufschrei. Andererseits, wenn
man es nicht gemacht hätte, hätte man behauptet, wir wollen mut-
willig vergiften.

Es war notwendig, ihn zu schließen, so leid mir das tut. Ich habe
den Palast der Republik vorher nicht gekannt. Ich wohnte in Dresden, man ist selten nach Berlin gekommen. Ich habe ihn vorher als
Privatperson nicht besucht, war da nie kegeln. Ich habe ihn in dieser Zeit als Minister kennengelernt, in dem Sinne auch schätzen
gelernt mit seinen Möglichkeiten. Das war technisch einfach gut,
und es war genug Platz da für Verabredungen, für Gespräche. Er
war gut geeignet und praktikabel. Und ich denke, er hätte einfach
weiter nützlich sein können. Aber mit dem, was man dann dort bei
Videoaufnahmen hat rieseln sehen, war es einfach nicht mehr ver-
antwortbar.«

# 8. Der erste Staatsvertrag

**»Kommt die D-Mark, bleiben wir,
kommt sie nicht, geh'n wir zu ihr.«**
Volk

Vom 15. bis 19. Mai sollte nach den Planungen des alten SED-Zentralkomitees der 12. Parteitag der SED im Palast der Republik stattfinden. Berichterstatter: Erich Honecker. Aber der Wind hat sich gründlich gedreht. Honecker versteckt sich im sowjetischen Militärhospital in Beelitz, und zwischen der Bundesrepublik und der DDR stehen die Verhandlungen über einen ersten Staatsvertrag, den Vertrag über die Wirtschafts-, Währungs- und Sozialunion, kurz vor dem Abschluss. Am 18. Mai wird er in Bonn von den Finanzministern Walter Romberg und Theo Waigel feierlich unterzeichnet.

Verhandlungsführer der DDR ist Günther Krause, Parlamentarischer Staatssekretär beim DDR-Ministerpräsidenten, von Seiten der Bundesrepublik ist es Hans Tietmeyer, Staatssekretär im Bundesfinanzministerium, der spätere Bundesbankpräsident. Der erste Entwurf stammt von der bundesdeutschen Seite. Tietmeyer in seinen Erinnerungen:[14] »Am 27. April 1990 kam es (...) zu einer ersten Lesung des von uns als Arbeitspapier vorgelegten Vertragsentwurfes. Günther Krause erklärte zu Anfang des Gesprächs, dass die DDR-Seite diesen Entwurf als Grundlage für die Verhandlungen akzeptieren könne, jedoch eine Reihe von Änderungen für notwendig halte. Hierzu legte er seinerseits ein Arbeitspapier mit entsprechenden Textvorschlägen vor. Bereits in dieser ersten Lesung konnten wir uns über eine Reihe von Änderungen verständigen. Das begann schon damit, dass auf Wunsch der DDR-Seite neben den

---

[14] Theo Waigel / Manfred Schell (Hrsg.): Tage, die Deutschland und die Welt veränderten, München 1994, S. 76.

27.4.1990, Berlin, Haus des Ministerrats, Beginn der Verhandlungen über den ersten Staatsvertrag, Günther Krause und Hans Tietmeyer

Begriffen Währungs- und Wirtschaftsunion auch der Begriff Sozialunion in den Vertragstitel aufgenommen wurde. (...) Die Erörterung der Währungsumstellungssätze und Modalitäten fand allerdings nicht in dieser großen Runde statt. Günther Kraus und ich hatten uns schon vor dieser zweiten Gesprächsrunde darüber verständigt, diese Diskussion (...) nur im kleinsten Kreis der Notenbankvertreter und Staatssekretäre zu führen.«

»Tietmeyer hat uns vorgerechnet, die Umtauschsache kann nur 1:10 laufen, ganz klar.« Klaus Reichenbach nimmt an dieser Verhandlungsrunde teil: »Und da haben wir gesagt: ›Herr Tietmeyer, überlegen Sie mal, was eine Rentnerin jetzt hier bei uns bekommt. Wenn wir 1:10 umtauschen wollen, wie wollen wir das überhaupt machen?‹ Also wir haben dort in den ersten zwei Sitzungen um die Größenordnungen gewürfelt, bis dann der Bundeskanzler Kohl eindeutig gesagt hat: ›Es wird keine wirtschaftliche Entscheidung, diese Wirtschafts- und Währungsunion, es wird eine politische Entscheidung! Unsere Kriegskassen sind voll!‹«

Verhandlungsführer Krause: »Also letztendlich war unser Ziel natürlich, den Umtauschsatz möglichst gut zu gestalten. Das gemeinsame Ziel von Ost und West war, durch die Aktion deutsche Einheit die Währungsstabilität nicht zu gefährden; denn die DDR-Bevölkerung hat ja seit Mitte der 80er Jahre mitbekommen, wie die Ostmark entwertet wurde. Das war nicht bei Brötchen und beim elektrischen Strom zu spüren, das war aber bei normalen Konsumgütern zu spüren. Ein Farbfernseher, wenn ich mich recht entsinne, der hat eben 4000 Ostmark gekostet. Und das gemeinsame Ziel, zu dem wir uns sogar als DDR-Regierung bekannt haben, war, wir stellen keine Forderungen, die die Währungsstabilität insgesamt gefährden, was ja dann auch nicht passiert ist. Wir haben darum gekämpft, dass wir möglichst 1:1 umtauschen. Nicht Helmut Kohl, sondern der leider verstorbene Bundespräsident Rau hat als Ministerpräsident von Nordrhein-Westfalen als Erster gefordert, es muss 1:1 getauscht werden. Dann hat einen Tag später Kohl gesagt: ›Machen wir, 1:1‹. Und dann kamen die Währungshüter und alle anderen Apostel, die ihm gesagt haben: ›1:1 geht überhaupt nicht, lass uns 3:1, möglichst 4:1 die ganze Geschichte machen!‹ Das Verhandlungsergebnis war aus meiner Sicht ein gutes. Wir haben offiziell 2:1 getauscht, aber 90 Prozent des Geldes wurde 1:1 getauscht.«

Lothar de Maizière ist klar, dass es darauf ankommt, möglichst schnell auf eine Währungsunion zuzusteuern: »Es gingen nach dem Fall der Mauer täglich zwei- bis dreitausend Menschen, und wir mussten irgendwelche Signale für Bleibehoffnung setzen. Wir hörten: ›Kommt die D-Mark, bleiben wir, kommt sie nicht, geh'n wir zu ihr‹. Als wir dann am 18. Mai den Vertrag über die Währungsunion unterschrieben haben, ebbte dieser Exodus wirklich ab, es waren noch zweitausend pro Woche, immer noch zu viel, aber die unmittelbare Drohung des Leerlaufens war gebannt damit.[15]

---

[15] Hartmut Wendt: Die deutsch-deutschen Wanderungen – Bilanz einer 40jährigen Geschichte von Flucht und Ausreise, in: Deutschland-Archiv, 24/1991, S. 386–395. Wendt nennt auf der Grundlage von Angaben des Bundesausgleichsamts folgende Übersiedlerzahlen für das erste Halbjahr 1990: Januar 73 729, Februar 63 893, März 46 241, April 24 615, Mai 19 217, Juni 10 689.

Der Kurs ist heftig diskutiert worden. Es gibt Leute, die sagen, aus ökonomischen Gründen wäre er falsch gewesen – das mag wohl so sein, aber wir hatten ja keine andere Wahl. Denn zum Beispiel ein Rentner der DDR bekam 270 DDR-Mark. Wenn wir dem die Rente nicht 1:1 umgestellt hätten, wäre er verhungert. Wir mussten ihm sogar noch einen Auffüllbetrag geben. Wir haben also Warenkorbberechnungen angestellt, wie viel braucht eine einzelnstehende Person, wie viel braucht eine Familie mit ein oder zwei Kindern und so weiter, und haben dann untere Gehälter, Löhne, Stipendien und Renten mit Auffüllbeträgen versehen. Denn eines war klar: Mit der Einführung der Marktwirtschaft fällt das staatliche Subventionswesen für Grundnahrungsmittel, öffentlichen Personennahverkehr, Miete und so weiter weg. Insofern ist dieser Kurs ein politisch richtiger Kurs gewesen.

Strittig war dann die Frage, wie es mit den Ersparnissen und den sonstigen Dingen war. Da wollte die Bundesregierung einen einheitlichen Grundsockelbetrag von 4000 DDR-Mark gleich 4000 DM, also 1:1. Wir haben dann zäh verhandelt, weil wir sagten, wir wollen, dass die Rentnergeneration bessergestellt wird als die Kinder und Säuglinge. Insofern kam raus, bis zum 16. Lebensjahr 2000 1:1 und die Rentner 6000. Ich habe damals 7500 Briefe bekommen im Ministerrat, alle noch brav mit Eingabe überschrieben. Inhalt etwa: ›Ich bin Jahrgang 1912, ich habe den ersten Weltkrieg erlebt, ich habe die Hyperinflation der 20er Jahre erlebt, ich habe die NS-Zeit erlebt, ich bin ausgebombt, ich habe 1948 eine Abwertung von 10:1 erlebt, und jetzt soll mir das, was ich für mein Alter gespart habe, wieder weggenommen werden?‹

Ich habe dem Kohl damals gesagt, das ist eine Riesenwählerschar, die wir da verprellen, wenn wir denen also ihr Geld wegnehmen. Das begreift ein Kanzler wie Kohl immer, wenn es um Wählerstimmen geht. Und ich glaube, dass es ein ganz gutes Ergebnis war. Es gab rund 160 Milliarden Mark Ersparnisse der DDR-Bevölkerung, es gab noch mal knapp 20 Milliarden Ansparungsbeträge in den Versicherungen, Lebensversicherung und Ähnlichem. Aus denen sind 120 Milliarden DM Kaufkraft geworden, die ganz überwiegend den westdeutschen Produkten zugutegekommen ist. Wir ha-

Jens Reich,
Fraktionsvorsitzender Bündnis 90

ben Autos zugelassen ohne Ende, auch da habe ich Zahlen: Zu DDR-Zeiten wurden pro Jahr etwa 80 000 Fahrzeuge zugelassen.[16] Trecker, Nutzkraftfahrzeuge, Busse, Pkw und so weiter. Wir haben allein im Zeitraum von der Währungsunion bis zum 3. Oktober 450 000 Pkw zugelassen!«

Es fehlt nicht an warnenden Stimmen, die die negativen Folgen einer schnellen Währungsunion 1:1 benennen: Die Bürger der DDR werden nach dem 1. Juli, dem Termin der Währungsumstellung, die Waren kaufen, die sie bisher nicht erlangen konnten, also die Westwaren. Das wird dazu führen, dass die DDR-Betriebe ihre Produkte nicht mehr absetzen können. Darüber hinaus sind die DDR-Betriebe schlagartig dem internationalen Wettbewerb ausgesetzt und dem nicht gewachsen. Der Export in den Ostblock wird einbrechen.

Der Fraktionsvorsitzende von Bündnis 90, Oppositionspolitiker Jens Reich, erlebt die Stimmung: »Was einem entgegenbrauste an Ablehnung, wenn man diese Dinge auch nur vortrug – langsam, das

---

[16] Lt. Statistischem Jahrbuch der DDR 1990 war die Zahl der jährlich zugelassenen Fahrzeuge ungefähr doppelt so hoch.

wird schwierig, es werden ganz viele Betriebe kaputtgehen, Arbeits-
stellen werden verschwinden, ihr werdet ganz große Arbeitslosigkeit erleben, das geht überhaupt nicht anders, so wie die Struktur
ist –, wenn man das sagte, dann gab es die anderen, die sagten, das
wird aufgefangen sozial, und dann kriegt man neue Arbeit. So, das
waren die Vorstellungen. Und viele dachten auch, ich bin mein gan-
zes Leben gehemmt gewesen in meinen Entwicklungsmöglichkei-
ten, ich habe goldene Hände, ich kann ein Auto aus zwei Autos
bauen, meine Fähigkeiten müssen doch gefragt sein! Also gerade
Arbeiter, die was konnten im klassischen Sinne, sind tief enttäuscht
worden, als ihnen dann klar wurde, dass es überhaupt keine Auto-
produktion zum Beispiel mehr gab und die Autoreparatur völlig
anders läuft, als sie in der DDR gelaufen ist und keiner Handwerker
bedarf, sondern Auswechseln und Elektronik und all diese Dinge,
wofür sie dann nicht qualifiziert waren.«

Der erste Vertrag über die Wirtschafts-, Währungs- und Sozialunion muss noch im Bundestag bestätigt werden. Der Bonner SPD-
Bundesvorstand beschließt am 21. Mai, dem Vertrag in der vorlie-
genden Fassung nicht zuzustimmen, weil eine plötzliche Einführung
der D-Mark ohne vorherige Anpassung der DDR-Betriebe katas-
trophale Folgen haben wird. Diese Ablehnung ist sicher richtig und
vernünftig, aber sie steht im offenen Widerspruch zur Haltung ihrer
Schwesterpartei im Osten. Und sie wird die SPD bei der bevorstehenden Bundestagswahl im Dezember viele Stimmen kosten.

Ost-SPD-Fraktionsvorsitzender Schröder: »Wir waren der Meinung, dass die Währungsunion den Zusammenbruch der DDR-
Wirtschaft nicht bewirken, sondern verschärfen werde. Das ist ja
ein feiner Unterschied! Denn wir hatten ja das Geheimgutachten
von Planungschef Schürer gelesen.[17] Das habe ich vor der Wahl zwar
noch nicht gesehen, erst später, aber Lothar de Maizière kannte es
schon, weil er ja im Kabinett Modrow Mitglied war, und da ist das
auch zur Kenntnis gegeben worden. Wir wussten, dass der Staat

---

[17] »Analyse der ökonomischen Lage der DDR mit Schlussfolgerungen« von Gerhard Schürer, Ende Oktober 1989 dem Politbüro unter Egon Krenz vorgelegt.
Näheres siehe Kapitel 12.

DDR in Devisen hoch verschuldet ist und da nicht aus eigener Macht herauskommen kann. Dann habe ich zu der Währungsunion gesagt: ›Lieber mit ruinierter Wirtschaft in die Einheit als ohne Einheit mit ruinierter Wirtschaft.‹«

Natürlich weiß de Maizière um die Gefahren der Währungsunion: »Es gab ein Institut für Wirtschaftsforschung in der Wuhlheide, von denen bekam ich ein Papier: Ein Drittel der DDR-Betriebe wird sofort die Produktion einstellen müssen, wenn die D-Mark kommt, zum Beispiel der Kupferbergbau. Ein Drittel wird nur mit größten Sanierungsanstrengungen überleben können. Und ein Drittel wird sich relativ schnell am Markt behaupten. Und dann kam der entscheidende Satz: aber nur mit der Hälfte der Beschäftigten als bisher. Das ist letztendlich die Krux. Die deutsche Einheit wird beurteilt nach der Situation auf dem Arbeitsmarkt. Das ist ein gewichtiger Teil, auch ein bitterer Teil – aber er ist nicht alles.«

In den Monaten vor dem Tag des Umtausches blüht die Währungskriminalität. Die Grenze ist durchlässig, das Preisgefälle enorm. Die Wechselstuben in West-Berlin tauschen eine DM gegen zehn DDR-Mark. Die West-Berliner lassen sich im Osten für 2,50 Mark ihre Dauerwelle machen, die sie im Westen 80 DM gekostet hätte. Die Brötchen kriegt man nach wie vor für fünf Pfennige, das Kilo Brot für 50. Die zahlreichen Eckkneipen im Osten sind rammelvoll, kostet ein Bier doch nur 51 Pfennig.

Tietmeyer und de Maizière überlegen tagelang, welche Missbrauchsmöglichkeiten es beim Währungsumtausch geben könnte. »Ich weiß noch, dass Herr Tietmeyer mich fragte, woher ich das alles wisse, ich hätte ja beinah eine kriminelle Intelligenz! Ich antwortete: ›Ich bin Anwalt, ich weiß, was Straftaten sind.‹ Trotzdem haben wir nicht verhindern können, dass nachträglich Rechnungen umgeschrieben worden sind. Das blieb aber alles noch in Maßen. Das war ja die größte Währungsumstellung, die Europa erlebt hat, bevor es die Euroumstellung gab.«

Die Banken der DDR sind längst noch nicht in dem Maße computerisiert, wie das schon in der Bundesrepublik der Fall ist. Die Frage steht also, wie kann man den ganzen Prozess kontrollieren, wie

27.6.1990, Berlin, Schlange vor der Sparkasse am Alexanderplatz

kann man Missbrauch vermeiden? Klaus Reichenbach: »Im End-
effekt ist es dann kunterbunt gelaufen, kontrolliert hat es niemand
so richtig. Und es ist nach Gott und der Welt umgetauscht worden.
Die großen Vermögen haben die Leute verteilt, die haben dann ganz
anderes Geld eingereicht und so weiter. Das, was wir uns vorher
lange überlegt hatten, wo wir stunden- und tagelang gesessen haben,
konnte dann nicht mehr eingehalten werden. Die deutsche Währungsunion ist dann eben einfach gelaufen, so wie sie gelaufen ist.«

Lothar de Maizière schildert, welche Probleme und »Merkwürdigkeiten«, wie er es ausdrückt, beim Umtausch auftreten: »Bundes-
bank-Vizepräsident Helmut Schlesinger sagte zu mir: ›Sie haben
doch das Geld genauso gesplittet wie bei uns, 50 DM, 20 DM,
10 DM, 5 DM und so weiter. Aber es fehlen überall die 20-DM-
Scheine. Wie erklären Sie sich das?‹ Ich habe ihm gesagt: ›Das ist
sehr einfach, Herr Schlesinger, die Leute verdienen bei uns die
Hälfte von dem, was die Menschen im Westen verdienen. Da ist der
20-DM-Schein das, was bei Ihnen der 50-DM-Schein ist. Und wenn
der Vater abends in die Kneipe geht und sich einen Kümmel, einen
Korn, ein Bier und eine Bulette bestellt, dann kann er maximal
20 DM ausgeben, aber nicht 50 DM. Sie haben das nicht zuge-
schnitten auf die monetäre Situation der Ostdeutschen.‹

Ich habe auch nicht gewusst, wie viel Geld das ist: Eine Million
Mark der DDR sind ungefähr so viel wie ein Zementsack. Und

haben auch ungefähr das Gewicht davon. Das ist also unglaublich viel Papier. Wir haben damals rund 25 Milliarden Mark in Scheinen umgestellt, also damit war auch eine große logistische Leistung verbunden! In dem jetzigen Außenministerium, dem ehemaligen ZK-Gebäude, da sind ja noch die berühmten unterirdischen Tresore der ehemaligen Reichsbank, sechs Etagen Tresore, unglaublich, die größten Tresore, die es in Europa gibt!

Und wir haben also in den drei oberen Tresoren die DM gehabt, die verteilt werden musste, und in den drei unteren haben wir die eingesammelte DDR-Mark eingebunkert, bis wir wussten, wo wir damit bleiben, wie man die vernichtet oder nicht vernichtet. Ein Teil ist später in irgendwelchen Thüringer Salzstöcken verbuddelt worden. Dieses Geld musste genauso gut bewacht werden, denn die DDR-Mark konnte ja 14 Tage lang umgetauscht werden. Wir mussten also verhindern, dass die in einen Tauschkreislauf gerät: Sack raus und dann bei der nächsten Gelegenheit gleich noch mal umgetauscht. Das war übrigens die erste gute Zusammenarbeit zwischen Bundeswehr und NVA. Die NVA hat die alte Mark der DDR eingesammelt und verwahrt, und die Bundeswehr hat, zum Teil in Zivil, die D-Mark an die Sparkassen und Banken herangefahren, damit auch die notwendige Menge da war.

Man hat ja gesagt, dass nur 2000 in bar getauscht werden, alles andere wird über Kontoumstellung gemacht. Die Banken sagten uns, dass die Überweisungen aufgrund der Umstellung der Konten vier Wochen dauern würden. Und ich sagte damals, dass das unmöglich sein könne, wir müssten ja am 15. Juli Gehälter des öffentlichen Dienstes zahlen. Stellen Sie sich vor, die Gehälter des öffentlichen Dienstes wären nicht pünktlich gekommen, die hätten uns wegdemonstriert. Also habe ich die Landräte von 244 Kreisen der DDR und die Bürgermeister von 70 kreisfreien Städten nach Berlin eingeladen in das Finanzministerium, ohne Nennung eines Grundes. Dort haben alle einen Barscheck bekommen. Jedem Haushaltsrechtler würde das die Magengrube umkehren. Lehmann-Grube[18]

---

[18] Hinrich Lehmann-Grube war Leipziger Oberbürgermeister (1990–1998).

bekam von mir einen Barscheck über sechs Millionen D-Mark, damit er alle Staatsbediensteten und Straßenbahnfahrer in Leipzig bezahlen kann. Aber es sind alle angekommen. Niemand ist verlustig gegangen, auch kein Scheck. Also in solchen Zeiten scheint auch das Glück ein bisschen mitzuspielen. Ohne Fortune wären wir sowieso nicht ausgekommen.«

Die überwiegende Mehrheit der DDR-Bevölkerung ist sich der volkswirtschaftlichen Risiken nicht bewusst oder will sie nicht sehen. Der 1. Juli wird von den meisten herbeigesehnt wie das Erscheinen des Messias. In der Nacht zum Sonntag um 24.00 Uhr öffnet die Deutsche Bank auf dem Berliner Alexanderplatz ihre Schalter, um die D-Mark auszuzahlen. 10 000 Menschen stürmen das Gebäude, es spielen sich tumultartige Szenen ab.

Für Walter Siegert, Staatssekretär im Finanzministerium, verläuft der Tag eher angenehm: »Die Riesenarbeit war bewältigt, und ich hatte dann das große Vergnügen, mit Theo Waigel, der ja nach Berlin gekommen war, durch verschiedene Sparkassen-Filialen zu wandern, um vor Ort live den Umtausch zu beobachten. Waigel bekam dort jedes Mal einen Blumenstrauß und ein Stück Kuchen und Kaffee. Und die Bürger waren happy, die Sparkassenleute waren happy. Und ich habe mich eigentlich gefreut, dass das, auch das war ja ein wichtiger Teil der Vorbereitung unserer Banken und Sparkassen, so funktionierte, dass wir kaum Probleme hatten. Und insofern war das ein schöner, erfreulicher Tag.

Aber der harte Alltag, die Sorgen, die die Betriebe ab 2. Juli mehr und mehr hatten, das war natürlich dann die große Ernüchterung, denn es war ja eigentlich schon zu befürchten, dass solche Entwicklungen Platz greifen. Ich glaube, viele, die damals diese Losung ›Kommt die D-Mark nicht zu uns, gehen wir zu ihr!‹ in die Welt geschrien haben, auf Transparente gemalt haben, waren sich nicht darüber im Klaren, was es für Konsequenzen hat, wenn man es kurzfristig regelt, so wie das gefordert wurde. Ob man diesen Leuten einen Vorwurf machen kann, das ist sicher schwer zu beantworten. Es gibt eine bestimmte Spontaneität. Es gibt sehr einfach gestrickte Interessen, die oft nicht zu Ende gedacht werden, wenn man

1.7.1990, Berlin, Alexanderplatz, Stürmung der Deutschen Bank

sie politisch formuliert. Ich weiß nicht, welchen Anteil bestimmte Medien hatten, auch diese Losung zu forcieren und hochzuspielen, und wie das auch letztlich in das Kalkül oder in die Wünsche bestimmter Politiker passte. Das ist eine Frage, bei der man sicher zu interessanten Ergebnissen kommt, die aber heute Geschichte ist. Und es ist ja auch nicht wahr geworden, was zum Beispiel Helmut Kohl in Antwort auf diese Losung gesagt hat: ›Na, dann bringen wir doch die D-Mark schnell in die Hände der DDR-Bürger, dann werden sie das Land nicht mehr verlassen!‹ Inzwischen ist ja bekannt, dass weitere etwa 2 ½ Millionen in den letzten 15, 20 Jahren nach dem Westen gegangen sind, meist Leistungsträger. «

# 9. Der zweite Staatsvertrag

Der zweite Staatsvertrag, den die DDR mit der Bundesregierung aushandelt und abschließt, ist der Einigungsvertrag. Der seltsame Name stammt von Regierungssprecher Gehler: »Ich habe mit de Maizière gesprochen, der voll darauf aus war, das Ganze zweiten Staatsvertrag zu nennen. Ich habe gesagt, informationstechnisch kann man den eigentlich nicht zweiten Staatsvertrag nennen, da gibt es erstens und zweitens, da kommt jeder durcheinander. Wir haben nicht viel Zeit. Wir müssen sehen, dass wir dem einen Namen geben. Und dann habe ich den Namen erfunden ›Einigungsvertrag‹. Ich ärgere mich heute noch drüber, denn es ist ein Unwort! Bei jedem Vertrag einigt man sich. Eigentlich, wenn man es genau nimmt, müsste es ›Vereinigungsvertrag‹ heißen. Einigungsvertrag! Ein verrücktes Wort. Nur, es war leicht zu sprechen. Es war leicht rüberzubringen. De Maizière hat dann gesagt, ja! Das war das Lied, das leuchtete ihm ein. Okay!«

»Der *erste* Vertrag, Währungsunion, da gab es den Rohentwurf von der bundesdeutschen Seite«, erinnert sich de Maizière. »Und wir haben gemerkt, wie schwierig es ist, von einem Vertragsentwurf etwas wegzuverhandeln. Ich habe dann damals gesagt: ›Der Rohentwurf zum Einheitsvertrag, der wird von uns kommen!‹ Und der ist auch von unserer Seite gekommen. Die Verhandlung begann zwischen Schäuble und mir. Schäuble sagte bei allem: ›nur vorbehaltlich der Zustimmung meines Kanzlers und des Kabinetts‹. Da habe ich zu Günther gesagt: ›So eine Rückversicherungsposition, das können wir auch. Du verhandelst jetzt. Und bei allem, was du verhandelst, tust du das vorbehaltlich der Zustimmung des Ministerpräsidenten und des Kabinetts.‹ Also Günther Krause hat nichts

Reinhard Nissel,
Staatssekretär im Justizministerium

verhandelt, was nicht mit mir abgestimmt war. Ich stehe zu dem
Text des Vertrages.«

Verhandlungsführer von Seiten der Bundesrepublik ist Wolfgang
Schäuble, von Seiten der DDR, wie beim ersten Staatsvertrag, Günther Krause.

Matthias Gehler lobt den DDR-Verhandlungsführer: »Mag man
über Krause sagen, was man will, aber der Staatsvertrag wurde
durch ihn gut ausgearbeitet. Es gab eine Szene, wo ich auf der Toi-
lette war und Tietmeyer reinkam und schimpfte: ›Dieser Krause hat
gut verhandelt!‹ Der *hat* tatsächlich gut verhandelt.« Auch Klaus
Reichenbach ist der Meinung, dass Günther Krause die richtige
Person für die Verhandlungen zur deutschen Einheit gewesen sei.

»Dieser Krause war für mich ein Phänomen«, sagt Reinhard
Nissel, Staatssekretär im DDR-Justizministerium. »Der ist ja weder
ausgebildeter Jurist noch Politiker. Während der Verhandlungen
konnte man ja nicht jedes Mal, wenn man sich verständigen musste
über eine Sache, die gerade in Verhandlung war, unterbrechen und
sagen, wir müssen mal rausgehen. Also es blieb nur, und das haben
wir auch so besprochen, auf einen kleinen Zettel drei, vier Stich-
worte zu schreiben. Die hat er sich durchgelesen, und dann hat er

verhandelt, wusste alles! Also das war für mich ein Phänomen. Er hatte eine unheimliche Auffassungsgabe. Er konnte mit drei Stichworten sofort den ganzen Sachverhalt erfassen.«

Aber Nissel sagt auch: »Der hatte einen brutalen Umgang zum Teil, war auch von einer gewissen Arroganz. Ich weiß nicht mehr, um welches Thema es ging. Wolfgang Clement hatte irgendwas eingebracht, und da hat Krause ihn in der großen Verhandlungsrunde, nicht im kleinen Kreis, abgewatscht: ›Was Sie da für die SPD sagen, interessiert uns gar nicht! Verhandlungspartner ist die Bundesregierung!‹ So war Krause. Deswegen war mir völlig klar, dass der irgendwann mal scheitern musste.«

»Der Vertragsentwurf der DDR«, sagt Günther Krause, »der in der ersten Verhandlungsrunde übergeben worden ist, hat natürlich viele symbolische Fakten gehabt, beispielsweise, dass wir einverstanden wären mit der Übernahme der westdeutschen Hymne, allerdings ergänzt um die zweite Strophe, die die verbotene erste Strophe der DDR-Nationalhymne war. Seit 1972 durfte ja in der DDR keiner mehr die DDR-Nationalhymne singen, weil irgendwo »Deutschland einig Vaterland« eine Rolle gespielt hat. Und die Musik hat ja gepasst. Es hätte ja der DDR-Text von Becher[19] auf die Hymne unproblematisch gepasst. Es stand auch im Einigungsvertrag drin, dass wir uns einen neuen Namen geben. Es sollte nur noch ›Deutschland‹ heißen, ohne den Zusatz ›Bundesrepublik‹, damit auch der Letzte im letzten Bayerischen Wald begreift, dass sich mit der Einheit in Deutschland grundlegend was verändert. Die Veränderung war uns, jedenfalls de Maizière und mir, auch dem Helmut Kohl, schon wirklich relativ klar, weil es ja weitgehende Veränderungen auch im Gefüge des weltpolitischen Engagements Deutschlands geben wird. Dass *wir* den ersten Vertragsentwurf vorgelegt haben, hat dem Wolfgang Schäuble an dem Verhandlungstag überhaupt nicht gefallen.«

---

[19] Johannes R. Becher (1891–1958), war von 1954 bis zu seinem Tode Kulturminister der DDR.

Krause weiß, dass nach der Währungsunion jetzt schnell die staatliche Einheit kommen muss, damit die DDR nicht wöchentlich beim Bundesfinanzminister um neues Geld betteln muss. Wenn erst das Grundgesetz überall gilt, müssen, so seine Überlegung, auch überall gleiche Lebensbedingungen geschaffen werden. Dass das nicht von einem Tag auf den anderen geschehen kann, ist allen klar, aber das Ziel gibt dann den Weg vor. De Maizière: »Wir hatten schon in der Koalitionsverhandlung gesagt, dass wir den Weg über den Artikel 23 gehen, aber nicht ohne Bedingungen. Nach der Wahl habe ich auch gesagt: ›Die Frage des *Ob* ist entschieden, die Frage des *Wie*, da werden wir noch ein gewichtiges Wörtchen mitzusprechen haben!‹ Wenn viele auch diese Spuren des Wie heute nicht mehr sehen wollen – man sollte sich den Einigungsvertrag ansehen, um festzustellen, dass die Anerkennung der Berufsabschlüsse der Ostdeutschen im Einigungsvertrag geregelt ist, dass ein großer Teil ihrer sonstigen zivilrechtlichen Ansprüche, Eigentumsansprüche und so weiter geregelt ist.«

Die zentrale Frage, die in diesem Vertrag geregelt werden muss, ist die Eigentumsfrage. Die ostdeutsche Seite fordert »Entschädigung vor Rückgabe«, die westdeutsche »Rückgabe vor Entschädigung«. Wer sich in dieser Frage durchgesetzt hat, ist bekannt. In der »Gemeinsamen Erklärung der Regierungen der Bundesrepublik Deutschland und der Deutschen Demokratischen Republik zur Regelung offener Vermögensfragen« vom 15. Juni 1990 heißt es im Absatz 3:

»Enteignetes Grundvermögen wird grundsätzlich unter Berücksichtigung der unter a) und b) genannten Fallgruppen den ehemaligen Eigentümern oder ihren Erben zurückgegeben.

a) Die Rückübertragung von Eigentumsrechten an Grundstücken und Gebäuden, deren Nutzungsart bzw. Zweckbestimmung insbesondere dadurch verändert wurden, dass sie dem Gemeingebrauch gewidmet, im komplexen Wohnungs- und Siedlungsbau verwendet, der gewerblichen Nutzung zugeführt oder in eine neue Unternehmenseinheit einbezogen wurden, ist von der Natur der Sache her nicht möglich. In diesen Fällen wird eine Entschädigung geleistet, soweit nicht bereits nach den für Bürger der Deutschen Demokratischen Republik geltenden Vorschriften entschädigt worden ist.

b) Sofern Bürger der Deutschen Demokratischen Republik an zurückzuübereignenden Immobilien Eigentum oder dingliche Nutzungsrechte in redlicher Weise erworben haben, ist ein sozial verträglicher Ausgleich an die ehemaligen Eigentümer durch Austausch von Grundstücken mit vergleichbarem Wert oder durch Entschädigung herzustellen. Entsprechendes gilt für Grundvermögen, das durch den staatlichen Treuhänder an Dritte veräußert wurde. Die Einzelheiten bedürfen noch der Klärung.

c) Soweit den ehemaligen Eigentümern oder ihren Erben ein Anspruch auf Rückübertragung zusteht, kann stattdessen Entschädigung gewählt werden.«

Finanzstaatssekretär Siegert spricht klare Worte: »Also ich habe diesen Grundsatz Rückgabe vor Entschädigung von vornherein als großes Problem gesehen. Wir haben auch unsere Bedenken geltend gemacht, denn es war doch klar, dass das Eingriffe bedeutet in die Lebenssituation Tausender Bürger, die auf Grundstücken saßen, die Westdeutschen gehörten, und dass das Eingriffe waren in volkseigene Betriebe, in das Eigentum der DDR in vielfältiger Weise. Aber es führte kein Weg dahin, das zu ändern. Das war offenbar eine politische Kernprämisse der Bundesregierung. Ich weiß nicht genau, wo die Wurzel war, aber sie ist sicher in den Kreisen zu suchen, die eben darauf hofften, sich möglichst gut an der Wiedervereinigung persönlich zu bedienen.«

Es gibt *einige* Kritiker der Prämisse ›Rückgabe vor Entschädigung‹. Reinhard Höppner: »Rückgabe vor Entschädigung, an diesem falschen Prinzip sind meiner Meinung nach ein bisschen auch die ungeduldigen DDR-Bürger schuld. Wir hätten in der Volkskammer natürlich stoppen und sagen können, dass wir diese Frage erst einmal verhandeln müssen – dann hätten die lieben DDR-Bürger zum 1. Juli nicht ihr Westgeld bekommen. Man stelle sich mal vor, wir wären als Volkskammerabgeordnete nach Hause gekommen und hätten gesagt: ›Mit dem Westgeld, das wird noch nichts werden, weil, da ist was mit den Eigentumsfragen nicht geklärt.‹ Rich-

Gerhard Pohl,
Wirtschaftsminister

tig, wir waren auch überrascht worden von der ganzen Geschichte, aber die Ungeduld, schnell das Westgeld haben zu wollen, hat schon damals dazu geführt, dass Pflöcke eingeschlagen worden sind, um die wir nachher beim Einigungsvertrag nicht mehr herumkamen.«

Auch Wirtschaftsminister Gerhard Pohl hält das Prinzip Rückgabe vor Entschädigung für falsch, es behindert Investitionen. Sein Einspruch wird abgelehnt: »Es wurde uns gesagt, dass das nicht relevant ist, es soll so durchgesetzt werden. Wohl war mir dabei nicht. Was dann später kam, hat gezeigt, dass wir nach wie vor den ironischen Satz, den wir zu sozialistischen DDR-Zeiten hatten, ›Ruinen schaffen ohne Waffen‹, den haben wir hier weitertransportiert in das neue System. Sie finden überall Ruinen, Wohnhäuser, um die sich noch immer irgendwelche Erben streiten, Fabriken sowieso und so weiter. Wir schaffen nach wie vor Ruinen ohne Waffen.«

Lothar de Maizière hält die Eigentumsfrage für den »genetischen Geburtsfehler« der deutschen Einheit: »Diese Eigentumsfrage hat eigentlich den Einigungsprozess ziemlich vergiftet. Helmut Schmidt hat mal zu mir gesagt, ich hätte die größte ABM-Maßnahme für die deutsche Anwaltschaft damit geschaffen. Das lag nicht in meiner Absicht. Aber es bleibt dabei. Wie geht man nach 40 Jahren unterschiedlicher Entwicklung mit den Ergebnissen dieser Entwicklung um? Kann man reine Restauration betreiben, oder kann man das nicht? Wenn wir in die deutsche Geschichte gucken, ist eigentlich immer dann, wenn Restauration betrieben wurde, ob das nun nach dem Wiener Kongress war oder ob das nach dem Westfälischen Frieden war oder ob das nach Ludwig dem Frommen war oder wie auch immer; immer, wenn wir Restauration betrieben haben, ist die deutsche Geschichte nicht besonders glücklich gelaufen. Also wir haben sehr viel Kraft verbraucht, um Zurückliegendes aufzuarbeiten, statt zu sagen, wie kommen wir denn gemeinsam sinnvoll nach vorne. Aber eine Blaupause für die Herstellung der deutschen Einheit gab es nicht.

Es gibt Enteignungen, wo der Unrechtsgehalt so unerträglich ist, dass man das nicht aufrechterhalten kann. Die bundesdeutsche Seite meinte: ›Wir müssen das Restitutionsprinzip zur Grundlage nehmen und dann Ausnahmen davon beschreiben.‹ Ich bin noch heute der Auffassung, wir hätten uns mit einem Entschädigungsprinzip, einer wie auch immer gearteten Gerechtigkeit besser genähert. Da kommt einer und sagt: ›Dies ist das Haus meines Vaters über fünf Generationen!‹ Und dann sagt man: ›Ja, danach war es das Vaterhaus einer anderen Familie über drei Generationen.‹ Und wo ist da nun Gerechtigkeit zu suchen? Ich vermag es nicht zu sagen. Zumal diese Rückgabe überwiegend an Westdeutsche gegangen ist. Wir haben also einen Vermögenstransfer Ost nach West gemacht, obwohl es eigentlich andersherum notwendiger gewesen wäre.«

Eine ganz andere Frage ist der Umgang mit der Bodenreform. De Maizière noch einmal: »Die Eigentumsfrage war mit eine der kompliziertesten Fragen, wobei sich hinter dieser noch eine ganz andere Frage verbirgt: wie man nach Zeiten langen Unrechts mit Mitteln des Rechts Gerechtigkeit sucht, ohne das Recht wieder erneut zu verbiegen. Und das ist fast unmöglich! Und die Bodenreform ist so eine merkwürdige Situation. Vor 1945 wird zurückgegeben, 1945 bis 1949 nicht. Und da ist ja dann strittig geworden, ob das eine Bedingung der Sowjets war oder nicht. Michail Sergejewitsch Gorbatschow meinte ja später, er könne sich nicht daran erinnern. Selbstverständlich war es eine Bedingung! Kaum, dass wir die Regierung gebildet hatten, erhielten wir ein Memorandum von Eduard Schewardnadse, wo drinstand: ›Nichts soll geschehen, das die Maßnahmen der sowjetischen Militärregierung in der Zeit von 1945 bis 1949 infrage stellt, insbesondere nicht in Eigentumsfragen an Grund und Boden!‹ Dazu muss man wissen, dass diese Enteignungen aus der sowjetischen Sicht 1945 bis 1949 dreierlei Charakter hatten. Zum einen waren sie Sanktion, und dem Gedanken der Sanktion kann ich mich auch heute noch anschließen, wenn ich an IG Farben und Zyklon B denke und Ähnliches mehr. Das würde mir schon widerstrebt haben, die entsprechenden Eigentumsdinge zurückzugeben. Und zum anderen war es aus ihrer Sicht der Beginn der Umgestaltung der Gesellschaft hin zu einer klassenlosen Gesellschaft, zumindest einer eigentumslosen Gesellschaft. Und drittens war es die Möglichkeit, den Vertriebenen, die wir ja in der DDR immer vornehm ›Umsiedler‹ nannten, eine Existenzgrundlage zu schaffen.

Wir haben ja noch im Rahmen von Zwei-plus-Vier einen Brief unterschrieben, in dem Genscher und ich ausdrücklich versichert haben, dass die Enteignungen der 45-bis-49er-Ära nicht rückgängig gemacht werden, dass Deutschland die sowjetischen Grab- und Kriegsdenkmale pflegt, dass wir keine neonazistischen Parteien in Deutschland zulassen werden und dass wir das Prinzip der Staatensukzession, also der Staatennachfolge, im Vertragswesen einhalten.«

Reichenbach: »Der größte Nutznießer der Regelung, die Jahre 45 bis 49 nicht mehr anzufassen, ist die Bundesregierung gewesen, weil die natürlich mit Abstand das größte Stück vom Kuchen bekommen hat. Sie musste dafür nichts tun, und Herr Waigel hatte damit natürlich für Dinge, die er für die deutsche Einheit zahlen musste, einen guten Gegenwert. Sag ich jetzt mal so.«

In der Nacht zum 23. August wird in der Volkskammer der Beitrittstermin beschlossen, eine Woche später, am 31. August, der Einigungsvertrag unterzeichnet. Markus Meckel, zu diesem Zeitpunkt nach dem Bruch der Koalition schon nicht mehr Außenminister, hält diese Abfolge für falsch: »Es gibt einen Webfehler in meinen Augen, das ist der Beitrittsbeschluss am 23. August. Und

31.8.1990, Berlin, Palais Unter den Linden, Unterzeichnung des Einigungsvertrages durch die beiden Verhandlungsführer Staatssekretär Günther Krause (r.) und Bundesinnenminister Wolfgang Schäuble (l.)

zwar deshalb ein Webfehler, weil dieser Beitrittsbeschluss gefasst wurde, *bevor* der Einigungsvertrag abgeschlossen war. Ich war damals empört darüber, wie man die eigene Souveränität in einem Verhandlungsprozess aufgeben kann, bevor der Vertrag abgeschlossen ist. Weil klar ist, mit einem solchen Beschluss schwächt man noch einmal zusätzlich die eigene Position in den Verhandlungen. Ich bin dann in der Nacht auch gegangen, habe an der Abstimmung zum Beitritt nicht teilgenommen aus Wut über diesen Ablauf. Nach wie vor halte ich das für einen Webfehler in diesem Prozess, den ich aber ansonsten als aufrechten Gang der Ostdeutschen in die deutsche Einheit beschreiben würde.«

Laut Grundgesetz der Bundesrepublik Deutschland gibt es zwei Möglichkeiten zum Erreichen der deutschen Einheit: Den Beitritt nach Artikel 23 oder, nach Artikel 146, die Bildung eines neuen Staates mit neuer Verfassung. Im April, als alle noch von einem längeren Übergangszeitraum ausgehen, spricht sich Volkskammerpräsidentin Sabine Bergmann-Pohl sogar für diese zweite Option aus. Die Arbeitsgruppe »Neue Verfassung der DDR« des Zentralen Runden Tisches stellt im März ihren Verfassungsentwurf vor und bezeichnet ihn als das »Vermächtnis des Runden Tisches«. Die DDR wird darin als rechtsstaatlich verfasster, demokratischer und sozialer Bundesstaat definiert. Der Entwurf beruhe zu 90 Prozent auf dem bundesdeutschen Grundgesetz; Volksentscheiden und anderen Formen direkter Demokratie käme jedoch eine größere Bedeutung zu. Als Staatswappen wird die Darstellung »Schwerter zu Pflugscharen« vorgeschlagen, das Symbol der kirchlichen Friedensbewegung der DDR[20].

Gerhard Schröder, designierter Ministerpräsident von Niedersachsen, plädiert in der ZDF-Sendung »Was nun?« am 14. Mai für einen Volksentscheid über die Verfassung eines gesamtdeutschen Staates. Und Willy Brandt fordert noch Mitte Juni eine gemeinsame Verfassung für die bevorstehende politische Vereinigung.

In der DDR präferieren Bündnis 90 und PDS diesen Weg. Gregor Gysi: »Die entscheidende Frage war: Wenn es zur Einheit kommt, wird es einen Beitritt geben, oder wird eine neue Verfassung geschrieben und durch einen Volksentscheid in ganz Deutschland angenommen, so dass ein neuer deutscher Staat entsteht, der die Rechtsnachfolge der alten Bundesrepublik und der alten DDR antritt? Was übrigens juristisch erhebliche Konsequenzen gehabt hätte, aber vor allen Dingen auch psychologische. Man muss sich das in etwa so vorstellen: Die Tante ist reich, der Neffe ist arm. Okay, das hätte sich auch durch eine andere Struktur nicht geändert. Aber der Unterschied ist ganz einfach: Einmal zieht der Neffe in die Wohnung der Tante, und einmal ziehen beide zusammen gemeinsam in eine neue Wohnung. Ein gravierender Unterschied. Weil im ersten Fall die Tante überhaupt nicht einsieht, dass sie irgendetwas ändern soll, die Art, wie sie frühstückt, wie sie Abend-

---

[20] Vor allem junge Menschen hatten das Symbol als Aufnäher auf ihrer Kleidung getragen. Da man dies als pazifistische Gesinnung und Protest gegen den Waffendienst ansah, wurden viele für das Tragen verfolgt, oder die Aufnäher wurden, z. B. durch Bahnpolizisten, einfach abgerissen.

brot isst, wie sie fernsieht, das muss alles so bleiben. Und du kommst als armer Neffe dazu und hast dich irgendwie einzuordnen. Wenn man aber zu zweit eine neue Wohnung bezieht, selbst wenn die eine reich und der andere arm ist, ist es nicht gleichberechtigt, aber man hat deutlich mehr Chancen, eigene Vorstellungen mit einzubringen.

Wenn man damals gesagt hätte, Krippen, verändert, aber keine so schlechte Idee, die bauen wir jetzt in Passau auf, in Kiel, in Frankfurt am Main. Das sagt man jetzt, 20 Jahre später, aber nicht damals vor 20 Jahren. Wenn man gesagt hätte, die haben an allen Schulen eine stellvertretende Direktorin bzw. einen stellvertretenden Direktor, nur zuständig für außerschulische Tätigkeiten, wir machen zwar eine andere außerunterrichtliche Tätigkeit, aber das führen wir mal ein. Ist doch interessant, so Angebote zu machen für den Nachmittag. Wenn man acht solche Sachen, ganz unpolitisch, übernommen und damit das Leben in der alten Bundesrepublik verändert hätte, dann hätten wir eine Einheit gehabt. Dann würden die Leute sagen: ›Ja, es kostet zwar Geld, aber seitdem haben wir in den und den Punkten auch eine Entwicklung erlebt.‹ So etwas ist keiner Westdeutschen und keinem Westdeutschen gegönnt worden. Und daran krankt die Einheit bis heute, und deshalb war ich da so leidenschaftlich für Einheit und gegen Beitritt. Aber der Beitritt erfolgte, und die Bevölkerung, muss man ehrlicherweise sagen, hat damals diese Frage nicht sonderlich beschäftigt. Ich habe sie erörtert, aber sie wollten schnell die Einheit, sie wollten schnell die gleiche Währung, sie wollten schnell diese Bedürfnisse befriedigen. Sie hatten jahrelang im Mangel gelebt, alles war knapp. In Berlin ging es ja noch, aber außerhalb Berlins wurde ja alles immer knapper. Und das sollte sich endlich mal ändern. Und da war die Frage, ob das nun nach Artikel 23 läuft oder nach einem anderen Artikel des Grundgesetzes, für die Leute einfach nicht so interessant. Da stehst du dann eben auch manchmal einsam da, erzählst etwas, aber das Interesse daran war eher begrenzt. Heute, glaube ich, würden sie es anders machen.«

»Also dem Kanzler«, sagt de Maizière, »war wichtig, dass der Prozess sich über den Weg des Artikels 23 abspielt. Also nicht die

Variante, eine verfassungsgebende Diskussion in Gang zu bringen, vor allen Dingen, weil er sich sagte, wenn die Deutschen sich in eine verfassungsgebende Versammlung begeben, dann dauert es Jahre, bis wir da zu Potte kommen. Und dann kommt trotzdem das gleiche Grundgesetz wieder raus.«

Reinhard Höppner glaubt, dass der Weg nach Artikel 146 eine echte Überforderung gewesen wäre: »Im Zweifelsfall, wenn man es durchgedrückt hätte, wäre es doch noch mal das Ergebnis westdeutscher Verfassungsrechtler gewesen, wo wir ein bisschen Garnitur abgegeben hätten. Diese Bundesrepublik war zu dem Zeitpunkt 1989/90 so saturiert und von sich selbst überzeugt! Und nicht nur die Regierung, sondern die ganzen Institutionen. Wenn man mal überlegt, was da so gekommen ist von West und im Osten diese Strukturen eingeführt hat. Also diese Überzeugung, unsere sind die richtigen Strukturen, die wir schnell im Osten einführen müssen, war so weit verbreitet und so mächtig, weil diejenigen, die als Missionare kamen, sich gar nicht vorstellen konnten, dass hier schon etwas war. Ich glaube, sie hatten so ein bisschen den Eindruck, sie müssten jetzt eine Wüste kultivieren.«

Jens Reich: »Ich habe Nein zur Währungsunion und Nein zum Einigungsvertrag, dann zur Vereinigung gesagt, auch zum Termin, der schon beschlossen war, bevor überhaupt der Einigungsvertrag fertig war, zu diesen drei Sachen Nein gesagt, weil ich es nicht verantworten konnte. Ich war nicht informiert. Ich hätte nicht zustimmen können, denn das wäre reiner Opportunismus gewesen. Das ist so über uns gekommen, dass es keine Chance gab. An einigen Stellen konnte man dann mal was ändern oder mal jemandem sagen, so geht das nicht oder auch nur Befindlichkeiten beschreiben, von denen man wusste, dass sie in der Bevölkerung da waren. Aber im Großen und Ganzen ist das ja sicher auch für die, die im Westen das durchgeführt haben, wie eine Lawine gewesen. Na ja, wir haben da halt ›Augen zu und vorwärts‹ gesagt und haben dann auf diese Schnelle natürlich auch nichts anderes zustande gebracht als dass all ihre Gesetze – mit ein paar Ausnahmeregelungen und Übergangsregelungen – auf die DDR, auf das Parlament gestülpt wurden. Und dazu musste das Parlament mehrheitlich Ja sagen. Und wenn man Nein gesagt hat, dann wurde man auch noch schief angesehen und als fünfte Kolonne der PDS beschimpft.«

»Im Laufe der Verhandlung«, erinnert sich Günther Krause, »sind Positionen, die wir im ersten Entwurf aufgebaut hatten, aufgegeben worden, so dass im Grunde genommen nur noch übrig blieb, Berlin wird Hauptstadt der Bundesrepublik Deutschland. Alle anderen Dinge haben wir dann aufgegeben, um beispielsweise – ein ganz wichtiger Punkt – die Berufstätigkeit und die Berufsabschlüsse so zu definieren, dass Berufstätigkeit in beiden deutschen Staaten als gleichwertig anerkannt wird. Ich nenne mal ein Beispiel: Unterstufenlehrer in der DDR hatten kein Hochschulstudium. Nach westdeutschem Recht hätte man die Lehrerinnen und Lehrer schlechter behandeln müssen als in Westdeutschland. Wir haben das mit dem Einigungsvertrag durchgesetzt, wenn auch auf dem Klageweg dann durch Betroffene, weil es eben dummerweise Regierungen in den neuen Bundesländern gab, die Geld sparen wollten in den Landeshaushalten und die Unterstufenlehrerinnen der DDR-Prägung schlechter behandeln wollten. Da ist dann auf Basis des Einigungsvertrages gleiches Recht gesprochen worden. Das waren Dinge, die waren uns eigentlich dann letztendlich wichtiger als die Hymne oder der Name Deutschland oder Bundesrepublik Deutschland.«

Lothar de Maizière zeigt stolz sein Exemplar des Einigungsvertrages, das deutlich nach Arbeit aussieht: »Eine Zeit lang war er wirklich mein tägliches Handwerkszeug. Manches, was die Leute beklagen: ›Ja, das steht im Einigungsvertrag und ist falsch‹, ist spätere bundesdeutsche Gesetzgebung, was wir gar nicht gemacht haben. Aber man hat es sich so angewöhnt, alles, was nicht klappt, dem Einigungsvertrag anzulasten. Man sollte ihn sich ansehen, um festzustellen, dass die Anerkennung der Berufsabschlüsse der Ostdeutschen im Einigungsvertrag geregelt ist, dass ein großer Teil ihrer sonstigen zivilrechtlichen Ansprüche, Eigentumsansprüche und so weiter geregelt ist. Ich halte ihn nach wie vor für ein Meisterwerk!«

# 10. Strickjacken am Selemtschuk

»Sie haben soeben die DDR völkerrechtlich anerkannt!«

Lothar de Maizière

Am 28. und 29. April führt Lothar de Maizières erste Auslandsreise nach Moskau. Der Premier ist der Meinung, dort müsse man zuerst hin, um ein Zeichen zu setzen. Die DDR ist durch eine Reihe von Verträgen, den Warschauer Vertrag, den RGW-Vertrag und durch Handels- und andere bilaterale Verträge, eng an Moskau gebunden. Er will Gorbatschow danken für das, was er getan hat für die DDR und die Länder des Ostens, für seinen Beitrag zum Fall der Mauer. Die Mitglieder seiner Regierungsdelegation sind Außenminister Markus Meckel, Wirtschaftsminister Gerhard Pohl und der Minister für Abrüstung und Verteidigung, Rainer Eppelmann.

Regierungssprecher Matthias Gehler sind vor allen Dingen die merkwürdigen äußeren Umstände dieses Besuches im Gedächtnis geblieben.

Schon am Flughafen empfängt sie nicht, wie im Protokoll vorgesehen, Außenminister Schewardnadse, sondern Ministerpräsident Nikolai Ryshkow. Dagegen ist eigentlich nichts zu sagen; der Ministerpräsident empfängt den Ministerpräsidenten. Aber im damaligen Machtgefüge der UdSSR spielt der Premier keine wesentliche Rolle. Schewardnadse als Vertrauter Gorbatschows ist die wesentlich wichtigere Figur.

Die Merkwürdigkeiten setzen sich im Hotel fort, wo die Delegationsmitglieder in weit voneinander entfernte Zimmer eingewiesen werden: »Das ist uns nie passiert bei irgendwelchen Auslandsreisen, auch in den USA nicht. Da waren wir auf einer Etage, die abgesperrt war. Aber dort wurden wir auseinandergerissen. Das war also System. Und da haben wir unsere Koffer praktisch stehen lassen und gesagt, wir bestehen jetzt darauf, dass wir zusammen irgendwo

28.4.1990, Moskau, Nikolai Ryshkow (l.) begrüßt Lothar de Maizière und Außenminister Markus Meckel (r.)

Zimmer bekommen. Die hat man uns schließlich irgendwann gegeben. Man musste wahrscheinlich erst die Wanzen neu verlegen. Es war eine angespannte Atmosphäre.« Um ungestört (und unabgehört) miteinander reden zu können, macht man am Abend einen Spaziergang an der Moskwa. Die Bewacher sind sichtlich irritiert.

Für den nächsten Morgen sind die Einzelgespräche der unterschiedlichen Ressorts geplant. Gehler: »Ich hatte die Aufgabe, bei dem Gespräch Meckel/Schewardnadse mit dabei zu sein. Und mit de Maizière hatte ich ausgemacht: Ich gehe dort etwas früher raus, denn die Russen hatten die Termine plötzlich alle ein klein wenig verschoben, so dass sie sich überschnitten. Ich musste also früher rausgehen, um de Maizière vor dem Gespräch mit Gorbatschow noch sagen zu können, was dort besprochen worden ist. Ich hatte mich günstig gesetzt und bin tatsächlich kurz vor Ende des Schewardnadse-Gespräches aufgestanden und habe mich rausgeschlichen, was man eigentlich nicht macht bei solchen Gesprächen, denn ich saß ja irgendwo mit an gehobener Position.«

Meckel schildert den Inhalt seines Gespräches mit Schewardnadse so: »Meine Botschaft war relativ klar. Zum Ersten habe ich gesagt: ›Die deutsche Einheit kommt! Die können Sie auch nicht verhindern. Die Menschen wollen sie, und wir wollen sie. Sie wird kommen. Wir wollen, dass sie so kommt, dass eure Interessen dabei berücksichtigt werden, aber ihr könnt es nicht bremsen. Ihr müsst euch darauf einstellen, und wir brauchen einen geordneten Prozess, das ist unser Interesse!‹ Und ich habe ganz klar gesagt: ›Wir sind nicht mehr der kleine Bruder, der Befehle empfängt! Uns liegt an einem intensiven Austausch, einer guten Abstimmung!‹ Gerade, weil uns bewusst war, die Sowjetunion sollte nicht in einer Situation der Schwäche etwas zustimmen, womit sie nachträglich nicht mehr einverstanden ist. Denn uns war klar, eine vergleichbare Situation wie für Deutschland nach dem 1. Weltkrieg in Versailles, das schafft Instabilität! Man kann ja durchaus sagen, die Tatsache, dass Hitler Anfang der 30er Jahre bei Wahlen so zulegen konnte, hing auch zusammen mit dem Friedensabschluss des 1. Weltkrieges und dem Unbehagen der Bevölkerung gegenüber Versailles. Wir wollten eine solche Situation verhindern und deutlich machen, die Sowjetunion darf nicht als Verlierer aus dem Prozess herausgehen. Aber wir sind auch nicht mehr Teil ihres Einflussbereiches. Und ich erlebte einen Schewardnadse, der sehr offen, sehr souverän damit umging und dies auch zugesagt hat.«

Nachdem sich Gehler kurz vor Ende des Gesprächs rausgeschlichen hat, versucht er, auf dem schnellsten Weg zum Kreml zu kommen. Ein Wagen der russischen Wachmannschaft steht bereit, doch der Weg, den der Fahrer fährt, kommt ihm seltsam vor: »Ich habe gedacht, wo fahren die mich jetzt hin? Mein Russisch ist nicht besonders, aber ich habe versucht, denen klarzumachen, ich will sofort direkt zum Kreml, bis sie es dann auch gemacht haben, widerwillig. Die haben eben versucht, Zeit zu schinden. Und dann habe ich de Maizière doch noch abgefangen und habe ihm gesagt, was im Gespräch zwischen Schewardnadse und Meckel stattgefunden hat. Die Russen hatten übrigens auch jemand losgeschickt und Gorbatschow vorbereitet. Ich war nicht in diesem Gespräch, nur am Anfang und am Schluss. Und das war ein sehr heftiges Gespräch. Dazu könnte de Maizière mehr erzählen als ich.«

»Ich kam also zu Gorbatschow, und der sagte zu mir, er erwartete von mir das, das, das und das. Und da sagte ich: ›Die Zeit, in der DDR-Ministerpräsidenten zum Befehlsempfang gekommen sind, ist vorbei. Ich bin bereit, mich mit Ihnen zu unterhalten über die Dinge, die gemeinsam interessieren und die wir gemeinsam zu regeln haben, aber Befehle bin ich nicht bereit entgegenzunehmen!‹

Man konnte quasi sehen, wie er einschnappte, und er fluchte auch ein bisschen los. Heute sind wir ja echte Freunde geworden, aber damals war er offensichtlich schwer erstaunt darüber. Meine Dolmetscherin, die vorher auch mit früheren Ministern dort gewesen war, meinte, sie hätte in dem Moment gedacht, hier kommen wir nicht mehr raus. Ich glaube, es war so die einzige Methode, wie ich mich dort freischwimmen konnte, indem ich klar sagte ›So nicht! Ich stütze mich auf eine Koalitionsregierung, die von 70 Prozent frei gewählter Abgeordneter gestützt würde, und insofern wäre das ein erheblicher Unterschied zu meinen Vorgängern, die eben keine demokratische Legitimierung gehabt hätten.‹ Das, meinte er, ließe er sich von mir nicht unter die Nase reiben und so weiter. Wir haben dann allerdings eine Viertelstunde später schon gemeinsam gelacht über andere Dinge.«

Markus Meckel beobachtet an seinem Chef eine »ungeheure Nervosität«, und auch die anderen Ressortminister haben keinen leichten Stand. Eppelmann trifft sich mit Verteidigungsminister Jasow[21], der just an dem Tag zum Marschall befördert worden war: »Der begrüßte mich noch in seiner alten Uniform, die neuen Epauletten hat er noch nicht gehabt, die waren noch nicht fertig, und betrachtete mich mit tiefem Misstrauen. Es war nun auch das erste Mal, ein verbündeter Minister, der keine Uniform anhatte. Und ich unterstelle mal, bei dem, was es da nun an revolutionären Veränderungen in den gerade zurückliegenden Wochen in der DDR gegeben hatte, hat er sich also auch ein bisschen mit meiner Biographie befasst und wusste also nun wenigstens so ein paar Daten,

---

[21] Dmitri Timofejewitsch Jasow (Jg. 1924), war letzter Verteidigungsminister der UdSSR.

was da für ein Mann vor ihm steht. Da war Misstrauen, tiefes Misstrauen.«

Wirtschaftsminister Gerhard Pohl: »Ich hatte natürlich das schwerste Amt, das sage ich mal ganz deutlich! Ich bin von denen beschossen worden. Die haben in imperialer Manier noch mit uns gesprochen. Sie schwankten zwischen ihrer bisherigen Behandlung der DDR-Regierung, nämlich als Satrapen, und der Überlegung, ob sie nicht überhaupt lieber gleich mit Bonn reden sollten. De Maizière hatte immer große Mühe kundzutun, wir sind die frei gewählte Regierung, wir sind absolut souverän, wir haben ein Versprechen gegenüber der DDR-Bevölkerung einzulösen und so weiter. So in dieser Richtung habe ich dann auch argumentiert, wobei ich selbstverständlich der sowjetischen Seite den Rückhalt gegeben habe, dass das früher geschlossene Warenabkommen eingehalten wird.«

»Bei dem Gespräch mit Gorbatschow«, so de Maizière, »spielten viele Dinge eine Rolle, Artikel 23 wurde verneint, immer wieder, auch in allen Gesprächen, die Markus Meckel mit Schewardnadse dazu führte. Die sowjetischen Maßnahmen der Nachkriegszeit stehen nicht zur Disposition, und zwar sowohl die Tribunale als auch die Deportationen als auch die Beutekunstgeschichte als auch die Enteignung IG Farben und die Bodenreform und so weiter.«

Für die Sowjetunion ist zu diesem Zeitpunkt die Bündniszugehörigkeit die zentrale Frage. Ein Austritt aus dem Warschauer Pakt, dem Verteidigungsbündnis der Ostblockstaaten, scheint, zumindest nach außen hin, völlig unmöglich. Gorbatschows deutschlandpolitischer Berater Valentin Falin hat die Vorstellung, dass das geeinte Deutschland Mitglied des Warschauer Vertrages wird. Das größte Entgegenkommen würde darin bestehen, die DDR zu entlassen, aber nur unter der Bedingung, dass auch die Bundesrepublik die NATO verlässt und ein neutrales Deutschland entsteht. Dem will und kann Helmut Kohl unter keinen Umständen zustimmen.

Gorbatschows Haltung zu dieser brisanten Frage wird sich in den Folgemonaten ändern. Schon auf dem Gipfeltreffen mit USA-

Präsident George Bush[22] kommt Bewegung in die Sache. Gorbatschow widerspricht seinem Gastgeber nicht mehr, als dieser sagt, dass das vereinte Deutschland Mitglied der NATO sein werde. Zum Abschluss redet er etwas blumig über eine gleichzeitige Lösung der inneren und äußeren Aspekte der deutschen Einheit.

Doch Gorbatschows Position im eigenen Lande wird zusehends schwächer. Werner Ablaß, Staatssekretär im Ministerium für Abrüstung und Verteidigung: »In diesen 178 Tagen meiner Amtszeit habe ich jeden Morgen nach Moskau geguckt, hat Michail Sergejewitsch Gorbatschow gut geschlafen, geht es ihm gut, bleibt er noch im Amt? Das war schlicht und einfach unsere Sorge. Wie geht die Entwicklung in der Sowjetunion weiter?«

De Maizière: »Im Mai, bei einer Tagung in Moskau, sagte mir Schewardnadse, ich solle mich beeilen, er wüsste nicht, wie lange es ihm noch gelingen würde, die außenpolitischen Vereinbarungen in sowjetische Innenpolitik umzusetzen. Alle Entscheidungen müssten durch den Obersten Sowjet, und da mehrten sich die Stimmen gegen die deutsche Einheit.

Ich hatte Angela Merkel in Moskau dabei, und sie spricht ja sehr gut Russisch. Ich bat sie, doch einmal mit der Bevölkerung in der U-Bahn und auf der Straße zu sprechen. Ich wollte wissen, was die Leute zur deutschen Einheit denken. Sie kam wieder und sagte: ›Die Leute sagen, Stalin hat den 2. Weltkrieg gewonnen, und Gorbatschow ist dabei, ihn zu verlieren.‹ Das waren für mich ziemliche Alarmsignale. Wir mussten sehen, wie wir schnellstmöglich durchkommen.«

Die Rolle von Angela Merkel, dieser kleine Abstecher sei hier gestattet, ist in dieser Zeit ansonsten marginal. Sie ist stellvertretende Regierungssprecherin im Presseamt von Matthias Gehler.

Justizstaatssekretär Reinhard Nissel: »Wenn die mich angerufen hat, hat die immer so naiv gefragt. Und da habe ich gesagt: ›Mensch, Mädchen …!‹ Und habe ihr dann immer die Dinge schön erklärt.

---

[22] 31. Mai bis 4. Juni in Washington.

Ich habe damals gedacht: ›Wie konnte man die denn zur Pressesprecherin machen, wer ist denn auf *die* Idee gekommen!?‹«

Thomas de Maizière, der Cousin des Premiers und Berater aus dem Westen, ist auf die Idee gekommen. Angela Merkel war damals Pressesprecherin beim ›Demokratischen Aufbruch‹, und diese kleine Oppositionspartei war aus legitimatorischen Interessen der CDU personell überstark in der neuen Regierung vertreten.

Matthias Gehler: »Ich kannte sie gar nicht. Ich habe mit ihr telefoniert und habe dann einen Brief von ihr bekommen, handschriftlich, den habe ich mir gut aufgehoben. Und in dem Brief steht: ›Ich nehme Ihr Angebot an, stellvertretende Regierungssprecherin zu werden, aber zunächst muss ich erst mal nach London fahren!‹ Man merkt schon, welche Zeit das damals war. Es war eine sehr verrückte Zeit. Sie hatte sich was geplant, wollte die Freiheit irgendwo genießen, und die Dimensionen des Ganzen hatte sie eigentlich noch nicht richtig erfasst. Das Mädel saß immer in der Ecke. Wir haben immer wieder gesagt, pass mal auf, du musst jetzt das und das machen und sie zu Pressekonferenzen geschickt. Sehr zurückhaltend und schüchtern. Sie ist dann gewachsen mit ihren Aufgaben.«

Am 16. Juli findet im Kaukasus die berühmte Begegnung zwischen Helmut Kohl und Michail Gorbatschow statt. Dieser befindet sich auf privatem Terrain, es ist seine Jagdhütte am Fluss Selemtschuk. Die Atmosphäre ist entspannt, die Fernsehbilder gehen um die Welt.

Dieses Kaukasustreffen ist als der Durchbruch in der Bündnisfrage in die Geschichtsbücher eingegangen. Lothar de Maizière ist da anderer Meinung:

»Ich wusste, dass das Treffen kommen wird, und ich wusste auch, was rauskommt. Kohl hat mir vorher gesagt: ›Ich fahre da nur mit hin für die Bilder. Wenn ich nicht genau weiß, was dort beschlossen wird, dann brauch ich da nicht hinzufahren.‹ Es war ja zunächst die strittige Frage, soll das geeinte Deutschland frei sein zu bestimmen, in welchem Bündnis es zukünftig sein wird? Also die NATO-Mitgliedschaftsfrage. Anfang Januar und zu Wendezeiten hatte

15.7.1990, Hans-Dietrich Genscher, Michail Gorbatschow und Helmut Kohl
im Kaukasus

Gorbatschow ja noch widersprochen. Später hat er dann einge-
lenkt. Insofern waren das halt nette Fotos für die Geschichtsbücher
und machen sich auch gut, die schönen Strickjacken und so weiter.
Es soll wohl den Eindruck erwecken, dass Weltpolitik in Strickjacken im Jagdrevier geschieht. Das ist aber nicht der Fall. Das läuft
ganz anders.«

Markus Meckel: »Es gibt ja amerikanische Quellen, die sagen,
eigentlich hat Gorbatschow Bush schon Ende Mai bei dem Treffen
die Zusage gegeben. Die deutsche Geschichtsschreibung starrt nur
auf den Kaukasus, die amerikanische hält diesen Punkt Ende Mai
für viel grundlegender. Aber was wichtig und wirklich das Verdienst
Helmut Kohls ist, dass er die Europäische Union davon überzeugt
hat, übrigens mit großer Unterstützung des damaligen, wirklich
großen Jacques Delors als Kommissionspräsidenten, dass es keine
extra Verhandlungen geben wird in der EU und dass die Europäische Union diesen Einigungsprozess unterstützt und begleitet. Das,
glaube ich, war in besonderer Weise das Verdienst Helmut Kohls.«

Am 17. Juli, einen Tag nach dem Kaukasusereignis, gibt es in Paris
ein turnusmäßiges Treffen der Außenminister der vier Siegermächte
und der beiden deutschen Staaten. Die DDR-Delegation erfährt von
dem weltpolitischen Ereignis aus der Presse. Staatssekretär Missel-

Hans-Jürgen Misselwitz,
Staatssekretär im Außenministerium

witz: »Wir wussten nichts vom Kaukasus, und wir sind auch dort nicht konsultiert worden oder eingeladen worden.«

»Hans-Dietrich Genscher kam direkt aus dem Kaukasus nach Paris«, erinnert sich Markus Meckel, »wo Gorbatschow gegenüber Kohl die Souveränität akzeptiert hatte und damit die künftige NATO-Mitgliedschaft des vereinten Deutschlands, so dass dies als der Durchbruch gewissermaßen deutlich war. Und es war dann die Frage, wie geht man damit um? Wir waren nicht informiert worden, weder von Hans-Dietrich Genscher noch von den Sowjets. Und in dem Gespräch, das ich dann mit Schewardnadse hatte, merkte man auch so im persönlichen Umgang ein schlechtes Gewissen darüber. Aber es war natürlich andererseits klar, man hatte den großen Deal gemacht, auch im sowjetischen Interesse. Und dieser zu Ende gehende Staat war, zwar menschlich ein bisschen tragisch, aber politisch nun wirklich nicht mehr der Faktor.«

Staatssekretär Misselwitz: »Das war der Punkt, an dem die DDR sozusagen aus dem Spiel war. Das war schon absehbar in dem Moment, als in der Sowjetunion die Entscheidung gefallen war, dass Gorbatschow den KPdSU-Parteitag Anfang Juli 1990 quasi überlebte. Das war ja das große Fragezeichen, das über allen Verhandlungen stand, ob man sich auf Gorbatschow weiter verlassen konnte.

Als das dann geschehen war, ist das arrangiert worden. Genscher hat sich ja sehr regelmäßig und sehr intensiv mit Schewardnadse befasst und mit ihm ein enges Verhältnis entwickelt.

Das war natürlich eine Situation, in der uns dann klargemacht wurde, dass es auf unsere Position, also die Position der DDR-Regierung, in dem Spiel nicht weiter ankäme. Das war eine deutliche Brüskierung, denke ich schon. Auch wenn sie vielleicht unbeabsichtigt war – das war dann auch schon wieder eine Form von Brüskierung. So war das. Ab Juli war eindeutig klar, dass die Vertretung der DDR in dem Prozess eher als ein notwendiges Übel oder als eine notwendige Zutat gesehen wurde als nun eine wirkliche Notwendigkeit.«

Dabei hatte es so schön angefangen. Am 24. April treffen sich Genscher und Meckel zum ersten Mal: »Hans-Dietrich Genscher war nach meiner Wahl ungeheuer offen. Er hat mich angerufen und mich sofort eingeladen, eine enge Zusammenarbeit angeboten und angekündigt. Eine gute Information. Ich habe ihn dann in seinem Privathaus besucht. Er hat mich abholen lassen vom Flugzeug. Ich bin gemeinsam mit Hans Misselwitz und Carl Christian von Braunmühl hingefahren. Und wir haben einfach einen gewissen Schnellkurs über den Sachstand erhalten, zum anderen aber eben uns auch gut verständigt über Fragestellungen und über eine gute Kommunikation miteinander; denn das war von Anfang an klar, wir hatten das gemeinsame Interesse, die deutsche Vereinigung zu schaffen und sie außenpolitisch abzusichern, das war unser gemeinsamer Wille, und da waren wir uns einig.

Mir war auch klar, dass wir am Ende Teil der NATO sein werden. Wir hofften nur, dass in diesem Prozess die NATO sich noch möglichst stark ändert und auf die neue Situation nach dem Kalten Krieg einstellt. Insofern wollten wir immer den Druck machen, wie sieht es aus mit den Kurzstreckenraketen, wie sieht es aus mit der Atombewaffnung? Wir wollten Fragen der Zukunft möglichst in den Zwei-plus-Vier-Prozess hineintragen. Wir dachten weiter an den europäischen Abrüstungsprozess, an das Zusammenkommen von Ost und West und versuchten, das alles da hineinzupacken. Das war in der Kürze nicht zu schaffen, das ist mir heute völlig klar. Und

24.4.1990, Erste Begegnung zwischen DDR-Außenminister Markus Meckel und Bundesaußenminister Hans-Dietrich Genscher (r.)

von Herrn Hans-Dietrich Genscher musste das auch als eine Störung des Prozesses empfunden werden. Seine Versicherung am Anfang, dass wir ganz eng miteinander kooperieren, wurde dann auch, ehrlich gesagt, für mich nachträglich verständlicherweise, so nicht mehr weitergeführt. Genscher hat uns dann einfach nicht mehr informiert.«

Am 16. August, vier Wochen nach dem Kaukasustreffen, zerbricht die Koalition. Auch Markus Meckel tritt zurück. Den Zwei-plus-Vier-Vertrag verhandelt Lothar de Maizière bis zum erfolgreichen Ende. Ein enttäuschter Meckel: »Ich muss gestehen, ich wäre gern derjenige gewesen, der die Unterschrift unter den Zwei-plus-Vier-Vertrag, den ich nach wie vor für einen der wichtigsten halte, setzt. Ich habe dies zwar verhandelt, dann aber eben nicht mehr die Unterschrift druntersetzen können. Das ist schade, aber so ist Politik.«

Die feierliche Unterzeichnung des Zwei-plus-Vier-Vertrages findet am 12. September in Moskau statt. Für die DDR unterschreibt

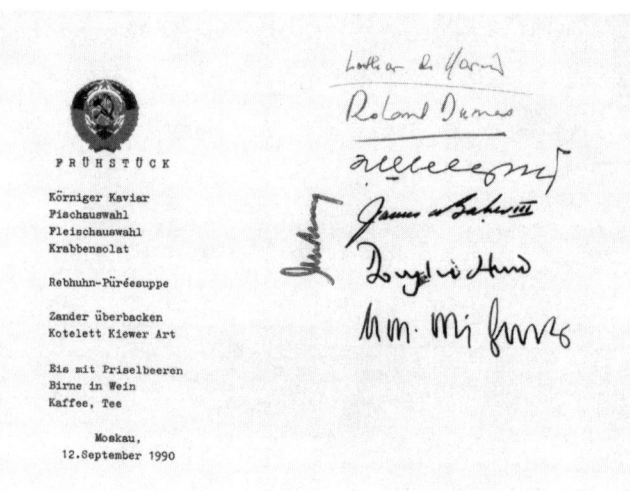

12.4.1990, Speisekarte vom Tag der Unterzeichnung des Zwei-plus-Vier-Vertrages; Rückseite mit den Unterschriften (Lothar de Maizière, Roland Dumas, Eduard Schewardnadse, James Baker, Douglas Hurd, Hans-Dietrich Genscher und Michail Gorbatschow)

Lothar de Maizière. Den Füllfederhalter lässt er, an seine Enkel denkend, mitgehen. Seine Skrupel, ob man das denn tun könne, verfliegen, als er, zur Seite schauend, feststellt, dass die anderen fünf Füller schon verschwunden sind.

Das Mittagessen wird im Speisesaal des ZK-Hotels eingenommen. Angesichts der Speisekarte hat der Ministerpräsident eine Idee. Er unterschreibt auf der Rückseite und reicht das Papier an seine Tischnachbarn weiter, die Außenminister der USA, Frankreichs, Englands, der Bundesrepublik Deutschland, der UdSSR und an Gorbatschow. Alle signieren ebenfalls und finden die Idee so gut, dass insgesamt sechs Speisekarten die Runde machen. Die hier abgebildete hängt heute in der Anwaltskanzlei Lothar de Maizières:

»Der glücklichste Moment war für mich die Unterschrift unter den Zwei-plus-Vier-Vertrag am 12. September 1990 in Moskau. Da wurde mir plötzlich klar, dieser Vertrag ist seinem Wesen nach eigentlich der Friedensvertrag mit dem sich einigenden Deutschland, und er versucht, die Geschichte zu beenden, die mit dem Reichstagsbrand begonnen hat. Das war schon fast ergreifend, dieser Moment, das hat mich in der Minute furchtbar gepackt.

Ich habe nach der Unterzeichnung in Moskau Herrn Genscher gefragt, ob er wüsste, was er da eben getan habe: ›Sie haben soeben die DDR völkerrechtlich anerkannt! Sie haben mit der DDR einen völkerrechtlichen Vertrag unterschrieben, und das können nur Vertragsvölkerrechtsobjekte.‹ Das fand er ganz merkwürdig, aber so war es. Insofern ist die DDR auf ihren letzten Metern doch noch völkerrechtlich von der Bundesrepublik anerkannt worden. Wenn auch indirekt.«

# 11. Angst vor Großdeutschland

*»Sie müssen mich nicht reformieren, ich bin schon Protestant.«*
Lothar de Maizière

Ganz anders als in Moskau verläuft der Antrittsbesuch der Regierung de Maizière in Washington. Regierungssprecher Gehler erinnert sich gern an die Herzlichkeit, zum Beispiel bei einem Mittagessen im kleinen Kreis mit George Bush: »Bei Bush, dem Vater von Dabbelju, war es so, dass die Gespräche im kleinen Kreis, aber auch am größeren Tisch, als Baker dabei war, ein echtes Kennenlernen waren. Es ging ganz konzentriert um Zwei-plus-Vier. Es war nicht so wie bei den Russen, die uns da irgendwas am Zeug flicken wollten. Es wurde richtig nachgefragt: ›Wie sehen Sie die Zeitabläufe der Vereinigung, wo liegen Ihre größten Probleme damit?‹ Es war eine sehr, sehr gute Atmosphäre, es war aber auch immer wieder deutlich, dass dort jemand war, der die Vereinigung befördern wollte. Das war weder in England so bei Margaret Thatcher noch bei Gorbatschow, der seine großen Schwierigkeiten im eigenen Land hatte und nicht so konnte wie er wollte. Aber die Amerikaner haben uns zu verstehen gegeben, dass sie uns wirklich helfen wollten. Und wir haben uns Gedanken gemacht, ob Ostdeutschland zur NATO gehören soll oder nicht, das war ja ein großes Thema, was könnte man dafür tun, wo könnte der Kompromiss liegen. Diese Punkte wurden wechselseitig auch immer angesprochen, aber in einer sehr guten Atmosphäre und sehr intelligent. Also ich staunte über Bush!«

De Maizière: »Ich habe damals Bush gefragt, ob es nicht eine noble Geste wäre, wenn die USA schon vor der Wiedervereinigung der DDR gegenüber die Embargoliste[23] aufheben würden und uns

---

[23] Das Verbot der Lieferung von Hochtechnologie in bestimmte Länder.

11.6.1990, Washington, Lothar de Maizière wird als erster DDR-Ministerpräsident von USA-Präsident George Bush im Weißen Haus empfangen.

die Meistbegünstigungsklausel gewährten. Dazu war er nicht bereit. Er sagte: ›Nein, das erledigt sich alles mit der Wiedervereinigung.‹ Wir hatten ja ziemlich konsequent, auch bei den Russen, auf der NATO-Mitgliedschaft beharrt, die ja insbesondere eine Forderung der Amerikaner war, und ich dachte, dafür könnten sie uns eigentlich ein wenig Entgegenkommen zeigen, weil wir in dieser Frage so konsequent geblieben sind. Aber ich wurde im Gegenteil noch belehrt. Und zwar hatten damals Markus Meckel und Rainer Eppelmann so eine Schnapsidee geboren, es sollte ein trilaterales Heer geben. Die Polen, die NVA und die tschechische Armee sollten noch weiterhin bestehen. Und James Baker hielt mir das vor, und ich sagte: ›Sie müssen mich nicht reformieren, ich bin schon Protestant.‹ Und da sagte er: ›Ja, aber Ihr Außenminister!‹ Und das war etwas peinlich, dass man da erst mal noch vorgeführt wurde für das, was andere Leute verbockt haben. Aber das ist ein ganz anderes Thema. Die Loyalität des Herrn Meckel zu unserer Regierung könnte Abende füllen.«

Frankreich und Großbritannien stehen der deutschen Einigung eher skeptisch gegenüber. François Mitterrand befürchtet, dass das neue Deutschland größer würde als bei Hitler, und auch Margaret Thatcher spricht schon mal vom »Vierten Reich«.

Meckel: »Die französische Position in Bezug auf die deutsche Einheit war hoch komplex. Ende 1989 besuchte Mitterrand noch die DDR, traf sich auch mit Oppositionellen. Aber es war ein Akt, den man auch wahrnehmen konnte als eine Stärkung des SED-Regimes, so dass man den Eindruck haben musste, hier wird noch eine andere Strategie gefahren, die übrigens nicht unsere war. Wir wollten keine Verzögerung des Einigungsprozesses, obwohl es natürlich in der DDR, auch in dem Bereich der Opposition, manche gab, die sich eher eine künftige Zwei-Staaten-Lösung vorstellten, von zwei demokratischen Staaten ausgingen. Dies war unsere Lösung nicht. Nach dem Fall der Mauer war klar, es geht jetzt darum, eine operative Einigungspolitik zu machen mit den Nachbarn. Und das war unser klares Kriterium. Aber da hat Frankreich eine sehr unklare Haltung gehabt. Einig waren wir uns in der Polenfrage.[24] In diesem Punkt hatten wir von den Franzosen völlige Unterstützung. Die Franzosen wollten die Grenzfrage geklärt haben.

Ähnlich war es mit Großbritannien, Thatcher war nicht gerade eine Anhängerin der deutschen Einheit und verließ sich hier offensichtlich auf Gorbatschow, übrigens auch Mitterrand. Und insofern war immer nicht so richtig klar, wie sie sich verhielten. In den Verhandlungen selbst haben sie die Gespräche nie desavouiert. Aber auch in direkten Gesprächen hatte man manchmal ein unklares Gefühl, also diese Angst vor einem Großdeutschland, wie es dann durchaus in Frankreich hieß, aber nicht nur in Frankreich. Es gab solche Töne auch in Italien und überhaupt bei den Nachbarn. Und es gab diese Töne natürlich in Deutschland. Das war eine wichtige Auseinandersetzung in dieser ganzen Zeit. Wir haben gesagt, wir wollen die deutsche Einheit so gestalten, dass niemand sie befürchten muss, innenpolitisch die sozial Schwachen nicht, aber eben auch die europäischen Nachbarn nicht.«

---

[24] Hier ging es um die endgültige Anerkennung der Oder-Neiße-Grenze.

»Paris war wesentlich eine Frage der atmosphärischen Situation«, erinnert sich de Maizière. »Wir wollten sagen, die Wiedervereinigung soll eure Interessen nicht tangieren, sondern im Gegenteil. Wir sind genauso die Deutschen, die eine gute Nachbarschaft wollen. Den Besuch in England bei Frau Thatcher, den hätte ich mir möglicherweise schenken können, aber sei es drum.«

In New York trifft der Ministerpräsident UNO-Generalsekretär Pérez de Cuéllar, um die DDR aus der Weltorganisation abzumelden. Mit der Bundesrepublik ist vereinbart worden, dass die Verpflichtungen der DDR, zum Beispiel in der WHO und anderen UNO-Organisationen, übernommen werden: »Aber wir schuldeten der UNO noch erhebliche Beträge. Ich sagte, meine Taschen wären leer und ich könnte das nicht mehr leisten, es wäre mir außerordentlich peinlich. Da beruhigte er mich und sagte: ›Ich habe viel größere Schuldner! Wenn die zahlen würden, dann würde die UNO viel besser dastehen, als es im Moment der Fall ist. Ihre paar Millionen, die machen uns nicht ärmer, als wir ohnehin schon sind.‹ Das war mir wichtig, und außerdem wollte ich an dem Haus diese Skulptur Schwerter zu Flugscharen sehen, die ja in DDR-Zeit in der kirchlichen Friedensbewegung eine große Rolle gespielt hatte und die die jungen Leute ja damals als Applikationen auf dem Anorak trugen, die ihnen oft abgerissen wurden. Das wurde ja als NVA-feindlich angesehen und dementsprechend verfolgt. Ich habe als Anwalt viele Leute vertreten in diesen Geschichten. Und als ich dann diese Statue sah, war ich überrascht, wie groß sie war. Sie ist also weit überlebensgroß, und ich hatte eine ästhetisch wirkungsvollere Vorstellung davon gehabt. Aber das spielt keine Rolle, ich habe sie gesehen.«

Diese Reise wird von einem ganzen Tross von Journalisten aus Ost und West begleitet. Und alle wollen bei dem Treffen dabei sein. Gehler: »Ich hatte so einen großen Cadillac mit Kühlschrank, und da war so viel Platz, und ich saß da alleine drin. Und dann haben wir etwas gemacht, was völlig unüblich ist. Ich habe das Auto voller Journalisten geladen mit vier, fünf Kameraleuten, die unterwegs noch Bilder aus der ganzen Kolonne machten, völlig verrückt, verrückte Zeiten. Aber man hat gedacht, das ist nur einmal, und irgendwann ist es zu Ende. Und dann sind wir so vor der UNO vorgefahren.

Als mir dann die Tür aufgemacht wurde, ging ich raus, und hinterher kamen gleich vier, fünf, sechs Journalisten mit raus, sogar eine Kamera. Das hatten die da noch nicht erlebt. Die haben wahrscheinlich gedacht: die Bekloppten aus dem Osten. Man hat so was einfach *gemacht*. Manches war so unkonventionell, und vielleicht war es gut, dass es so war.«

# 12. Pflastersteine für den Westen

**»Das Gefühl, nicht Ministerpräsident, sondern Konkursverwalter
zu sein, hat mich so manchen Tag beschlichen.«**
Lothar de Maizière

»Die DDR war pleite! Wir wären ohne Währungsunion spätestens
im Juli/August zahlungsunfähig geworden. Wir hatten Auslandsschulden in Devisen von etwa 4 Milliarden! Und in den letzten
Jahren der DDR sind 80 Prozent des Auslandsumsatzes, nicht
80 Prozent des Gewinns des Auslands, sondern 80 Prozent Außen-
handelsumsatz, allein für den Kapitaldienst draufgegangen!

Und im Inneren: Die DDR-Wirtschaft war mit 220 Milliarden
Mark bei der Staatsbank verschuldet; die Landwirtschaft mit
120 Milliarden; der Wohnungsbau mit 110 Milliarden. Und die
Bevölkerung der DDR hatte 160 Milliarden Ersparnisse, die so viel
wert waren wie das Papier, auf dem sie gedruckt waren, weil dem
kein Warenfonds mehr entgegenstand. Eine lächerliche Zahl geradezu. Die jährlichen Zinseinnahmen der DDR-Bevölkerung waren
höher als die jährliche Zunahme des Warenfonds. Daher kamen
doch diese schönen Witze: ›Anfrage: Wird es im Kommunismus
noch Geld geben? Antwort: *Nur* noch.‹«

Diese vernichtende Bilanz zieht Lothar de Maizière. Er bezieht
sich dabei auf ein Dokument, das meist als »Schürerpapier« bezeichnet wird. Es handelt sich um eine Ausarbeitung, die der Chef
der Staatlichen Plankommission der DDR, Gerhard Schürer, am
27. Oktober 1989, also neun Tage nach dem Rücktritt Erich Honeckers, dessen Nachfolger Egon Krenz vorlegt. Krenz macht diese
schonungslose Analyse der ökonomischen Situation der DDR zum
Gegenstand einer Politbürositzung. Auch Hans Modrow legt das
Papier seinem Kabinett vor, in dem de Maizière einer seiner Stellvertreter ist. Es ist als geheim eingestuft, darf nur gelesen werden,
Exzerpte sind nicht erlaubt, denn wenn die aufgeführten Tatsachen

in der Öffentlichkeit bekannt würden, wäre die Kreditwürdigkeit der DDR »sofort im Eimer«, wie sich de Maizière ausdrückt: »Die DDR brauchte pro Jahr ungefähr 10 Milliarden DM-Kredite, die sie ganz mühselig bei 400 Banken eingeworben hat, mit einer fast kriminellen Methode, der sogenannten Scheckreiterei.«

SPD-Fraktionsvorsitzender Schröder: »Die DDR hatte ja das Problem, dass sie alles, was nicht niet- und nagelfest war, schon exportiert hatte, bis hin zu Pflastersteinen, die also in den Gartenzentren im Westen für eine D-Mark das Stück verkauft wurden. Dafür wurden hier intakte Straßen aufgerissen. Die DDR wusste schlechterdings nicht, was sie noch exportieren sollte, um ihre Verbindlichkeiten zu bezahlen. In dem Gutachten von Schürer hatte es geheißen, die DDR würde in einem Jahr bei Devisen Zahlungsunfähigkeit anmelden müssen. Und als Lothar de Maizière die Fachleute nach seinem Regierungsantritt gefragt hat, haben sie gesagt: ›Nein, das wird schon in diesem Jahr eintreten.‹ Die wirtschaftliche Handlungsfähigkeit in Devisen ging verloren. Außerdem war die DDR-Wirtschaft zusätzlich enorm aus dem Tritt geraten durch die hohen Flüchtlingszahlen. Jedenfalls behaupteten die Wirtschaftsleute, dass sie ihre Pläne und Prognosen gar nicht mehr erfüllen können, weil so viele wichtige Leute fehlen würden.«

Lothar de Maizière: »Ich weiß noch, dass ich damals dem Bundeskanzler gesagt habe, wenn das so weitergeht, müsste er mir Weihnachten die Bundeswehr nach Leipzig schicken, damit sie die Straßenbahn fährt, sonst könnten wir die Infrastruktur nicht aufrechterhalten. Insofern war mir klar, die DDR-Volkswirtschaft liegt total am Boden, die Effizienz, die Produktivität beträgt 40 Prozent der westdeutschen. Die Genossen haben uns jahrelang gepredigt, die Frage ›Wer – wen?‹ wird auf dem Felde der Arbeitsproduktivität entschieden – dort ist sie entschieden worden! Recht behalten haben sie, sie könnten stolz sein.«

Ein besonders krasses Beispiel ist die Kupferproduktion in Mansfeld. Das Erz ist so unergiebig, dass die Herstellung einer Tonne Kupfer 135 000 DDR-Mark kostet – mit der Einführung der D-Mark 135 000 DM. Auf dem Weltmarkt kostet die Tonne Kupfer zum damaligen Zeitpunkt 11 000 DM. Für die Mansfelder Produktion gibt es keine Abnehmer mehr. »Die Kupferproduktion in Mansfeld war eben der Devisennot der DDR geschuldet, und so etwas hatten wir en masse. Wir haben täglich solche Zusammenbrüche gehabt. Wir haben Greifswald abgeschaltet, was acht Prozent der Energieversorgung der DDR darstellte. Und das konnten wir locker tun, weil die Energieabnahme der Industrie zusammengebrochen ist, weil sie nicht mehr funktionierte, weil die unfreiwillige Verzahnung im RGW sich verabschiedete. Das Gefühl, nicht Ministerpräsident, sondern Konkursverwalter zu sein, hat mich so manchen Tag beschlichen. Bloß bei Konkursverwaltung geht es um die Verwaltung von Vermögensmassen – hier ging es um die Verwaltung des Schicksals von 16 Millionen Menschen.

Der Verschuldungsgrad war enorm. Es gibt so eine internationale Kennziffer, dass man sagt, 25 Prozent des Außenhandelsaufkommens müssen für den Kapitaldienst aufgewendet werden und 75 Prozent für Importe und so weiter. Diese Rate betrug aber nicht 25 Prozent, sondern 150 Prozent. Wir mussten aus dem inneren Produktionskreislauf noch zuschießen, um den Kapitaldienst für die Auslandsschulden zu bedienen. Insofern war die Währungsunion notwendig, um den Staatskonkurs abzuwenden.«

»Wir haben in den Verhandlungen für die Währungs-, Wirtschafts- und Sozialunion darum gerungen«, ergänzt Finanzstaatssekretär Siegert, »möglichst stabilisierende Faktoren zu schaffen, um nicht den Markt mit aller Brutalität auf unsere ostdeutsche Wirtschaft sofort wirken zu lassen. Ein Vorschlag war zum Beispiel auch, eine Institution zu schaffen, ob nun Aufbau-Ministerium oder Entwicklungs-Ministerium Ost, geleitet von Ostdeutschen, das sich um diese Dinge intensiv kümmert und Strategien entwickelt, Konzepte realisiert, mit denen die ostdeutsche Wirtschaft möglichst verlustarm in die Marktwirtschaft kommt. Ich darf hier mal Rohwedder zitieren, der mir in einem Gespräch gesagt hat: ›Wir brauchen Wege, um die Sterbeliste möglichst kleinzuhalten!‹ Er meinte die Sterbeliste der DDR-Betriebe. Diese Überlegungen sind leider von unseren westdeutschen Gesprächspartnern nicht akzeptiert worden. Man hielt ein solches Aufbau- oder Entwicklungsministerium für überflüssig. Man meinte, das kann man mit dem vorhandenen Ministerien-Apparat der Bundesrepublik lösen, und ich habe x-mal gehört: ›Der Markt wird es regeln, wenn erst die D-Mark da ist.‹ Der Markt hat es aber nicht geregelt!«

Der Premier hält nichts von einem solchen Ministerium: »Wir hatten in der DDR Hunderte von Lehrbüchern, wo man nachlesen konnte, wie man vom Markt zum Plan kommt. Aber leider gab es kein Buch für den Rückweg. Es hat sich auch manches bei dieser Privatisierung sehr spontan vollzogen. Kein politisches Amt, kein Minister hätte diese Grausamkeiten begehen können, dann wäre er wegdemonstriert worden! Und wem hätten Sie das Ressort andrehen wollen?«

Am 1. März hatte die Modrow-Regierung die Einrichtung einer »Anstalt zur treuhänderischen Verwaltung des Volkseigentums« beschlossen. Ihre Aufgabe sollte die Wahrung und Verwaltung des Volkseigentums im Interesse der Allgemeinheit sein. Das dazugehörige Treuhandgesetz geht zurück auf eine Initiative des Runden Tisches, ihr wesentlicher Initiator war Wolfgang Ullmann, Mitbegründer der Bürgerbewegung »Demokratie Jetzt«. Erster Präsident der Treuhandanstalt wird der DDR-Liberaldemokrat Peter Moreth, gefolgt von Reiner Maria Gohlke, der von der Bundesbahn kommt. Detlev Karsten Rohwedder wird im Juli Vorsitzender des Verwaltungsrates der Treuhand, einige Monate später ihr Präsident. Am 1. April 1991 wird er von einem RAF-Kommando am Fenster seines Düsseldorfer Wohnhauses erschossen. Danach wird die CDU-Politikerin Birgit Breuel Präsidentin der Treuhandanstalt.

DDR-Wirtschaftsminister ist Gerhard Pohl, dessen Name Lothar de Maizière nur schwer über die Lippen kommt. Er nennt ihn gern »den Herrn aus Forst«. Pohl: »Ich wurde laufend informiert über meine Staatssekretäre, was also dort im Treuhandvorstand sich abgespielt. Wir machten auch die entsprechenden Vorschläge, Vorlagen und hatten durchgesetzt, dass es ein Gremium gab, bestehend aus acht Ossis und acht Wessis. Die acht Ossis waren ein Generaldirektor, das war einer vom Schwermaschinenbau, ein Leipziger, dann ein großer Betriebsdirektor und auf meinen ausdrücklichen Wunsch einige Mittelständler, auch einige aus der CDU-Hemisphäre und der LDPD, also den Freien Demokraten.

1990, Berlin, Proteste vor dem ersten Amtssitz der Treuhandanstalt

Rohwedder trat zum ersten Mal vor die Volkskammer Ende September. Da war ja nun der Beitrittstermin klar, der 3. Oktober. Und ich habe selten eine solch borniert und arrogante Rede gehört vor Abgeordneten, wie dieser Herr Rohwedder sie abgelassen hat. Der hat der Volkskammer erklärt, so wie wir uns das vorstellten, mit Sanierung und Aktiengutscheinen für die Bevölkerung und so weiter, so ginge das alles gar nicht, und wir hätten sowieso keine Ahnung. Also ich hatte nicht den Eindruck, dass hier jetzt die gleiche Augenhöhe noch gegeben war, von der wir immer ausgegangen waren. Das war für mich ein erstes, sehr deutliches Signal. Das hat sich ja dann gezeigt. Nach einem Jahr war kein Ossi mehr im Vorstand, die waren alle raus. Bei Unternehmen würde man das als kalte Übernahme bezeichnen, und das ist etwas, was natürlich die gesamte weitere Entwicklung hier im Osten Deutschlands negativ beeinflusst hat.«

»Der Geldfluss von West nach Ost«, so Siegert, »ist nur zum Teil den Betrieben im Sinne von Sanierungen, im Sinne von Entwicklungen zugute gekommen. Da die Betriebe zum großen Teil in Teilbetriebe westdeutscher Konzerne oder westdeutscher Großbetriebe umgewandelt wurden, ist diese Hilfe, die nach Ostdeutschland gehen sollte, plötzlich in den Kassen der großen Betriebe, die Eigentümer waren, gelandet. Das können Sie bei den Werften verfolgen, da ist es besonders augenscheinlich geworden.«

»Die DDR hat die Hochseefischfangflotte für die Russen gebaut«, erregt sich Lothar de Maizière, »und die gesamte Wolgaschifffahrtsflotte. Unsere Betriebe bekamen in der Regel dafür von der Sowjetunion 66 bis 67 Prozent ihrer Kosten bezahlt. Der Rest wurde den Betrieben aus dem Staatshaushalt überwiesen. Nannte sich Exportstützung. Das war letztendlich eine verkappte Form von Reparationen, die wir bis zum Schluss gezahlt haben! Wir waren nicht mehr in der Lage, den Werften nun jedes Mal zig Millionen zu überweisen, nur weil sie mal wieder unter Preis verkauft hatten. Ich habe damals mit Jacques Delors sowohl in Straßburg als auch in Brüssel verhandelt und habe ihm gesagt, wir brauchen Schutzvorschriften für bestimmte Teile unserer Volkswirtschaft, für Stahl, Schiffsbau, Landwirtschaft, die Dinge, die letztendlich auch im Westen Europas fast planwirtschaftlich laufen, die müssen wir schützen, ansonsten werden sie die gesamten Fördermittel der Europäischen Gemeinschaft nach Osteuropa schicken müssen, weil wir dort über Nacht an eine der härtesten Währungen der Welt angekoppelt werden, und das werden unsere Wirtschaftseinheiten nicht überstehen. Er war hoch einsichtig, aber wir hatten einen Feind in dieser Frage, das war der Wettbewerbskommissar, Herr Leon Brittan, der im Auftrag seiner Chefin, Frau Margaret Thatcher, verhindert hat, dass wir überhaupt irgendwelche Übergangsvorschriften hatten. Und es ist so gekommen, wie ich befürchtet hatte.«

Walter Siegert: »Dass es nicht mit dem Sozialismus geht, das war eigentlich schon dadurch beantwortet, dass die D-Mark eben Marktwirtschaft erforderte. Das Volkseigentum wurde in neue Rechtsformen geführt, und zunächst glaubte man auch, dass man mit der Treuhand-Holding – das sollte ja eine volkseigene Holding sein – das Volkseigentum erhält im Sinne von Eigentum, das der Gesellschaft dient und das nur schrittweise langsam privatisiert wird.

Sanieren und dann privatisieren, so hatten wir uns das vorgestellt. Und so waren wir auch mit Rohwedder in Übereinstimmung.

Aber es kamen eben dann Kräfte ans Werk, die in der Ära Breuel die Privatisierung der volkseigenen Betriebe in unverantwortlicher Weise vorangetrieben haben, so dass praktisch die industrielle Grundlage des Landes weitgehend zerstört wurde, einschließlich krimineller Energie, die dort am Werke war. Und mit diesen Schritten der Treuhand waren der vorherige Wunsch und die Möglichkeit, die ich durchaus real sah und an die ich heute noch glaube, aus der Substanz der DDR-Wirtschaft etwas zu machen für die Zukunft, dahin. Es gab ja Untersuchungen, die sind seriös und die wurden auch von Rohwedder anerkannt, dass etwa ein Drittel der Betriebe am Markt sich hätte behaupten können, weil sie modern ausgerüstet waren, dass ein weiteres Drittel sanierungsfähig war und dass man nur eigentlich über ein Drittel im Sinne von Abwickeln hätte reden müssen. Und gekommen ist es natürlich ganz anders.«

»Ich habe mich verpflichtet gefühlt der DDR-Bevölkerung und auch der DDR-Wirtschaft«, sagt ein verbitterter Wirtschaftsminister Pohl. »Ich wollte nach Kräften so viel wie möglich des Industriestaates DDR, dieser volkswirtschaftlichen Struktur, erhalten. Und das war nicht mehr möglich. Die hatten also ein anderes Konzept. Das haben sie aber nicht gesagt, sie haben immer nur die Bevölkerung beschwindelt in Größenordnungen. Und sie haben weitergeschwindelt in Größenordnungen.«

Klaus Reichenbach: »Ich habe damals als Minister gerade für dieses Problem Treuhand eine unheimliche Menge Zeit aufgewandt. Ich habe mich mehrere Nächte mit Rohwedder unterhalten, der ja vorgesehen war als Chef der Treuhand. Und das Konzept Rohwedder war ein ganz anderes Konzept als das, was Breuel dann später mit der Treuhand gemacht hat. Und ich bin fest davon überzeugt, das Rohwedder-Konzept hätte uns Zigtausend Arbeitsplätze mehr erhalten. Wir hätten einen viel weicheren Übergang in diesen Dingen erreicht. Ob das auf Dauer billiger gewesen ist, will ich jetzt überhaupt nicht beurteilen, das kann ich auch nicht beurteilen. Bloß der Crash, den uns dann die Frau Breuel zugemutet hat, der war natürlich an der Grenze des Möglichen und an der Grenze des auch noch Zumutbaren. Und es ist einfach im Nachhinein da vieles, was möglich gewesen wäre, niedergewalzt worden, weil gesagt worden ist – und die Philosophie hatte die Frau Breuel – es muss erst alles weggeputzt werden. Es muss alles in Schutt und Asche liegen, damit wir das Neue schneller aufbauen können.«

»Ich hätte mir gewünscht«, so Walter Siegert, »dass man, so wie das Rohwedder im Ansatz hatte, größte Aufmerksamkeit der Sanierung der Betriebe gewidmet hätte. Rohwedder hat in einem Gespräch dem Walter Romberg mal gesagt: ›Ja, ich gehe aus von einer langfristigen Periode der Sanierung der Betriebe der DDR.‹ Und damit war schon klar, dass er also auch aus den Erfahrungen der Bundesrepublik sprach. Ich hätte mir gewünscht, dass mit gleicher Verantwortung und mit gleicher Sorgfalt nach dem 3. Oktober die Geschäfte der Treuhand betrieben worden wären wie nach dem 2. Weltkrieg, wo ja große Konzernbetriebe in Staatshand kamen, Salzgitter und andere, und wo auch im Vordergrund stand die Sanierung und nicht die Privatisierung. Man hat lange viel Geld in diese Betriebe investiert, und es war durchaus berechtigt, zu erwarten, dass man das mit den Betrieben der Treuhand genauso machen würde. Das war dann nicht der Fall, und dort ist der eigentliche große Niedergang passiert.«

De Maizière: »Trotzdem glaube ich, dass die Treuhandanstalt besser ist als ihr Ruf und dass sie die einzige Möglichkeit war, diesen Prozess zu gestalten. Wir hatten zunächst auch sehr kluge Leute und sehr fähige Leute dabei. Für mich ist noch heute einer der großen tragischen Momente des Wiedervereinigungsprozesses, dass Detlev Rohwedder 1991 erschossen worden ist, denn der hatte diesen Zielkonflikt Privatisieren und Rekonstruieren und Umstrukturieren begriffen und verinnerlicht. Dann setzte der Druck des Finanzministers ein unter Frau Breuel, und es wurde alleine unter fiskalischem Gesichtspunkt die Sache betrachtet und nicht mehr unter ökonomischen Gesichtspunkten.«

# 13.  Eier für den Staatssekretär

»Die waren so aufgeheizt!«

Peter Pollack

Die DDR-Landwirtschaft ist, im Gegensatz zu anderen Wirtschafts-
bereichen, im Jahre 1990 auf einem guten Stand. Nach der zwangs-
weisen Kollektivierung in den 50er und 60er Jahren war die Produktivität ständig gestiegen. Der Landwirtschaftsbereich ist weitgehend
autark, hat sogar eigene Baubetriebe. Hinter ihm steht eine leis-
tungs- und exportstarke Landmaschinenindustrie. Auch die einzelnen Betriebe, große Einheiten, sind weitgehend autark.

Minister für Ernährung, Land- und Forstwirtschaft im Kabinett
de Maizière ist Peter Pollack, ein promovierter Diplomlandwirt.
Wenn auch parteilos, ist er einer der SPD-Minister, denn die SPD-
Fraktion hatte ihn für dieses Ressort vorgeschlagen: »Während in
Westdeutschland ja der bäuerliche Familienbetrieb das Gesicht der
Landwirtschaft beherrschte und auch die Politik eben seit vielen,
vielen Jahrzehnten darauf ausgerichtet war, hatten wir in der DDR
ja eine etwas raue Entwicklung zur Sozialisierung der Landwirtschaft hinter uns gebracht, und wir wussten nicht auf Anhieb, wie
sich diese beiden unterschiedlichen Agrarverfassungen vereinigen
lassen würden. Das war insofern noch besonders schwierig, weil es
ja nun bei uns dominierend die landwirtschaftlichen Produktions-
genossenschaften waren. Diese Genossenschaften waren nun nicht
gerade das liebste Kind der Bonner Regierung, und auch Herr
Kiechle hatte immer so seine Probleme, wenn er das Wort LPG
aussprechen sollte. Sie konnten sich darunter nicht viel vorstellen.
Und wir hatten viel Arbeit damit, den Kollegen aus der Bundesrepublik klarzumachen, was eigentlich bei uns in der Landwirtschaft
los ist, wie das organisiert ist und auch wie das alles rechtlich funktioniert. Herr Kiechle, der hat gedacht, wenn die Wiedervereini-

Peter Pollack, Minister für Ernährung, Land- und Forstwirtschaft

gung kommt und die Bauern wieder frei über ihre Grundstücke verfügen können, dann wird jeder, der damals in die LPG gezwungen wurde oder freiwillig gegangen ist, dafür Sorge tragen, dass er wieder alleine wirtschaften kann. Diesen Zahn ließ sich Herr Kiechle nicht ziehen, das hat er bis zum Schluss geglaubt. Und er hat sich dann erst überzeugen müssen, dass das nicht so war. Das war gar nicht so sehr die Angst vor der Großraumlandwirtschaft, die zweifellos ja ihre großen Vorteile hat, sondern das war eigentlich ideologisch bei dem Kollegen geprägt. Der bäuerliche Familienbetrieb war ihm das A und O.«

Typisch für die DDR-Agrarstruktur ist ihre strikte Trennung in Tier- und Pflanzenproduktion. Das Bestreben des Landwirtschaftsministeriums ist es von Anbeginn, den Landwirten klarzumachen, dass es unter den neuen Bedingungen so nicht weitergehen kann und wird: »Wir haben denen gesagt: ›Freunde, versucht mal, dass ihr in kleineren Einheiten wieder Tier- und Pflanzenproduktion zusammenführt und überschaubare Einheiten bekommt. Wir brauchen nicht 10 000 ha große Betriebe.‹«

Es gibt in der DDR sogenannte Großviehanlagen, zum Beispiel eine Schweinemastanlage im ostthüringischen Dittersdorf bei Neu-

stadt (Orla). »Dort hatte es schon zu DDR-Zeiten viel Ärger gegeben, denn dort waren 180 000 Schweine an einem Standort. Das ist
ja alles nicht so schlimm, aber die Schweine, die fressen. Und wer
viel frisst, ich will nicht sagen, der scheißt auch viel, aber im Prinzip
ja. Es wurde also furchtbar viel Gülle dort produziert, und es war
eine Menge Wald schon eingegangen, weil Gülle für den Wald Gift
ist durch das Ammoniak. Dort bin ich zu meiner Zeit noch gemeinsam mit dem Umweltminister Herrn Steinberg hingefahren, und wir
haben gemeinsam, mit einer großen Belegschaftsversammlung,
diese Anlage dichtgemacht. Die sind bald verrückt geworden, aber
das nützte alles nichts. Das war so ein Fall, wo nicht mehr zu verantworten war, dass das weitergeführt wurde.«

Karl-Hermann Steinberg: »Das waren Hallen von über 300 Meter
Länge und 48 Meter Breite und 12 Meter Höhe. Davon gab es 17
oder 18 Stück, da wurden dann an die 20 000 Tiere in einer solchen
Halle gehalten. Man kann sich vorstellen, was von den Exkremen-
ten für Emissionen ausgehen. Die Tiere standen ja auf verzinkten
Eisenrosten, und die Gülle, die dann entstand, wurde in einer Kaskade von Klärteichen bis zu den Saaletalsperren geklärt.

Ich bekam eine Eingabe, das hat mich damals ein bisschen überrascht, von der Talsperre Zeulenroda, dass die Zinkgehalte in der
Talsperre so extrem hoch seien. Keiner konnte sich erklären, wo das
Zink herkommt. Und beim genaueren Hinsehen wussten wir dann,
das kommt von den Schweinen bzw. von der aggressiven Gülle, die
die Verzinkung aus den Eisenrosten entfernte. Und das Zink kriegen Sie mit keiner Kläranlage mehr raus, das bleibt in dem Wasser.
Organische Fracht konnten sie durch die Kaskade des Wassers her-
ausbekommen, das war eine Verweilzeit von neun Monaten, das
wurde schon kontrolliert. Aber das Zink nicht, das war eine schlimme
Emission. Aber was viel schlimmer war, war die Ammoniakemis-
sion. Es gab, wenn ich die Zahl richtig erinnere, etwa 3000 Hektar
Wald rund um diese Schweineanlage, die gestorben waren aufgrund
der Ammoniakausgasungen. Als ich das gesehen habe, habe ich mit
dem Herrn Pollack festgelegt, das Ding muss stillgelegt werden aus
Emissionsgründen. Was wir damals nicht besprochen haben, und
wir wollten auch keine Panik haben, in diesem Betrieb arbeiteten

800 Frauen. Davon war mindestens die Hälfte in dem Alter, wo man eigentlich Kinder kriegt. Und die waren nicht im Wald, wenn die Ammoniakemissionen den Wald schon getötet hatten, sondern die waren im Werk, in den Hallen! Wir haben die Ammoniakkonzentration messen lassen, die standen bei etwa dem 10-fachen Ammoniakgehalt in ihrer Atemluft den ganzen Tag und haben dort gearbeitet wie in Leuna in der Ammoniakfabrik. Das war also eine nicht hinnehmbare Situation. Deshalb haben wir noch zu DDR-Zeiten das Ding stillgelegt.«

Pollack: »Es gibt ja andere Beispiele: Wir hatten im ehemaligen Bezirk Magdeburg, in Sachsen-Anhalt, in Klein Wansleben, eine Bullenmastanlage mit 18 000 Mastbullen, die ist auch weitergeführt worden. Diese Anlage habe ich dann in meiner Magdeburger Zeit, nachdem die Länder gebildet worden waren, mal mit dem Landwirtschaftsausschuss des Bundestages, also bundesdeutschen Abgeordneten, besucht. Da sind wir durch die Ställe gegangen, und wie die wieder herauskamen, sagten sie: ›Das halten wir gar nicht für möglich, dass es so etwas gibt.‹ Weil das eigentlich ideale Bedingungen waren. Inzwischen sind die Förderbedingungen für Rinderfleisch anders geworden, die Anlage ist umgerüstet worden auf Schweine.

Da ist vieles passiert in der Zeit, schon 1990, aber mit Unterschieden. Es gab natürlich im Land Genossenschaften, die sich hingesetzt und gesagt haben, nun lassen wir uns mal überraschen, was da kommt. Aber diejenigen, die nun ein bisschen progressiv mitdachten, die haben das zum Glück anders gesehen, und die haben schon, ehe es Gesetz wurde, die Möglichkeiten genutzt und haben die Betriebe verkleinert und haben die Tier- und Pflanzenproduktion wieder zusammengeführt. Das war sehr vernünftig und hat eigentlich auch zu einem recht befriedigenden Ergebnis geführt.«

Mit dem »Gesetz« meint Pollack das landwirtschaftliche Anpassungsgesetz. Es ist eines der wenigen Gesetze in der Landwirtschaft, das per Einigungsvertrag in das Gesamtdeutschland überführt wurde. Darin ist geregelt, dass jeder über seine Grundstücke verfügen darf, seinen Grund und Boden verpachten kann, oder, nach seinem freien Willen, entweder selber wieder bewirtschaften oder in einer Agrargenossenschaft oder einer anderen Gesellschaft des bürgerlichen Rechts tätig sein kann.

»Es gab am Anfang viele Probleme und Schwierigkeiten. Das Anpassungsgesetz ist ja dann erst im Juli von der Volkskammer beschlossen worden, so dass viele Monate Unklarheiten waren. Und das haben natürlich eine ganze Reihe von Glücksrittern und, ich möchte auch sagen, falschen Beratern, die ja damals die DDR überflutet haben, ausgenutzt und haben viel Angst in den Dörfern geschürt.«

Unsicherheit und Angst vor der ungewissen Zukunft sind groß in den Dörfern der DDR. Und ausgerechnet in dieser Situation produziert die DDR-Landwirtschaft im ersten Halbjahr 1990 so viel wie noch nie.

Pollack: »Als ich nach Berlin kam, war das Erste, was die mir alle sagten, also die Getreidelager sind alle voll. Wir müssen sehen, dass die leer werden. Das ging ja auch alles, aber diese vielen pflanzlichen Produkte wurden im ersten Halbjahr in tierische Produkte umgesetzt. Und dadurch kam diese Riesenproduktionswelle zustande. Ich will nur ein Beispiel nennen: Die DDR hatte im Jahr 1988 im ganzen Jahr 800 000 Schweine lebend exportiert. Wir haben allein im ersten Halbjahr 1990 850 000 Schweine, also im halben Jahr, ins Ausland verbracht! Ich habe in dem Ministerium Riesenmenschenmengen beschäftigt, um den Aufkauf und vor allen Dingen den Transport ins Ausland zu organisieren, mit Zügen in die sozialistischen Bruderländer. Ich glaube, das ist bis heute noch nicht alles bezahlt, aber wir hatten gar keine andere Möglichkeit. Ein Grund war der, dass diese Produktion zu riesengroß war.«

Dazu kommt, dass der Absatz im eigenen Lande stockt. Der Westen überschwemmt die DDR mit seinen landwirtschaftlichen Produkten. Die sind nicht besser als die einheimischen und sogar teurer, aber schöner verpackt. Und es tritt der paradoxe Zustand ein, dass die Bevölkerung die Westwaren kauft und die eigenen liegen lässt.

»Jetzt saßen die auf ihren schlachtreifen Schweinen fest und mussten die weiterfüttern«, erinnert sich Klaus Reichenbach an die dramatische Situation. »Jetzt gingen die Schweine von schlachtreif

100 kg auf 120, 125 kg. Das hatte zur Folge, dass die Technologie der Schlachterbetriebe nicht mehr hinhaute, weil der Speckanteil dieser Schweine wesentlich höher war und die ganzen Maschinen nicht mehr effektiv funktionierten. Da gab es natürlich Riesenprobleme und Riesenproteste. Dann sind diese Schweine in die Sowjetunion gegangen.«

»Die Geflügelproduzenten haben eigentlich den geringsten Kummer gemacht«, sagt Peter Pollack. »Was an Eiern produziert wurde, wurde getrocknet und ging als Trockenei in die ganze Welt. Sicher ist auch eine Menge verkommen, aber so viel nicht. Vor allen Dingen, bei Geflügel ist das alles unproblematisch. Die haben ja ein kurzes Leben. Das ist ja nicht so wie bei Schweinen oder, noch schlimmer, bei Rindern, dass sie im Grunde genommen Jahre oder zumindest Monate vorher die biologischen Prozesse in Gang setzen müssen. Bei Geflügel können Sie ganz schnell Bestandsregulierungen vornehmen.

Aber großen Kummer zum Beispiel haben die Imker gemacht. Die kamen eines Tages mit Bienenwagen vor das Ministerium gefahren und drohten, wenn wir nicht nach wie vor den Honig für das viele Geld abkaufen würden, würden sie ihre ganzen Bienen dort freilassen. Da haben wir gesagt: ›Dann müsst ihr sie freilassen.‹ Und dann sind sie wieder abgezogen.

Wir hatten ja in der DDR, in Meißen, den großen Honigaufkauf. Es war die einzige Stelle, die den Honig kaufte, verarbeitete und wieder in den Handel brachte. Die waren bis unter die Halskrause voll Honig. Und wir waren ja nicht mehr in der Lage, diese hohen Aufkaufpreise für den Honig zu zahlen. Wir machten das ja so wunderbar, wir bezahlten für das Kilogramm Honig 5 Mark, und der Bürger, der dann den Honig im Geschäft kaufte, zahlte dafür 2,50 Mark. Das war ja wie auch beim Spargel und ähnlichen Produkten. Ich musste damals die Schlussrechnung des Ministeriums für das Jahr 1989 noch unterschreiben. Da ist mir so die Zahl hängengeblieben: Das waren 230 Milliarden Ostmark Stützungen für Lebensmittel. In einem Jahr! Und das ging eben nicht mehr. Wir konnten zwar theoretisch bis zum 30.6. noch die hohen Preise zahlen, und wir haben das teilweise auch noch gemacht, solange wir mit den Produkten noch etwas anfangen konnten. Es hatte sich bereits im Herbst 1989 ganz deutlich angezeigt, dass Zigtausende von Schweinen und Rindern, die die Landwirtschaftsbetriebe dem Handel anboten, nicht mehr abgenommen werden konnten, weil die Produktion so hoch war und keine Möglichkeit für längere Einlagerung bestand.«

»Mir wurde gemeldet«, so de Maizière, »dass die Bauern drauf und dran waren, das Getreide auf dem Halm anzuzünden, weil sie keine Abnehmer mehr fänden. Oder es gab die Bilder im Fernsehen von den Bauern, die mit der Forke ihre Schweine totschlugen, weil der Markt weggefallen war. Es fehlte uns Schalck-Golodkowski[25], der die Schweine, entgegen allen EG-Bestimmungen, in den westeuropäischen Markt einschleuste. Da haben wir damals mit dem Bundeslandwirtschaftsminister Kiechle und seinem Staatssekretär Kittel innerhalb weniger Tage Subventionskäufe eingeleitet, um den Markt zu entlasten von diesen Riesenmengen. Die DDR brauchte pro Jahr etwa sieben Millionen Tonnen Getreide für Brot, für Futter, Bier und für was man so Getreide braucht, und der liebe Herrgott schickte uns eine Rekordernte von zwölf Millionen Tonnen, die plötzlich der Markt nicht abnahm. Die Bauern sagten, sie haben unter der Bedingung der Planwirtschaft gesät und hätten eine garantierte Abnahme. Jedenfalls haben wir binnen weniger Tage fünf Millionen Tonnen Getreide und eine Million Stück Schweine an die Sowjetunion geliefert. Damit hatten wir es vom Markt runter, und der Kaufpreis wurde gestundet. Ist, glaube ich, nie bezahlt worden und gehört zu den Beträgen, auf die Schröder vor ein paar Jahren großherzig gegenüber Russland verzichtet hat.«

Es gibt Demonstrationen. Im Juli treiben Bauern Schweine und Rinder vor die Volkskammer. Am 15. August kommt es zu massiven Protesten auf dem Berliner Alexanderplatz.

---

[25] Alexander Schalck-Golodkowski (Jg. 1932), war Stasi-Obrist und Leiter des Bereiches Kommerzielle Koordinierung sowie Devisenbeschaffer in der Honecker-Ära. Im Dezember 1989 erfolgte seine Flucht nach West-Berlin.

15.8.1990, Bauernproteste auf dem Berliner Alexanderplatz

»Ich habe mich sehr geärgert über die Demonstrationen der Bauern auf dem Alexanderplatz«, erregt sich Peter Pollack noch heute, »wo ja von den damaligen Verbänden über 100 000 Bauern aus der DDR zusammengefahren worden waren. In den Bussen wurden sie mit Alkohol versorgt, und diese Masse hat dann gejohlt, gepfiffen, mit Eiern und Tomaten geschmissen. Die waren überhaupt nicht bereit, Argumente zu hören. Das hat mich geärgert! Weil wir im Grunde genommen das gleiche Ziel hatten.

Aber die waren von den Verbänden, insbesondere vom Genossenschaftsverband, so aufgeheizt worden, dass eine sachliche Atmosphäre überhaupt nicht zustande kam! Diese Präsidenten waren alles Mitglieder der Bezirksleitungen gewesen. Ich bin ja mit Ach und Krach damals vom Alexanderplatz wieder heruntergekommen. Zwar mit einem kaputten Auto, aber es ging noch ganz gut. Das hat mich sehr geärgert, dass man den Leuten mit Argumenten nichts klarmachen konnte.«

Günther Krause: »Die große Bauerndemonstration in Berlin. Wie üblich, musste ich hin, obwohl das nicht mein Thema war, weil sich

15.8.1990, Berlin, Alexanderplatz.
Bei Bauernprotesten wird
Staatssekretär Günther Krause
mit Eiern und Tomaten beworfen.

alle anderen nicht getraut haben oder andere wichtige Termine hatten. Der Innenminister Diestel hatte sich versteckt in seinem Ministerium. Lothar de Maizière hatte sich nicht für die Sache als An-
sprechpartner gefühlt. Der Landwirtschaftsminister Pollack wurde
ja fast massakriert, sein Auto wurde demoliert, die Schutzmacht war
völlig weg. Man hat keinen Polizisten mehr gesehen. Also musste
ich ungefähr eine halbe bis Dreiviertelstunde am Alexanderplatz
vor schätzungsweise 60- bis 70 000 tobenden Bauern sprechen.
Meine Sekretäre haben dann an mir 16 Eiereinschläge und 12 Tomaten als Treffer gezählt. Das konnte man so an den Beulen im
Gesicht ausmachen und an den Kleidungsstücken. Letztendlich
habe ich bei dieser Veranstaltung nicht mehr gewusst, was eigentlich los ist.

Wir hatten mit der Währungsunion für die Bauern folgendes Problem ausgelöst: Wir hatten die Fleischpreisregelung der Europäischen Union zum 1. Juli in der DDR einführen müssen. Ich sage das
jetzt mal vereinfacht: Ein Schwein hat am 30. Juni 1000 Ostmark
erbracht und am 1. Juli 100 Westmark. Es waren die Preise der

157

Pflanzenproduzenten dagegen so, wie die es wollten, denn es war ja noch kein Markt entwickelt. Die Tierproduzenten mussten natürlich das den Tieren verfüttern, was sie in der Pflanzenproduktion bekommen haben. Also mussten Subventionszahlungen an die Fleischproduzenten erfolgen, die auch vereinbart waren bei der Währungsunion. Wenn ich die Zahlen noch richtig in Erinnerung habe, waren das im Monat Juli 700 Millionen DM. Nun gut. Ich habe die Leute beruhigt. Ich habe gesagt, ich kümmere mich darum, habe die Telefonnummer vom Ministerrat angegeben. Die nächsten zwei Tage konnte keiner mehr anrufen, weil das Netz total überlastet war. Ich bin am nächsten Tag, das war der 16. August, mit einem Fernsehteam zur ersten LPG. Ich hatte versprochen, dass dann abends in der Aktuellen Kamera darüber berichtet wird, wie ich das Problem löse.

Jedenfalls habe ich die Nacht vorher Helmut Kohl angerufen nach dieser Veranstaltung. Dann kam auch sofort der Staatssekretär aus dem Bundeslandwirtschaftsministerium, und nach ungefähr zweieinhalb Stunden hatte er dann festgestellt, dass der Landwirtschaftsminister vergessen hatte, die 700 Millionen DM den Bauern auszukehren. Der hatte die zinsbringend aufs Auslandskonto des Ministeriums gelegt. Das war der Grund, warum die Demonstration stattfand und warum über sechs Wochen dann letztendlich in den fleischproduzierenden LPG, bzw. in den größeren Einrichtungen, keine Löhne gezahlt werden konnten. Und innerhalb von zwei, drei Tagen war dann die Sache entspannt.

Aber erst mal bin ich natürlich zum Diestel hin, habe Diestel angemacht bis zum Gehtnichtmehr, dass er aufhören soll, davon zu reden, die Vopos hätten noch alles im Griff! Aber auch nichts haben sie im Griff, und er soll sich mal als Innenminister um die innere Sicherheit kümmern! Es hat ja Morddrohungen gegen meine Familie gegeben, gegen mich selbst natürlich auch, und irgendwo hat dann der Spaß aufgehört an dieser Stelle!

Und ich bin noch zu Lothar de Maizière und habe gesagt: ›Also wenn die Zusammenarbeit in der großen Koalition nur bedeutet, dass ich den ganzen Mist permanent wegräumen muss, dann soll er sich einen anderen suchen, der die deutsche Einheit weiterverhan-

delt.‹ Und da war ich auch fest entschlossen. Also mir hat es gereicht!«

»Der Günther Krause, der kam zu mir und sagte, er träte zurück,
die Eier würden eigentlich mir gelten. Ich antwortete: ›Nein, lieber
Günther, da irrst du dich. Die Eier gelten grundsätzlich den Staats-
sekretären.‹«

Am selben Tag zerbricht die Große Koalition, auch der Landwirtschaftsminister scheidet aus. Die Auslandskonten werden aufgelöst.

# 14. Pseudokrupp am Silbersee

»Es war eine Katastrophe!«

Karl-Hermann Steinberg

Mit welch gewaltigen Problemen die letzte DDR-Regierung zu kämpfen hat, lässt sich recht gut am Umweltressort erkennen. Karl-Hermann Steinberg, promovierter Diplomchemiker und CDU-Mitglied, leitet das Ministerium für Umwelt, Naturschutz, Energie und Reaktorsicherheit. Er nennt drei »Highlights« seiner Regierungstätigkeit: die deutsch-deutsche Umweltunion, die Nationalparkverordnung und die Abschaltung des Kernkraftwerks Greifswald.

Die gewaltigen Umweltsünden der DDR, bzw. deren Deckelung, waren in den letzten Jahren der DDR auf zunehmenden Protest gestoßen. Man kann sogar sagen, dass die Beschäftigung mit diesem heiklen Thema wesentlich zur Wende beitrug, denn sehr viele der oppositionellen Bürgerrechtler waren Umweltschützer. In der Berliner Zionskirche gab es zum Beispiel die legendäre Umweltbibliothek mit ihren Umweltblättern. Diese Oppositionsgruppe wurde im November 1987 schlagartig bekannt, als der Staatssicherheitsdienst die Umweltbibliothek überfiel und die Mitglieder verhaftete. Nach massiven Protesten wurden sie relativ schnell wieder freigelassen.

Die neue Regierung und das neue Umweltministerium stehen nun vor der Riesenaufgabe, schnell die allergrößten Probleme lösen zu müssen. Als Steinberg sein Amt antritt, werden ihm Materialien übergeben, deren Inhalt von großer Brisanz ist: »Da waren vertrauliche Verschlusssachen in großem Umfang, wo die gesamte Wahrheit nachzulesen war. Das war in den Schubladen verblieben. Aber diese Zeit war nun vorbei. Ich bekam pro Tag mindestens 5000 Eingaben, aus allen Bereichen der Industrie, vorwiegend der Schwerindustrie. Wir mussten darauf reagieren. Die Brandstellen, also die schlimmsten Emissionsquellen, mussten zuerst stillgelegt werden,

beseitigt werden, saniert werden. Wir hatten kein Geld. Bundesumweltminister Klaus Töpfer hat in seinem Hause, natürlich auf
Beschluss der Bundesregierung, Geld bereitgestellt. Wir hatten 30
deutsch-deutsche Umweltprojekte zur Amtszeit der DDR-Regierung schon begonnen, um die schlimmsten Hotspots, die schlimmsten Emissionsquellen anzugehen und Ersatzlösungen zu finden.«

Dabei ist es nicht so, dass die DDR keine Umweltspezialisten
hatte. Im Vorwende-Umweltministerium unter Hans Reichelt gab
es exzellente Fachleute auf allen Gebieten, im Naturschutzbereich,
in der Wasserwirtschaft. Denen waren die Probleme wohlbekannt,
aber sie konnten nicht machen, was sie wollten und für richtig
hielten. Die Planerfüllung hatte oberste Priorität, eine Umweltdis-
kussion war nicht erwünscht. Lothar de Maizière: »In der DDR
bekamen im Januar jeden Jahres 598 große Betriebe eine Ausnah-
megenehmigung des Ministers für Gesundheitswesen Mecklinger,
dass sie weiterproduzieren durften, obwohl sie die Umweltschutz-
vorschriften, die Schutzgütevorschriften der DDR und Ähnliches
nicht einhielten, die sowieso weit unter dem Bereich der Bundesdeutschen lagen. Wir mussten uns ja im Vertrag zur Währungsunion ausbedingen, dass die westdeutschen Umweltvorschriften für
vier Jahre bei uns ausgesetzt werden, weil wir sonst am ersten Juli
fast alle Betriebe hätten schließen müssen, mit den Schadstoffemis-
sionen, die sie ja hatten, fehlende Rauchgasentschwefelung und so
weiter.«

Die DDR bläst pro Jahr 5,2 Millionen Tonnen Schwefeldioxid in
die Luft. Verursacher sind vor allem die Braunkohlekraftwerke, die
ohne Entschwefelungsanlagen arbeiten, aber auch der sogenannte
Hausbrand, also die vielen Kohleöfen in den DDR-Wohnungen. Die
von der Einwohnerzahl ungefähr viermal so große Bundesrepublik
produziert pro Jahr knapp eine Million Tonnen $SO_2$.

Steinberg: »Das konnte man sehen im Erzgebirge, auch im Thüringer Wald, das konnte man spüren, wenn man in Mitteldeutsch-
land war, in Bitterfeld, Merseburg, in Espenhain, in Leipzig – es war
eine Katastrophe! Das war also Thema eins, die Luft zu säubern,
vor allen vom Schadstoff Dioxin, aber auch vom Staub. Knapp zwei
Millionen Tonnen Feinstaub kamen aus den Braunkohlekraftwer-

ken. Pro Jahr zwei Millionen Tonnen Staub! In den Ballungsgebieten musste man von innen die Fensterbretter immer wieder vom Staub befreien.

Ich entsinne mich an die Eingaben aus Bitterfeld. Da war es ganz besonders schlimm. Mein zweiter Schwerpunkt war Leipzig-Süd. Da ging es um die Braunkohlenschwelerei Espenhain und das Kraftwerk Thierbach und die damit verbundenen enormen Emissionen.

Die Gemeinde Mölbis, die im Emissionsbereich dieser Braunkohlenschwelerei Espenhain liegt, da gab es Aromatenkonzentrationen in der Luft, also toxische, krebserregende aromatische Kohlenwasserstoffkonzentrationen, die waren unvorstellbar hoch. Da gab es also Tausende von Eingaben aus diesem Bereich. Wir haben dann relativ schnell die Stilllegung dieser Braunkohlenschwelerei herbeigeführt. Auch aus wirtschaftlichen Gründen war es nicht so schwierig, dies durchzusetzen. Aber es hat natürlich Arbeitsplätze gekostet.«

Lothar de Maizière nennt noch dramatischere Zahlen: »Die DDR hatte bei der UNO keine Zahlen über den Schwefelausstoß gemeldet, obwohl sie bei der Weltgesundheitsorganisation dazu verpflichtet war. Dann hat die UNO geschätzt auf 3 Millionen Tonnen, und die DDR-Botschaft musste protestieren. Der anschließenden Aufforderung nach Meldung der Zahlen ist die DDR wieder nicht nachgekommen – tatsächlich haben wir nämlich 7,5 Millionen Tonnen Schwefel jedes Jahr über das Land verstreut. Sie können sich ausrechnen, was das bewirkt hat, bis hin zu Gesundheitsschädigungen und Ähnlichem. Im Raum Halle-Merseburg waren die Kinder im Regelfall sechs bis acht Monate entwicklungsretardiert, wenn sie zur Schule kamen, mit Pseudokrupp und Asthma. Da kommt mir noch heute richtig die Wut hoch! Und das als Vollbeschäftigung von diesen Betrieben zu bejubeln, da muss man sich schon große Mühe geben!«

Ein zweites riesiges Problem, das der Umweltminister vorfindet, ist die unglaubliche Verunreinigung der Gewässer, der Flüsse und Seen. Es müssen sofort Maßnahmen ergriffen werden. Auf Anregung von Töpfer entsendet Steinberg Mitarbeiter in die Elbeschutzkommission: »Die Saale, die Mulde waren Kloaken! Ich lebte damals, und lebe heute noch, in Merseburg. Wir hatten im Jahr 1989 die Gewässerklasse 5. Güteklasse 5! Das heißt nach der damaligen DDR-Nomenklatur: ›Für industrielle Zwecke als Brauchwasser ungeeignet‹. Mehr muss man, glaube ich, nicht sagen! Heute, 17 Jahre später, gibt es Forellen in der Saale. An der gleichen Stelle, die damals Güteklasse 5 war. Wir haben also Güteklasse 2 inzwischen, Lachse kommen zurück, wandern in die Laichgebiete, über die Elbe und Saale, in die Unstrut rein. Das ist klasse, dass wir das geschafft haben!

Die Zellstoffproduktion war nicht umweltfreundlich, absolut nicht. Sie hat die Flüsse erheblich belastet, zum Beispiel im Eichsfeld. Ich stamme aus Heiligenstadt, da gab es auch eine Zellstoff- und Papierfabrik, die direkt in die Geislede die Abwässer entlassen hat. Die waren dann in der Leine, einem kleinen Nebenfluss der Aller. Die Leine war weitgehend ein toter Fluss – heute leben dort wieder Forellen.

Die Salzfracht der Werra. Da konnte man nicht viel machen. Es wurden, auch unter dem Druck der Kaliindustrie aus den alten Bundesländern, erst einmal Werke stillgelegt. Der Weltmarkt war mit Kalisalzen gesättigt, die Produktion in der DDR konnte weitgehend zurückgefahren werden. Und das Abstoßen von Lösungen in die Flüsse, in die Oberflächengewässer, hat aufgehört.

Die Werra war natürlich ein Salzwasserfluss. Das hat man an der Biologie gemerkt. Fischarten, die sonst im Salzwasser leben, die kamen in der Werra vor. Heute ist das ganz anders. Die ist heute nahezu salzfrei.

Auch die festen Abprodukte waren ein Problem. Viele erinnern sich vielleicht an den Silbersee bei Wolfen, nahe Bitterfeld, was von der Umweltseite kein so riesiges Problem war, weil das ein altes Braunkohlentagebaurestloch war, von dem keine allzu große Gefahr ausging, abgesehen von der Geruchsbelastung. Das faulte und stank vor sich hin, es waren dort auch Sulfate reingelangt, die wurden dann reduziert zu Sulfiden, Mercaptane, organische Sulfide, und die stanken wie die Pest. Die sind auch toxisch, aber die Konzentration war so gering, dass keine wirkliche Gefahr davon ausging. Aber das riecht man schon in extrem kleinen Mengen.

Wir hatten viel schlimmere Probleme, wirkliche Probleme für das Grundwasser im Bitterfelder Raum. Die ›Grube Antonie‹ und auch die ›Grube Hermine‹ – das sind alles Namen von den Freundinnen oder Frauen der Ingenieure, die seinerzeit, vor 150 Jahren, diesen Braunkohlentagebau erschlossen hatten –, die sind dann in Verruf geraten: ›Grube Antonie‹ erhält als Schadstoffdeponie des damaligen Chemiekombinates Bitterfeld heute noch 60 000 Tonnen Hexachlorzyklohexan, Nebenprodukt der Pflanzenschutzmittelproduktion. Sehr toxisch, ein Feststoff, aber gefährdet das Grundwasser. Da sind die Sanierungsmaßnahmen immer noch nicht abgeschlossen.«

Die nächste Altlast heißt SDAG Wismut. SDAG bedeutet Sowjetisch-Deutsche Aktiengesellschaft. Wismut ist ein nichtradioaktives chemisches Element. Es handelte sich bei der SDAG Wismut aber keineswegs um ein Unternehmen zum Abbau von Wismut; der Name diente der Verschleierung. Es ging um den Abbau von Uran für die sowjetische Atomindustrie.

Auch zur Wismut bekommt der Umweltminister stapelweise Eingaben; die radioaktive Belastung um Ronneburg, um Schlema, um Königstein im Elbsandsteingebirge ist alarmierend. Lothar de Maizière lässt die Wismutbetriebe schließen: »Als ich in Moskau war, sagte ich dem Ministerpräsidenten Ryshkow: ›Wissen Sie, Herr Minister‹, ich weiß es noch wie heute, ich zog meine Jacketttaschen heraus, ›das ist mein Vermögen. Wenn Sie Geld haben wollen, fahren Sie 600 km weiter nach Bonn, vielleicht kriegen Sie da was.‹ Er hatte davon angefangen, dass wir die Wismut ohne sein Wissen geschlossen hätten, was auch der Realität entsprach, und wir würden ihm den Gewinn schulden. Ich sagte: ›Die Wismut hat 120 Milliarden DM Umweltaltlasten hinterlassen. Wenn Sie mir 60 Milliarden geben zur Behebung der Umweltaltlasten, dann können wir darüber reden, ob wir sie wieder anschmeißen.‹

Es werden noch Generationen mit den Altlasten der Wismut zu tun haben, der Abraum strahlt noch heute, und der Schneeberger Lungenkrebs wird in der Fachliteratur auch erst beschrieben, seitdem dort die armen Schweine in den Uranbergbau gejagt worden

sind. Wenn man an die Häftlinge denkt, die nach der Wirtschafts-
strafverordnung oder dem Edelmetallgesetz oder sonst was bestraft
wurden, die durften in den Bergbau gehen und bekamen für einen
Tag Bergbau zwei Tage Haft angerechnet. Sie dachten, sie könnten
aus ihren 25 Jahren Zwangsarbeit einfach 12,5 Jahre machen, und
nach 10 Jahren sind sie mit Schneeberger Lungenkrebs in die Grube
gefahren. Das durfte nicht einmal in den Totenschein reingeschrie-
ben werden. Da kam dann Sarkoidose der Lunge oder Staublunge
rein. Das war so was von menschenverachtend, was dort in der
Wismut und in anderen Bereichen der Volkswirtschaft passiert ist!«

Ab Mai kommt es erstmals zu Protesten gegen die in der DDR stationierten sowjetischen Streitkräfte. Vor einem sowjetischen Militär-
flugplatz demonstrieren 1500 Leute, werfen mit Flaschen und Stei-
nen. Verteidigungsminister Eppelmann befürchtet, dass dieses
Problem eine politische Tragweite gesamteuropäischen Ausmaßes
annimmt. Ursache der Proteste sind Berichte über von den sowjetischen Streitkräften verursachte Umweltschäden.

»Ich kann mich noch daran erinnern«, sagt Eppelmann, »die
letzte Konferenz des Warschauer Vertrages fand am 14. Juni hier in
Strausberg statt. War Jahre vorher festgelegt worden. Der Waffendienstverweigerer und Bausoldat Rainer Eppelmann war der Chef
der letzten Tagung des Warschauer Vertrages! Und da kam es zu
einer handfesten Auseinandersetzung zwischen Herrn Jasow und
mir um die Frage, wie sich die Rote Armee in der DDR aufgeführt
hat, und zwar im Blick auf ausgekipptes Öl oder Diesel oder so, also
die ganzen Umweltsünden und die Umweltschäden, die die Einheiten der sowjetischen Armee in der DDR hervorgerufen haben. Und
da hat er sich fürchterlich darüber aufgeregt, dass ich das themati-
siert habe! Es hat also offensichtlich mit ihm vorher keiner darüber
geredet. Das hat es ja viele, viele Jahre vorher schon gegeben. Und
der war sehr unbeherrscht, hat sich die Uniformjacke ausgezogen,
tobte richtig und sagte zu mir: ›Vergessen Sie nicht, wer den Zweiten Weltkrieg verloren hat!‹«

Verteidigungsstaatssekretär Werner Ablaß: »Es war schwierig. Unsere Bürgerbewegung war nicht mehr bereit, sich alles gefallen zu

Werner Ablaß,
Staatssekretär im Ministerium
für Abrüstung und Verteidigung

lassen. Und wir wussten nicht, wie die Russen reagieren. Die DDR-Bürger haben vor sowjetischen Flugplätzen demonstriert. Es gab dann auch Schüsse, wenn auch nur in die Luft, von sowjetischen Wachposten. Wir haben ja mit ihnen ständige Kämpfe auszufechten gehabt. Unkontrollierte Flüge, Nachtflüge und dann auch die Frage, wie gehe ich mit Flugzeugbenzin um? Wir haben ihnen gesagt: ›Es geht nicht mehr, dass ihr mit euren Panzern in den See fahrt! Ihr kommt wieder raus, und dann ist der Panzer sauber, aber der See ist dreckig.‹ Also wir haben versucht, bestimmte Dinge zu erreichen. Wir hatten in diesem Falle Gorbatschow und Schewardnadse auf unserer Seite. Das Militär hat versucht, eine eigene Karte zu spielen, konnte sich aber Gott sei Dank bis zum 3. Oktober nicht durchsetzen.«

Freiwerdende NVA-Truppenübungsplätze, riesige Flächen, zum Beispiel in der Letzlinger Heide, wecken Begehrlichkeiten. Die Bürgerrechtler fordern, alle Zäune abzureißen und den Bürgern ungehinderten Zugang zur Natur zu ermöglichen. Werner Ablaß: »Sechs Wochen später waren die dann wieder bei mir und fragten, ob man die Zäune nicht wieder aufstellen könne, die Touristen würden alles zertrampeln, was da über Jahre gewachsen sei.

Ich hatte damals begonnen, Gebäude an Regine Hildebrandt abzugeben, weil die mir gesagt hat: ›Ablaß, gib mir Kasernen, ich brauche Arbeitsämter!‹ Und dann gab es Begehrlichkeiten von den Briten. Die Briten haben mich über einen Kollegen wissen lassen, ich möge doch auf jeden Fall verhindern, dass bestimmte Plätze abgegeben werden, zum Beispiel die Letzlinger Heide, das wäre so ein wunderschönes Panzerübungsgebiet, und sie würden in der Lüneburger Heide so viel Ärger haben, sie würden lieber dann im Osten üben.«

Der britische Außenminister Douglas Hurd wendet sich mit dieser Bitte an den Ministerpräsidenten. Aber de Maizière bekommt heraus, dass die Engländer selbst nie ausländische Truppen auf ihrem Territorium zugelassen haben. Als er Außenminister Hurd mit dieser Tatsache konfrontiert, ist das Thema vom Tisch.

Das Kernkraftwerk Greifswald wird am 1. Juni auf Beschluss der Regierung stillgelegt. Steinberg: »Ich entsinne mich sehr gut an diese Zeit. Es war nicht so ganz einfach, es waren immerhin 800 Arbeitsplätze damit verbunden, es war ein großer Beitrag zur Energieerzeugung der DDR, der aus diesem Kernkraftwerk kam. Es waren ja immerhin vier 440-Megawatt-Blöcke am Netz, ein fünfter war im Probebetrieb, also fünf waren tatsächlich radioaktiv. Alles zusammen in einer Halle, die 1200 Meter lang war, ohne Trennwände. Ich war persönlich dort, die Belegschaft fuhr mit dem Fahrrad zwischen den Reaktoren hin und her.« Natürlich handelt es sich um ein Kernkraftwerk sowjetischer Bauart. Das Gutachten der Gesellschaft für Reaktorsicherheit listet verschiedene Mängel auf: Das Containment ist zu schwach, der hohe Neutronenfluss kann zur Versprödung der Materialien führen und damit zur Sprödbruchgefahr, es gibt zu wenig Notstromaggregate und anderes.

»Ich war vielleicht 14 Tage später bei meiner dänischen Amtskollegin in Kopenhagen, und die sagte: ›Ach wissen Sie, Herr Kollege, das Kernkraftwerk in Greifswald, da haben wir ja richtig Angst. Wir haben ja in Dänemark keinen Atomstrom, und das ist ja nur 200 km von Kopenhagen entfernt dieses Kraftwerk in Lubmin / Greifswald, da müssen Sie etwas tun.‹ Ich antwortete: ›Frau Kollegin, wir haben es bereits abgestellt. Und zweitens, wenn ich jetzt an Ihr Fenster gehe und gucke nach Malmö, das sind 20 km übers Meer.‹ Man konnte tatsächlich vom Amtszimmer meiner Kollegin aus das Kernkraftwerk Bersebek sehen. Dänemark kaufte zu dem Zeitpunkt 40 Prozent der Elektroenergie aus den schwedischen Atomkraftwerken. Das war also eine sehr scheinheilige Diskussion.«

Die Nationalparkverordnung tritt Mitte September in Kraft. Steinberg bezeichnet sie als das letzte Highlight vor dem 3. Oktober. Fünfzehn Gebiete werden damit, zum Beispiel als Biosphärenreservat, unter den Schutz des Staates gestellt. Das sind vier Prozent des Territoriums der DDR. Die Bundesrepublik hat zu dem Zeitpunkt 0,6 Prozent unter vergleichbarem Schutzstatus. In den Kernzonen der Reservate muss die Natur in ihrer Ursprünglichkeit belassen werden, darf kein Baum gefällt, kein gefallener Baum entfernt werden.

Steinberg muss gegen harte Widerstände kämpfen. Die Landwirtschaft hat kein Interesse an Schutzgebieten. Die Treuhand argumentiert, man würde diese Gebiete aus der wirtschaftlichen Entwicklung ausschließen. Auch Bundesumweltminister Töpfer ist skeptisch. In der Bundesrepublik ist der Naturschutz Ländersache: »Der eigentliche geistige Vater des Projektes, schon zu DDR-Zeiten, war Professor Succow. Er war stellvertretender Umweltminister beim Herrn Modrow, in dieser Übergangsregierung, und er hat das fortgeführt und hat auch später den Alternativen Nobelpreis dafür bekommen. Aber politisch durchgesetzt hat er es nicht, das haben wir. Lothar de Maizière hat letztendlich gesagt: ›Komm, wir machen das. Augen zu und durch!‹ Hat den Staatsminister im Amt des Ministerpräsidenten, Klaus Reichenbach, angewiesen ›Jetzt aber los!‹ Und dann haben wir es innerhalb von zehn Tagen durchgesetzt.« Im Handstreich sozusagen.

»Das hat damals unser Umweltminister phantastisch gemacht«, sagt Klaus Reichenbach. »Ich finde, das hat uns jetzt Riesenchancen eröffnet. Gerade durch diese Parks in den weniger dicht besiedelten Ländern und Regionen wie Brandenburg, und natürlich auch Mecklenburg-Vorpommern, haben diese wieder eine Chance, touristisch etwas zu unternehmen, dort zu profitieren. Der Wegfall dieser Dreckschleudern der ehemaligen DDR-Industrie auf der einen Seite und die Ausweitung der Naturschutzgebiete auf große

28.7.1990, Greifswald/Lubmin, Umweltminister Karl-Hermann Steinberg legt den Grundstein für ein Ersatzwärmekraftwerk neben dem KKW Greifswald

Flächen ist gleichzeitig eine gute Voraussetzung für das Angehen der aktuellen Probleme wie Klimawandel. Auch die Ansiedlung des Wolfes jetzt in der Lausitz ist ja ein Phänomen. Dass in Deutschland, einem so hoch industrialisierten Land, sich wieder Tiere breitmachen, die schon Jahrzehnte ausgestorben waren, das ist doch phantastisch. Das war das Beste, was man mehr oder weniger leisten konnte als DDR-Regierung.«

Steinberg: »Heute, 20 Jahre später, sind alle happy darüber, das war eine feine Sache. Das sind die Perlen, da ist die Touristik in Gang gekommen, das sind die wirtschaftlich starken Gebiete, die damals als wirtschaftlich nicht entwicklungsfähig galten. Das ist nämlich Attraktion für sehr viele. Das war schon was Feines, und da bin ich stolz drauf.«

# 15. Den Löffel abgeben

»Als Minister habe ich mehr Kritik erfahren als Zustimmung.«

Herbert Schirmer

Der letzte Kulturminister der DDR heißt Herbert Schirmer, seine Staatssekretärin Gabriele Muschter. Beide kommen aus dem Bereich der bildenden Kunst, arbeiteten in Kunstmuseen und Galerien. Sie kannten sich daher. Bevor Schirmer an die Arbeit geht, räumt er erst einmal sein Ministerbüro auf, schmeißt die »schreckliche Palme« und die »schrecklichen Gardinen« raus und hängt andere Bilder an die Wände.

Eine seiner ersten Amtshandlungen ist ein Versuch, sogenannte Beutekunst aus der Sowjetunion in die DDR zurückzuholen: »Ich hatte die Direktoren der Kunstmuseen nach Berlin eingeladen mit der Bitte, die Kunstwerke, die 1945 und danach in die Sowjetunion verbracht worden sind, aufzulisten, was ja nicht schwer war, denn es gab ja diese Listen. Und wir haben gemeinsam darüber gesprochen, wie wir damit umgehen. Und kurz nach dieser Besprechung habe ich diese Listen zusammengefasst, bin zum Botschafter der Sowjetunion gegangen und habe klar geäußert, dass wir jetzt mal über diese Dinge reden müssen und wie wir damit umgehen in Zukunft. Es war ja ziemlich nassforsch. Also der damalige Botschafter war völlig konsterniert, wie sozusagen ein DDR-Politiker da einfach aufmarschiert und Forderungen stellt. Das war was vollkommen Neues. Wir hatten damals noch die Tage der russischen Kultur in Berlin. Und da kam dann der russische Kulturminister zu Besuch. Und mit ihm habe ich dieses Problem auch besprochen. Und das Angebot damals, das offizielle Angebot damals von russischer Seite, war, wenn ihr es wiederhaben wollt, dann kauft es! Klipp und klar.«

Auch Schirmer bekommt seine Berater aus dem Westen: »Es herrschte einfach diese Auffassung, es muss erst mal alles weg, um dann sozusagen per neuer Kopfgeburt Strukturen zu errichten, die möglichst passgenau denen in der Bundesrepublik nahe oder gleich waren. Die Besonderheit war ja, dass die Kulturentwicklung in den beiden deutschen Staaten doch sehr unterschiedlich verlaufen war. Das betraf zum Beispiel die staatliche Aufmerksamkeit in ihrer Ambivalenz, als politisches Instrumentarium, auch als Auftrag, ein besseres Bild von der DDR zu zeichnen, und andererseits aber auch die hohe Wertschätzung, die die Künstler, egal, ob jetzt Maler, Musiker, Schauspieler, genossen haben. Das ist ja eine besondere Aufmerksamkeit, die man in keinem demokratischen System wiederfindet. Es gibt ja in den Diktaturen generell immer eine ungeheuer überhöhte Aufmerksamkeit der Kunst gegenüber.«

In der DDR gibt es den »Kulturfonds«, der der materiellen Unterstützung von Künstlern und Kunstprojekten dient. Er speist sich aus dem »Kulturgroschen«, einem Aufschlag von fünf oder zehn Pfennig auf alle Eintritts- und Verkaufspreise.

Gabriele Muschter: »Der Kulturgroschen ist so ein richtiges Reizthema für mich. Das wollten wir unbedingt beibehalten, weil wir das sehr sinnvoll fanden. Das habe ich auch auf allen möglichen Tagungen gesagt. Und eines Tages sagte mir jemand, dessen Namen ich jetzt mal nicht sage: ›Also Sie sind Beitrittsgebiet, und wir haben so etwas nicht, und da kommt das nicht infrage.‹ So! Ganz arrogant! Wir seien föderalistisch, der Aufwand sei zu groß und so etwas.

Dabei war das sehr sinnvoll. Der Kulturfonds wäre ja bis jetzt sinnvoll. Wenn nicht die Thüringer und die Sachsen ausgestiegen wären, gäbe es ihn im Osten bis heute, und die hätten viel fördern können. Und wenn ich jetzt die Kulturstiftung des Bundes ansehe, die ist mittlerweile nur noch mit Westleuten besetzt. Einer aus dem Osten, der da mal in der Jury war, sagte: ›Wenn nur das Wort Ostkünstler kommt, dann haben die schon angewiderte Gesichter.‹«

»Das Ganze«, sagt Schirmer, »war ja nun *nicht* so, dass wir in der Selbstfindung begriffen waren, sondern wir kamen ja mit unseren Vorstellungen, die zugegebenermaßen auch von Naivität und Gutgläubigkeit geprägt waren, aber auch von so einem politischen Idealismus. Wir haben geglaubt, es kommt zu einer Umarmung. Während der Verhandlungen wurde klar, dass es also eine sehr hölzerne Umarmung werden wird. Aber trotzdem haben wir doch diese gegenseitige Akzeptanz gespürt, die sich allerdings, und das muss ich dazu sagen, ausschließlich auf den Bereich der Hochkultur in der DDR konzentriert hat.«

Gabriele Muschter zählt auf, was sie für unbedingt überlebenswert hielt: »Die Theaterhäuser, die Kulturhäuser, aber auch die Jugendclubs. Das war ja etwas ganz Wichtiges. Die fielen ja alle über Nacht weg, und die Jugendlichen wussten ja nun gar nicht mehr, wohin. Und dann kam ja bald noch dazu, dass die Eltern arbeitslos wurden. Und in der DDR waren 94 Prozent der Frauen berufstätig, in der Bundesrepublik waren es, glaube ich, 42 Prozent. Und die Frauen sind erst mal gleich rausgeschmissen worden. Das hat sich ja alles übertragen auf die Kinder. Es gab Eltern, die sich nur noch mit Alkohol vollgeschüttet haben, weil sie nicht mehr wussten, was sie machen sollten. Die Kinder sind ratlos, hatten keinerlei Infrastruktur in ihrem Wohngebiet oder so etwas. Es gab auch keinen Ersatz, es gab niemanden, der sich um sie gekümmert hätte.

Eigentlich haben wir erst mal gedacht, es gibt viele Dinge, die zu bewahren sind und die man auch durchaus übernehmen könnte. Aber dazu haben ja in der Regel unsere Brüder und Schwestern ein ganz anderes Verhältnis gehabt. Da hieß es ja: ›Alles weg und fertig!‹«

Mit dem CDU-Politiker und ehemaligen Berliner Kultursenator Volker Hassemer macht sie jedoch gute Erfahrungen: »Herr Hassemer fand so ein zentrales Kulturministerium gar nicht schlecht. Er fand auch bestimmte Dinge gut, die wir gemacht haben. Aber das konnte man damals überhaupt nicht laut sagen, das war ja Zentralismus, etwas ganz Verpöntes! Einige waren sehr einfühlsam und haben auch verstanden, worum es geht. Andere waren es eben nicht. Die kamen und guckten sich so um wie die neuen Besitzer, die bald in das Haus einziehen werden.

Ich habe aber manchmal auch das Gefühl gehabt, man redet aneinander vorbei. Ich war zu einer Kultusministerkonferenz und habe ganz naiv gedacht, da geht es auch um Kunst und Kultur. Es ging aber nur um Bildung, und es ging darum, dass die Schulen im Westen viel besser sind als die Schulen im Osten, was ja so auch nicht stimmte. Zum Schluss hat es mir gereicht, und ich bin einfach rausgegangen. Das waren ja auch alles sehr selbstbewusste, erlauchte Herren, da kam man kaum zu Wort. Und diese Streitkultur, oder Unkultur, waren wir ja so nicht gewohnt.«

In den 80er Jahren hatte es in der DDR eine alternative und oppositionelle Kulturentwicklung gegeben. Junge Künstler, Maler, Fotografen, Liedermacher, Lyriker, Puppenspieler scherten sich nicht mehr um staatliche Zuwendung und machten ihr eigenes Ding. Sie versuchten erst gar nicht mehr, sich über Aufträge und Anerkennungen im System zu etablieren. Sie verantworteten ihre Projekte einfach selbst und brachten mit ihren Bildern, Lesungen, Liedern, Performances eine geistige Unruhe ins Land, die nicht unwesentlich zum Ende der DDR beitrug. Herbert Schirmer: »Es war auffällig, dass dieses Unruhepotential in der Kultur bei den Verhandlungspartnern in der Bundesrepublik kritisch gesehen worden ist. Es ging immer in der Hauptsache um Staatsopern, es ging um das Gewandhaus in Leipzig, es ging um den Kreuzchor in Dresden, und es ging um die großen und bekannten Bibliotheken, also nicht die Gewerkschaftsbibliotheken. Diese Institutionen waren immer im Fokus der Verhandlungen. Die waren eben auch bekannt, und deswegen konnte man dort einfacher verhandeln als dieses revolutionäre Element in der Künstlerschaft. Dieses kritische Bewusstsein, das am Ende der DDR nicht nur auf der Straße, sondern im Bewusstsein der Bürger war, das ist im Wesentlichen von den Künstlern erzeugt worden, das ist über die Jahre immer wieder wachgehalten worden. Und ich glaube, von daher kam dann auch die große Enttäuschung 1990! Ich muss sagen, als Minister habe ich mehr Kritik erfahren als Zustimmung. Ich bin plötzlich in eine Vaterrolle hineingedrängt worden durch dieses Amt, dass also Erwartungshaltungen an mich herangetragen wurden, die mich eindeutig überfordert haben! Die mich auch überfordert hätten, wenn ich in allen Ressorts sozusagen Bescheid gewusst hätte. Ich hatte ja immerhin einen Mitarbeiterstab, der aus Fachleuten bestand und nicht nur aus den politisch einwandfreien Kräften. Da waren

17.7.1990, Berlin, Kulturministerium, Künstlerprotest »Den Löffel abgeben«

Theaterspezialisten dabei, da waren Experten für bildende Kunst, es ist doch eine ganze Reihe neuer Mitstreiter ins Ministerium gezogen, die ich aus der früheren Zusammenarbeit im freien Bereich kannte oder aus den Museen. Aber die Erwartungen waren einfach zu hoch.«

Die DDR-Künstler, ein selbstbewusstes, im ständigen Kampf mit Kulturfunktionären gestähltes Volk, proben den Aufstand. Sie organisieren eine Protestaktion gegen die Kulturdemontage. Hunderte von ihnen geben buchstäblich den Löffel ab: »Sie hatten das Ministerium, das Gebäude, besetzt, und ich musste Rede und Antwort stehen und wurde mit Löffeln beworfen. Und es wurden Forderungen gestellt, die also wirklich illusorisch waren, die auch überhaupt nichts mit dem, was auf der Straße und in den deutsch-deutschen Verhandlungen gerade passierte, zu tun hatten. Es war irgendwie so eine verlängerte DDR-Situation, wo die Künstler in einer ungeheuren Selbstgerechtigkeit aufmarschiert sind und sozusagen einen Schutz gefordert haben und eine Fortführung der DDR-Bedingungen für die Künstler. Die hatten dieses Verständnis, dass der Staat sozusagen die soziale Hängematte in Ewigkeit spannt, auch wenn da Dinge entstehen, die nicht unbedingt auf ihre Güte hin abgeklopft werden, auf Qualität, sondern dass es einfach nur läuft. Das war speziell bei der DEFA natürlich ein Problem mit diesem riesigen Mitarbeiterstab. Es war alles so organisiert, wir gingen ja von drei, vier Jahren Rest-DDR aus, dass man in dieser Zeit die Strukturen umstellt, dass man sie modernisiert im Sinne von Effizienz und nicht so sehr von Sicherheit für Mitarbeiter und dass die Produktivität angekurbelt wird.«

Muschter: »Bei uns saßen immer Museumsdirektoren, Theaterintendanten im Zimmer und haben uns zum Teil beschimpft. Wir haben versucht, das, was uns sinnvoll schien, so lange mit denen zu diskutieren, bis es irgendwo einen Punkt der Einigung gab.«

Bei einer dieser Diskussionen verspricht Schirmer dem Direktor der DEFA-Spielfilmbetriebe in Babelsberg, leichtfertig, wie er sagt, 119 Millionen DDR-Mark, um die laufende Produktion weiter zu ermöglichen: »Ich wusste, als ich das in dem Zimmer getan habe, nicht, woher ich die 119 Millionen nehmen soll, und war mir der Leichtfertigkeit meines Vorgehens auch in keinster Weise bewusst. Ich hatte einfach nur dieses sehr starke Gefühl, helfen zu müssen, um nicht schon vor der Zeit Zusammenbrüche zu organisieren. Er hatte mir das Programm, welche Filme gerade gedreht werden und welche Filme kurz vorm Abdrehen sind und welche in Kürze in die Kinos kommen, vorgestellt, und da war mir aus der Sache heraus klar, dass bestimmte Filme wichtig sind. Damals war es ›Die Architekten‹, ein Film, über den man wenige Jahre später vielleicht gelächelt hat, aber der damals eine ungeheure Erfahrung brachte und der also auch das, wonach wir uns eigentlich in der DDR gesehnt haben, was die DEFA tun sollte, welche Filme sie drehen könnte, zumindest angedeutet hat.

Es war ja auch in dieser Frühphase noch gar nicht so genau festgelegt, was aus der DEFA werden wird. Diese Strukturverhandlungen, die setzten ja dann erst später ein. Und am Anfang steckten wir voller Idealismus und haben gesagt, also es wird zu einer Vereinigung kommen, und bis dahin wollen wir bestimmte Einrichtungen flottmachen, weil wir auch das Gefühl hatten, dass sie das

verdient haben. Und ich habe lange auch mit Heiner Carow[26] gesprochen und mit den Regisseuren, auch vom Dok-Film, die doch
eine Lebensleistung vorzuweisen hatten, die möglicherweise durch
diese Form der Einigung, die sie dann später erfahren haben, einfach wegkippt. Und es hat ja auch immer was mit unserem eigenen
Selbstbewusstsein zu tun. Es war von Anfang an ein Kampf darum,
dass es eine Vereinigung auf Augenhöhe geben wird und nicht, dass
jemand, der das Geld hat, sozusagen den Rest aufkauft und damit
bestimmt, wo es langgeht.«

Als das Vermögen der SED-PDS aufgelöst wird, geht einiges davon in die Kultur:

»Wir haben knapp 100 Millionen DM genommen, und zwar
ohne Konsultationen der Partner aus dem Westen, um aus unserer
Sicht wichtige Einrichtungen, wie das Bauhaus in Dessau, zu stüt-
zen. Und einige mehr, die also sozusagen mit einer Anschubfinan-
zierung über den Tag der Einheit hinausgekommen sind. Auch das
Deutsche Theater in Berlin gehörte dazu, weil da die Auflösungser-
scheinungen in meiner Amtszeit extrem hoch waren. Diese wirklich
vorzüglich ausgebildeten Schauspieler waren natürlich längst in
Richtung Westen unterwegs, bekamen lukrative Angebote und wurden mit einer Gage gelockt, die illusorisch war für unsere Bedingungen. Das war immer so eine Mischung, also Dinge, die wir versucht
haben, strategisch zu entwickeln und andererseits so ad hoc immer
Schadensbegrenzungen einzuleiten und Dinge auch kurzfristig zu
finanzieren.

Ich kann mich erinnern, dass eines Tages ein junger Mann aus
Berlin Hohenschönhausen in meinem Zimmer auftauchte und sagte,
er will eine private Musikschule gründen. Also wir haben eine halbe
Stunde miteinander gesprochen. Und er ging dann mit dem festen
Versprechen raus, dass er Geld für diese Musikschule bekommt.
Der letzte Kulturminister der DDR hatte, wie alle seine Vorgänger,
einen Feuerwehrfonds, und er konnte, wenn es irgendwo brannte,
dann mit einer seltenen Großzügigkeit Geld dahin lenken.

---

[26] Heiner Carow (1929–1997), DEFA-Filmregisseur.

Der Pfefferberg, der heute immer noch als alternatives Kulturzentrum in Berlin gilt, die Kulturbrauerei, das sind im Grunde frühe Gründungen. Da bin ich mit einem Teil meiner Mitarbeiter und den jungen Leuten damals durch diese tropfnassen Keller gekrochen in der Kulturbrauerei. Und wir haben Geld dorthin gelenkt, dass sich alternative Kulturzentren bilden können.«

Viele der etablierten Künstler sind verunsichert, sehen das Neue skeptisch, fürchten um ihre Arbeitsbedingungen, manche auch um ihre Privilegien:

»Der Maler Wolfgang Mattheuer kam zu mir, hat aber die Gelegenheit nur genutzt, mich mehr oder weniger zu beschimpfen, dass mit der Währungsunion sein Konto halbiert wurde. Über andere Sorgen haben wir nicht gesprochen. Peter Schreier[27] ist gekommen und Herr Matthus[28], da ging es um die Gründung der Musikakademie in Rheinsberg. Und da kam auch Barbara Schall[29], die sich dann so kokett auf das Ledersofa schmiss, das im Raum geblieben war, und dann sagte: ›Na, Ministerchen, kriege ich jetzt Geld fürs BE?‹ Es hat durchaus folkloristische Einlagen gegeben!

Das war natürlich auch irgendwo sehr belebend, denn ich hatte nicht so ein Problem damit, Minister zu sein, weil ich wusste, wir sind ja eigentlich Kollegen. Wer da vor mir sitzt, ist ein Kollege von mir. Gestern noch habe ich im Museum eine Führung gemacht oder einen Beitrag geschrieben für einen Katalog oder ein Bild aufgehängt oder was. Ich bin ja in dem Sinne kein richtiger Minister mit so einer Aura, vor dem man dann vor Ehrfurcht versinkt oder wo man auf die Knie muss oder was. Ich glaube schon, dass es da eine Lässigkeit gegeben hat.

International war das natürlich ein anderes Geschäft. Das hat auch Spaß gemacht, zum Beispiel die erste Konferenz in Italien, auf Sizilien diese europäische Kulturministerkonferenz. Das war Ins-

---

[27] Peter Schreier (Jg. 1935), weltweit bekannter Tenor und Dirigent.
[28] Siegfried Matthus (Jg. 1934), DDR-Komponist (Klassische Musik), Leiter der Kammeroper Schloss Rheinsberg.
[29] Barbara Brecht-Schall (Jg. 1930), Tochter und Miterbin Bertolt Brechts, Schauspielerin am Berliner Ensemble (BE).

Wasser-Springen. Und diese Seltsamkeit, einen Staat zu vertreten, den man eigentlich ob seiner Auswüchse abgelehnt hat. Wir haben ja damals diesen wunderbaren Spruch gehabt: ›Wir haben die DDR geliebt in dem, was sie hätte sein können, und wir haben sie verachtet in dem, was sie war!‹

Dennoch ist in der DDR Kunst entstanden, die sicher auch an jedem anderen Ort und in jedem Museum bestehen würde.

Von Seiten des Westens gab es immer so eine Generalverurteilung: Also in einer Diktatur kann doch eigentlich gar keine Kunst entstanden sein. Die Gegenfrage, dann muss ja in der Demokratie nur Kunst entstehen, ist genauso schwierig zu beantworten. Die Debatten, die eigentlich an den Kunstwerken selbst hätten abgehandelt werden müssen, wurden immer wieder auf politische Weise geführt und dann immer mit einem denunziatorischen Beigeschmack. Es hat dann wirklich so eine Art Siegermentalität gegeben. Immerhin wäre der Beitritt ja auch eine Möglichkeit gewesen, dieses eingefahrene bundesdeutsche System vielleicht aufzulockern, es zu verändern, zu fragen, haben wir denn im Westen alles richtig gemacht? Sind es die richtigen effektiven Strukturen, oder ist dieser Beitritt nicht so eine Gelegenheit, da alles in Unruhe ist, aus dieser Unruhe was Produktives zu entwickeln und vielleicht doch gemeinsam was Neues zu machen. Und vielleicht auch die Dinge der DDR differenzierter wahrzunehmen, die Strukturen, die Institutionen. Also sie nicht nur als politisches Instrumentarium und als missbrauchte Einrichtungen zu sehen, sondern eben auch als Einrichtungen, in denen Kunst entstanden ist, wo zum Teil großartige Leistungen mit internationalem Erfolg herausgekommen sind. Das ist ja in dieser Phase aber alles eher kleingeredet worden.

Und natürlich der Streit um die Biographien der Künstler, dass in der Bewertung niemals die *Werke* eine Rolle gespielt haben, sondern meistens die politischen Verflechtungen, das Korrumpiertsein, die enge Verbindung mit dem System. Das hat immer den Ausschlag gegeben, Dinge zu erhalten oder abzuschaffen oder sie so auf Sparflamme zu setzen, bis sie sich irgendwann von allein erledigt haben.«

# 16. Blühende Stadtlandschaften

»Es war grau, dreckig und unglaublich verfallen!«

Axel Viehweger

»Der Staatskonkurs«, sagt Lothar de Maizière, »ist keine vergnügungssteuerpflichtige Angelegenheit. Gleichwohl vermag ich nicht in diesen dauernden Trauerchor mit einzustimmen. Jeder, der das will, sollte sich mal angucken, wie die DDR aussähe, wenn wir die Wiedervereinigung nicht bekommen hätten, und wie dann unsere schönen mitteldeutschen Städte aussähen, wie Erfurt aussähe, wie Wittenberg aussähe, wie Halle aussähe, was ja schon vor der Wende fast ein Scherbenhaufen war, oder Güstrow oder Wismar oder sonst irgend so was. Und am Ende dieses Prozesses werden diese Städte schöner aussehen als ihre Geschwisterstädte in den alten Bundesländern, weil wir die Betonhütten der 50er Jahre nicht mitgemacht haben. Armut ist, glaube ich, ein ganz guter Denkmalschützer, aber es darf nicht länger als eine Generation dauern.«

Honeckers Wohnungsbauprogramm, auf dem VIII. Parteitag der SED 1971 beschlossen, hatte das Ziel, die Wohnungsfrage als *soziales* Problem bis 1990 zu lösen. Das heißt, jeder sollte eine Wohnung bekommen können. Als Honecker sein Lieblingsprojekt verkündet, ist die Wohnungsnot in der DDR groß. Die Folgen des 2. Weltkrieges, in dem allein auf dem Territorium Ostdeutschlands ca. 850 000 Wohnungen total oder teilweise zerstört wurden, waren längst nicht überwunden. In den Städten waren die Ruinen und Baulücken noch überall zu sehen. Die Lösung des Problems sollte in einer Kombination von Neubau, Modernisierung und Erhaltung alter Bausubstanz bestehen. Tatsächlich wurde fast alles Geld in den Wohnungsneubau auf der grünen Wiese gesteckt. Die Innenstädte verfielen zusehends.

Wohnungsbauminister Axel Viehweger von den Liberalen: »Ich habe vor kurzem Aufnahmen gesehen, die hat ein Privatmann 1990 in Dresden gedreht. Er ist einfach durch die Straßen gefahren und hat ein Video gedreht. Es war grau. Grau, dreckig, und es war unglaublich verfallen. Man vergisst ja vieles, wir haben es damals auch nicht so empfunden, man hat dazwischen gelebt. Wir wussten um die Vorgaben, wir wussten um die hehren Ziele, jeder wusste auch, dass es nicht so sein wird. Dächer dicht, trocken und sicher wohnen, warm wohnen und dergleichen mehr; wir wussten um die Schlagwörter und deren Verlogenheit. Das war die Situation 1989/90.

Aber ich wiederhole noch mal, und das ist vielleicht das Besondere daran: Wenn man dazwischen wohnt, empfindet man es als nicht so schlimm, als wenn man es dann später noch mal sieht. Es war wirklich schlimm! Speziell, wenn ich die Dresdner Neustadt sehe. Ich wohne mittendrin in dieser schön gewordenen Dresdner Neustadt. Sanierter Altbau, junges Leben, verrücktes Leben teilweise, manchmal auch Bambule, das gehört ja dazu. Das war 1990 eine Ruinenlandschaft! Im wahrsten Sinne des Wortes eine Ruinenlandschaft. Und ohne diese Wende wäre es nicht das geworden, was es jetzt ist. Es wäre wahrscheinlich alles abgerissen worden. Vielleicht wären da jetzt Plattenwohnungen in der Neustadt, oder es wäre nach wie vor eine Brache. Ich weiß nicht, was geworden wäre, vielleicht eher Brache als Wohnstandort.«

In Anspielung auf die überall sichtbaren negativen Folgen des honeckerschen Wohnungsbauprogramms spotteten die Leute »Ruinen schaffen ohne Waffen«. Umweltaktivisten und Oppositionelle beklagten die »betonierte Welt«, in der sie leben müssen. Dabei war für die meisten Menschen die Zuweisung einer Neubauwohnung ein Geschenk des Himmels!

»Betonierte Welt?«, fragt der Wohnungsbauminister und schildert seine eigenen Erfahrungen: »Ich habe zu diesem Zeitpunkt in so einer Plattenwohnung gewohnt und war da nicht unglücklich drüber, weil ich vorher in einer baupolizeilich gesperrten Altbauwohnung gewohnt habe, mit Außentoilette. Also für mich als normalen DDR-Bürger mit zwei Kindern war diese WBS-70-Plattenwohnung in Dresden ein Segen! Da habe ich lange drauf gewartet. Fließend Wasser aus der Wand, ein Bad, klitzeklein, aber ein Bad. Das hatte ich vorher nicht. Vorher hatte ich eine Duschkabine im

Flur. Deswegen muss man die betonierte Welt immer in der Relation sehen. Heute möchte ich da auch nicht mehr wohnen, aber ich habe nicht vergessen, wie glücklich ich war, diese Wohnung bekommen zu haben, auch wenn es eine Planerfüllungsjahresendwohnung war. Im ganzen Haus die gleiche Tapete und keine Drehkippfenster, weil die Beschläge ausgegangen waren. Aber man kannte es nur so, und ich war glücklich in dieser Wohnung!«

Die neue Regierung verschafft sich sofort eine Übersicht über den Zustand der Innenstädte. Schnell wird das ganze Ausmaß des Verfalls deutlich und dass es höchste Zeit ist, die Prioritäten neu zu setzen. Viehweger: »Ich war sehr froh, dass wir relativ schnell mit der Bundesregierung übereingekommen sind, Städtebauförderung zu beginnen mit den Pilotstädten. Also innerhalb dieses halben Jahres ist schon relativ viel Geld in bestimmte Pilotstädte geflossen. Meißen zum Beispiel. Es waren Ruinen, und man hat gesehen, wie schnell es mit den Dächern vorwärtsging. Erst die Trockenlegung, danach sanieren. Es war dringend notwendig, das zu tun, und es ging sofort los. Ich bin darüber sehr froh, dass überall diese Dimension parteiübergreifend gesehen wurde: Wir müssen etwas für die Innenstädte tun, wir müssen sanieren. Altbau vor allen Dingen! Denn es ist unsere kulturelle Identität! Es wird oft vergessen, dass Stadtzentren unsere kulturelle Identität sind. Mitteleuropa. Woanders auf der Welt gibt es andere Identitäten, aber bei uns ist das im Mittelalter entstanden. Unsere Kultur ist immer verbunden gewesen mit einer Stadt. Deswegen ist es so wichtig, dass unsere Städte funktionieren, dass die lebenswert sind. Auch wenn wir jetzt neuerdings über Stadtumbau und Abriss reden, das wird alles notwendig sein. Die Bevölkerung schrumpft, die Städte müssen dem folgen, aber das, was übrig bleibt, egal wie klein oder groß es sein soll, muss funktionieren, muss lebenswert sein. Das ist unsere Identität.«

Bevor die notwendigen Gelder fließen können, müssen allerdings umgehend die Eigentumsverhältnisse geklärt werden. »Da hat es unterschiedliche Strömungen gegeben. Speziell, was zum Beispiel die Genossenschaften betrifft. Es gab Vertreter, die die Wohnungen,

1990, Halle, Verfall der Altbauten in der Innenstadt

ähnlich wie in der Industrie, in die Treuhand übergeben und alles verkaufen wollten. Es sollte alles privatisiert werden, an wen auch immer, ob an einzelne Mieter, größere Gesellschaften, wir verkaufen das alles. Der Meinung war ich nie, und ich denke, es war richtig, dass ich nicht dieser Meinung war und mich auch versucht habe, durchzusetzen.

Ich bin von Haus aus Physiker, also kein Wohnungswirtschaftler, alles konnte man nicht wissen. Mein Ziel war, natürlich auch unterstützt von den Beratern, da bin ich ganz ehrlich, kommunaler Wohnungsbestand. Wir wussten es aus den alten Bundesländern, aber auch aus anderen europäischen Ländern, wie wichtig kommunaler Wohnungsbestand ist – zur Daseinsfürsorge im wahrsten Sinne des Wortes. Den sollte es geben, den muss man sichern. Wir haben quasi per Gesetz vorgeschrieben, dass man kommunale Gesellschaften bildet. Dieser Bestand sollte möglichst raus aus der Kommunalen Wohnungsverwaltung[30] und hin in kommunale *Ge-*

---

[30] Die meisten Wohnungen in der DDR befanden sich in »Volkseigentum«. Die Kommunalen Wohnungsverwaltungen (KWV) waren volkseigene Betriebe, die für die Instandhaltung des Wohnungsbestandes zuständig und damit völlig überfordert waren.

*sellschaften*, die auch der Kommune gehören. Das war unser politischer Wunsch.

Und der zweite war, dass sie den Grund und Boden bekommen, den sie vorher zu DDR-Zeiten nicht hatten. Und das zu vernünftigen Preisen, damals zwischen ein und drei Mark pro Quadratmeter, in Abhängigkeit von der Größe der Wohnung und der Lage der Grundstücke. Das war die Grundlage dafür, dass man selbständig arbeiten kann und kreditfähig wird. Damit zusammen hing die Restitution, großes Thema auch im Einigungsvertrag. Was machen wir? Lassen wir Restitution zu oder nicht? Es gab lange Diskussionen, und wir haben es zugelassen, so dass die Alteigentümer wieder ihre Grundstücke zurückbekamen und neu investieren konnten, das war wichtig.«

Besonders brisant ist das Thema Mieten. Die Mieten der DDR, 35 Pfennig bis 1,80 Mark pro Quadratmeter, sind sozusagen politische Mieten, hochsubventioniert – Erhaltung von Wohnraum ist damit nicht zu realisieren. Es ist die Zeit der Wir-sind-ein-Volk-Rufe. Bei den Demonstrationen auf der Straße werden Schilder getragen »Wir wollen die deutsche Einheit!« Was das für Folgen hat, können oder wollen viele nicht sehen. Deutsche Einheit sofort, aber möglichst mit den Mieten der DDR und ohne Arbeitslosigkeit.

Viehweger: »Jedem war klar, wir werden in einer gewissen Übergangszeit zu marktfähigen Mieten kommen müssen, damit, wer auch immer, die Kommunen oder die Privatbesitzer, diese Wohnungen erhalten kann, dass die Möglichkeit besteht, Häuser zu sanieren, Kredite aufzunehmen. Und ich habe, um diesen Weg vorzubereiten, eine pauschale Mieterhöhung eingebracht in den Ministerrat. Der Ministerrat hat zugestimmt, obwohl alle wussten, es wird einen Aufschrei geben um diese berühmte eine Mark pro Quadratmeter, eine Pauschalerhöhung von einer Mark, ganz gleich über den gesamten Wohnungsbestand der DDR. Da hat es viele Eingaben gegeben, einen Aufschrei, teilweise auch in der Presse.

In den Eingaben stand, wieso wir bloß die Miete erhöhen könnten, es war doch immer so, dass es nichts gekostet hat! Oder man wolle sich gerade ein neues gebrauchtes Auto kaufen, und man denke auch daran, in Urlaub zu fahren, da könnte man doch jetzt nicht einfach die Miete erhöhen! Man sah daran die *Wertigkeiten*, die ja noch verschoben waren. Eine Wohnung war nichts *wert*! Die hat nichts gekostet, hat der Staat bereitgestellt.

Wir waren zu diesem Zeitpunkt dankbar für jeden Investor. Im Vergleich zu anderen osteuropäischen Ländern, die ja gleiche Voraussetzungen hatten – also Eiserner Vorhang, ähnliches politisches System und dann die Wende, ein neues System -, hatten wir den großen Vorteil, dass wir relativ schnell rechtliche Klarheit schaffen konnten. Rechtliche Klarheit heißt Sicherheit. Finanzierungssicherheit, für wen auch immer. Das meiste Geld, das damals in die DDR geflossen ist, kam von außen. Es kam nicht aus der DDR heraus. Für Wohnungsbau sowieso, aber auch für anderes. Es kam von außen und es kam deshalb, weil jeder wusste, das Geld ist sicher, das kriege ich irgendwann mal wieder, denn die sind auf dem richtigen Weg. Wenn da mal was passiert, dann gibt es ein Gericht, und dann geht das seinen Gang. Bei uns wurde unglaublich viel Geld investiert, und die Innenstädte sind wirklich innerhalb von zehn Jahren erblüht. Das ist schnell!«

»Fahren Sie durch die ostdeutschen Innenstädte«, fordert auch de Maizière, »gucken Sie, was aus den historischen Altstädten geworden ist, und überlegen Sie sich, wie die aussähen, wenn die DDR noch 20 Jahre weiterexistiert hätte. Erfurt und Quedlinburg, aber auch Wismar und Görlitz. Die blühenden Landschaften, die Kohl versprochen hat und für die er viel verspottet wurde, wer die jetzt nicht sieht, ist entweder blind oder bösartig.«

# 17. Beifall für den Minister

**»Wer soll das denn sonst machen?«**

Rainer Eppelmann

Abrüstungs- und Verteidigungsminister Eppelmann steht vor einer schweren und undankbaren Aufgabe: Die Abschaffung der Nationalen Volksarmee (NVA) der DDR. Als er das Amt antritt, ist er 46 Jahre alt und hat eine, wie er sagt, »bunte Biographie«. Die letzten 15 Jahre war der Pazifist und ehemalige Bausoldat Pfarrer in der Berliner Samaritergemeinde:

»Ich wusste, dass meine Situation eine völlig andere war als die eines neu installierten Bundesverteidigungsministers in der Bundesrepublik Deutschland, Kanzlerwechsel von der SPD zur CDU zum Beispiel oder umgekehrt. Dann wurde natürlich auch das Kabinett ausgetauscht, und da kam jetzt eben ein Mensch, der einer anderen Partei angehörte, auf die Hardthöhe. Der, der neu dahin kam, konnte davon ausgehen, dass die Offiziere und Generäle ihm genauso loyal dienen werden wie seinem Vorgänger, obwohl der einer anderen Partei angehörte.«

Eppelmanns Vorgänger im Amt, Admiral Theodor Hoffmann, Verteidigungsminister im Kabinett Modrow, hatte schon eine Militärreform begonnen, alle Politoffiziere von ihren Posten genommen und eine ganze Reihe von Spitzengenerälen entlassen.

»Mir war klar, du hast jetzt mit Menschen zu tun, die eine ganz bestimmte Planung für ihr Leben gehabt haben. Der Obrist oder der General der Nationalen Volksarmee, der hat sich doch über viele Jahre als ein gemachter Mann gesehen. Sein Leben lag klar strukturiert vor ihm. Wenn er keinen Fehler macht, wird er möglicherweise noch höher kommen, wird noch bedeutender sein oder sich zumindest auf der Ebene, wie er jetzt ist, halten können. Er hatte im Grunde ein gemachtes, klar geordnetes Leben.

18.5.1990, Verteidigungsminister Rainer Eppelmann besucht das 3. Mot.-Schützen-regiment in Brandenburg

Und nun passierte auf einmal in dem Land, in dem er lebte, etwas, was überraschend und so anders war, dass er begann, zu begreifen, all seine Pläne, all seine Hoffnungen, all seine Sicherheit ist weg. Er muss neu planen. Wird er morgen noch Offizier sein können? Wird er es nicht sein können? Muss er was anderes machen? Ich habe erlebt, dass die allermeisten von diesen Männern bange waren, fragend waren, ängstlich waren, gespannt waren. Mir war also klar, es wird eine ganz große menschliche Herausforderung sein, den Leuten den Eindruck zu vermitteln, ich will euch in eurer Situation, die ich sehr wohl sehe, ganz ernst nehmen. Auch aus Egoismus ganz ernst nehmen. Sie hatten ja Möglichkeiten, hätten ja alles zertrümmern können. Das Waffenpotential haben sie dazu gehabt.

Es ging mir also auch darum, mit denen eine menschliche Lösung zu finden, die sie akzeptieren konnten als etwas für uns alle Vernünftiges. Denn das war, glaube ich, allen Mitgliedern des Kabinetts von Lothar de Maizière klar: Eine unserer wichtigsten Aufgaben besteht darin, den inneren Frieden in der Gesellschaft zu erhalten, sonst würden wir gar nichts verändern können. Dann wäre das Chaos über uns.«

In der Armee herrscht große Unruhe. Täglich gibt es Fahnenfluchten, NVA-Soldaten gehen über die Grenze zur Bundesrepublik und sind weg. Nach den noch geltenden Gesetzen der DDR ist das Desertion. Es hätte zu einer Belastung der Beziehungen der deutschen Staaten kommen können, aber beide Seiten spielen das Problem nicht hoch.

»Mir war dann sehr schnell klar, du musst den Menschen eine Perspektive bieten, eine Zukunft aufzeigen, eine realistische Zukunft, die sie glauben können, dann werden sie auch einen ungewohnten Weg mitgehen, auch wenn der für sie risikovoller ist und völlig anders aussieht, als sie sich das vorher vorgestellt haben. Nur dann, wenn sie hoffnungslos sind, wenn sie den Eindruck haben, sie sind in eine Ecke gestellt und es geht jetzt um Leben oder Tod, dann darf man sich nicht wundern, wenn sie gewalttätig werden oder irrational reagieren.

Und darum haben wir gesagt, erstens haben wir das Bemühen, möglichst viele, die nicht stasibelastet waren, in eine vereinte Armee zu übernehmen, wenn es dann dazu kommt. Uns war klar, das wird nicht ganz einfach sein. Wir waren ja in kompliziertesten Abrüstungsverhandlungen zwischen NATO und Warschauer Vertrag. Da ist ja praktisch jede Haubitze, jeder Soldat abgezählt worden. Das, was jetzt hier in Deutschland passierte, musste natürlich Einfluss auf diese Verhandlungen haben, völlig klar. Und es kamen sehr rasch Signale aus der alten Bundesrepublik, bestimmte Dienstgrade können nicht übernommen werden in einer angestrebten gemeinsamen Armee. Und es zeigte sich dann sehr schnell, was sich die Westdeutschen vorstellten: Also Generäle können wir nicht übernehmen und Obristen können wir nicht übernehmen. Die sind in einer so herausragenden Position gewesen und müssen auf dem Hintergrund dieser Position so eindeutig auch Unterstützer des Regimes gewesen sein, dass man denen das eigentlich auch gar nicht zumuten kann, dass sie in einer anderen Armee sind.«

Viele verlassen die NVA freiwillig, aus politischer Überzeugung, weil sie sich nicht vorstellen können, zukünftig die Uniform des

»Gegners« zu tragen, andere, weil sie ahnen, wie gering ihre Chance ist, übernommen zu werden. Es gibt eine sogenannte »goldene Handschlagregelung«: Wer freiwillig geht, bekommt ein Übergangsgeld von 5000 Mark. Das nutzen viele Pionieroffiziere, die ja von ihrer Ausbildung Bauingenieure sind und in der Wirtschaft unterkommen können.

»Wir sind uns in der militärischen Leitung sehr schnell darüber im Klaren gewesen, dass es unrealistisch wäre, davon auszugehen, dass die Nationale Volksarmee komplett übernommen wird. Wir haben aber gesagt, auch wieder im Interesse der Gesamtgesellschaft und des Erhalts des inneren Friedens in der Gesellschaft, auch die, die nicht übernommen werden können, müssen eine Chance für ihr Leben haben, oder wir produzieren hier ein Unsicherheits-, ein Risikopotential, das politisch unverantwortlich wäre. Wir müssen die Möglichkeit geben, dass sie eine Firma aufmachen können, dass sie also anhand der Qualifikation, die sie sich erworben haben, eine Chance haben, ohne Uniform außerhalb der Nationalen Volksarmee sich eine neue Perspektive entwickeln zu können und ein neues Leben anzufangen.«

Auf seiner ersten Kommandeurstagung trägt der neue Minister den versammelten Offizieren diese Gedanken vor und was er sich für die kommenden Monate vorgenommen hat: »Da ist etwas passiert, was, wie mir hinterher gesagt worden ist, noch nie in einer Nationalen Volksarmee passiert ist. Als ich mit meiner Rede fertig war, sind die Kommandeure aufgestanden und haben Beifall geklatscht, weil sie genau das gehört haben: Wir werden nicht alle übernehmen können, das entscheiden wir nicht alleine, aber das entscheidet auch nicht nur die Bundesregierung alleine. Aber wir wollen keinen perspektivlos lassen. Diejenigen, die keine Chance haben, in eine Bundeswehr übernommen zu werden, die müssen eine andere berufliche Chance bekommen, wenn sie nicht in einem Lebensalter sind, wo man sagen kann, ihr könnt in den vorgezogenen Ruhestand gehen. Dann werden sie aber auf eine anständige Art und Weise entlassen, was wir auch bis zuletzt durchgehalten haben, zumindest so lange, wie ich Minister gewesen bin. Und das hat die Offiziere überzeugt und beruhigt.«

Verteidigungsstaatssekretär Werner Ablaß arbeitet heute noch in Strausberg. Sein Arbeitszimmer ist die Suite der ehemaligen Oberkommandierenden des Warschauer Paktes mit den Originalmöbeln und Stofftapeten: »Also uns war klar, Teile der NVA werden übernommen. Ich habe an eine höhere Anzahl gedacht, so bin ich auch in die Verhandlungen gegangen, das gebe ich gern zu. Aber dadurch, dass sich Lothar de Maizière dann als amtierender Außenminister zusammen mit Genscher in Wien festgelegt hat, war schlicht und einfach klar, die Bundeswehr muss reduzieren, die NVA muss reduzieren. Und statt der angedachten 30 000 Berufs- und Zeitsoldaten wurden es dann deutlich weniger. Es gibt da ja immer wieder Vorwürfe deshalb. Aber, das muss ich sagen, die DDR ist der Bundesrepublik beigetreten und nicht umgekehrt!«

»Mir hat so manch einer gesagt: ›Meine Güte, wieso musstest du als Pfarrer auch noch Minister werden?‹ Ich hatte ja bewusst *Abrüstungs-* und Verteidigungsminister gewählt. Ich antwortete: ›Wer soll das denn sonst machen? Ein General? Ein General von der NATO oder etwa ein General von der Volksarmee? Wer denn sonst?‹ Ich finde, etwas Besseres konnte dieser Armee gar nicht passieren, als dass ein Pazifist Verteidigungsminister wird. Sämtliche Verteidigungsminister auf dieser Erde müssten eine Grundbedingung erfüllen, sie müssten alle nachweisbar überzeugte Pazifisten sein! Ich glaube, unsere Politik würde ein bisschen anders aussehen.«

Ablaß: »Mit der Person Eppelmann waren viele Hoffnungen verbunden: Da kommt ein Pfarrer, der ist ja eigentlich auch schon zur Mitmenschlichkeit verpflichtet. Und er hat ja in seiner ersten Rede auf der Kommandeurstagung am 2. Mai den versammelten 450 Kommandeuren versprochen, es wird sozial verträglich ablaufen. Hat natürlich auch den Fehler gemacht und gesagt, es würde nach der deutschen Einheit in diesem Teil Deutschlands eine zweite deutsche Armee geben. Da haben sich viele dran geklammert. Da hat er sich dann etwas spät korrigiert, das war dann auf der zweiten Kommandeurstagung im September.«

Der Verteidigungsminister erinnert sich an diese zweite Tagung: »Die war von der Stimmung her schlechter, und zwar, weil ein Teil

28.5.1990, Strausberg, Rainer Eppelmann empfängt Bundesverteidigungsminister Gerhard Stoltenberg (r.)

der Hoffnungen, die ich gehabt habe, sich in den Verhandlungen mit der Bundesregierung nicht haben umsetzen lassen. Was die Zahl der übernommenen Offiziere angeht, sind das nachher rund 2000 weniger gewesen als wir zu Anfang gehofft hatten und was mir am Anfang auch Stoltenberg in Aussicht gestellt hat. Aber Stoltenberg war kein Kämpfer. Und seine Position im Verhältnis zu Hans-Dietrich Genscher war eindeutig schwächer im Kabinett.«

»An und für sich ist es bei der NVA relativ gesittet zugegangen«, resümiert Lothar de Maizière. »Ich glaube, das liegt daran, dass einfach Militärs Disziplin gewohnt sind und wissen, wann was zu geschehen hat. Ob wir da nicht manchen entfernt haben, der vielleicht besser dabei geblieben wäre, das mag dahingestellt sein. Nach außen hin hat sich die Vereinigung der Bundeswehr und der NVA fast am geräuschlosesten, am besten vollzogen.«

In der DDR gibt es Unmengen von Waffen. Das betrifft nicht nur die Ausrüstung der NVA, sondern auch die Waffen des Innenministeriums, der Staatssicherheit und der Kampfgruppen. Diese werden bei der NVA eingelagert, die bis zum Schluss Bewachungssicherheit dieses Riesenarsenals gewährleistet. Eine vorläufige Aufstellung wird angefertigt; die genauen Zahlen werden jedoch nie bekannt. Ablaß: »Das hat keiner gezählt und geordnet.«

»Ganz am Anfang hatte ich die Aufgabe gestellt, einmal zu erfassen, was an Bewaffnung überhaupt da ist«, berichtet Innenminister Peter-Michael Diestel. »In meiner Amtszeit wurden auch die ZK-Mitglieder und die Mitglieder des Politbüros entwaffnet, die ja teilweise mehrere Waffen hatten! In der Regel ohne Waffenbesitzkarten oder waffenrechtlich registriert, sondern das waren Geschenke, Präsente, Jagdwaffen, die sie irgendwo erworben hatten.

Die höchsten bewaffneten Strukturen im Bereich des Innenministeriums waren panzerbrechende Waffen, Panzer, Panzerspähwagen, schwere MGs, leichte MGs und so weiter. Das sind alles Bewaffnungen, die heute nicht polizeitypisch sind. Die Entwaffnung der Kampfgruppen der Arbeiterklasse war schon relativ erfolgreich abgeschlossen. Die Waffen waren in Arsenalen sicher verwahrt. Aber bei der Übersicht, was an Waffen vorhanden ist und was an Waffen vorhanden sein soll anhand der Buchunterlagen, da stellten wir fest, dass da eine riesige Kluft war. Sehr viele ehemalige MfS-Offiziere, die den Auflösungskomitees beratend zur Seite standen, wussten in etwa, wie viele Waffen hätten da sein müssen und wie viele letztendlich abgegeben wurden. Also ein völliges Chaos der Anzahl. Und vor dieser Kluft hatten wir Angst. Vor illegalen, schwarzen Waffen. Ich bin aber sehr froh, dass davon in dieser Zeit kein Gebrauch gemacht wurde und dass dieser hohe Prozentsatz, der heute durchaus noch ähnlich sein kann, nicht zu einer Gefährdung der öffentlichen Sicherheit geführt hat.

Ich bin mir ganz sicher, dass zu DDR-Zeiten genau feststand, wie viele Waffen vorhanden sind. Den neuen politischen Kräften nach dem 18. März 1990 ist es aber leider Gottes nicht gelungen, da einigermaßen Übersicht und Klarheit über diese Komplexe zu erhalten.«

Das was allerdings zur Einlagerung bei der NVA ankommt, davon ist Eppelmann überzeugt, ist sicher: »Wir haben eine Fülle von Kriegsgerät, Waffen und Munition gehabt, nicht nur das der Nationalen Volksarmee, sondern im April ist die Gesellschaft für

Sport und Technik aufgelöst worden, sind die Kampfgruppen aufgelöst worden, die alle Waffen und Munition gehabt haben. Das heißt, es ist bei uns eingesammelt worden. Wir sind dafür zuständig gewesen. Wir haben diese Waffen und die Munition nachher in Garagen gestapelt, weil wir gar nicht so viele Lagermöglichkeiten hatten, wo das untergebracht werden konnte. Offiziere haben Wache schieben müssen, weil es nicht genug Leute gab, die aufpassen konnten. Und das ist für mich so eine der mindestens anerkennenswerten, wenn nicht bewundernswerten logistischen Leistungen der Nationalen Volksarmee. Nach alledem, was ich mitbekommen habe, ich habe mir also auch da Berichte liefern lassen, hat es keine geklaute Pistole gegeben. Da ist nichts verlorengegangen.«

Über die Anzahl der Großwaffen, Panzer, Flugzeuge und der Liegenschaften gibt es verlässliche Übersichten.

»Wir hatten uns überlegt«, sagt Werner Ablaß, »wenn wir noch einige Jahre Zeit haben, dass wir selbst eine Konversionsindustrie aufbauen. Ein Konversionsgesetz war in Vorbereitung. Wir haben gesagt, wir möchten das selbst machen, weil das den ausscheidenden Soldaten natürlich die Chance gibt, die Panzer, die sie bisher gefahren haben, dann zu zerlegen und zu verschrotten. Wir haben gedacht, das könnte ein Teil der Volkswirtschaft werden. Aber dazu kam es dann nicht mehr, das lag allerdings auch an den politischen Gegebenheiten.

Wir haben auch überlegt, was wir an unsere Warschauer Vertragspartner abgeben können, denn es gab ja Wünsche der Ungarn, der Polen, der Tschechen. Gerade die Ungarn wurden von den Sowjets sehr stiefmütterlich behandelt, was neues Material angeht. Und als dann klar war, die deutsche Einheit kommt schneller, wir sind da anfänglich noch von zwei Jahren ausgegangen, da gab es schon deutliche Signale, ob wir das nicht günstig an unsere Freunde verkaufen können. Das haben wir überlegt, haben auch Verträge vorbereitet.

Der sowjetische Ministerpräsident Ryshkow hat Lothar de Maizière eine Wunschliste übergeben, was man gern zurückhätte, was möglichst nicht in die Hände des Gegners fallen sollte. De Maizière hat mir diese Liste gegeben und mich beauftragt, dafür zu sorgen, dass wir vertragstreu sind. Ich habe dann gewisse Dinge den Sowjets quasi zurückgegeben, obwohl wir es bezahlt haben. Es ging zum Beispiel um die Chiffriertechnik, die Freund/Feind-Kennung.«

Am 14. Juni findet in Strausberg eine turnusmäßige und lange vorher festgelegte Tagung der Verteidigungsminister der Warschauer Vertragsstaaten statt. Es ist die 25., und es wird die letzte sein. Eigentlich soll sie zwei Tage dauern, endet jedoch vorzeitig – man hat sich wohl nicht mehr so viel zu sagen. In der anschließenden Pressekonferenz antwortet der sowjetische Verteidigungsminister Jasow auf die Frage, ob es in absehbarer Zeit noch einen Warschauer Vertrag geben werde: »Ich hoffe auf jeden Fall!« Von einer Auflösung des Bundes ist zu diesem Zeitpunkt auch noch nicht die Rede, wohl aber davon, einen wichtigen Verbündeten zu verlieren, die DDR.

Eppelmann: »Die Ungarn waren die zweiten, die einen zivilen Minister hatten. Und ich erinnere mich noch, wie der Jasow von den Ungarn das Versprechen auf dieser Konferenz erwartete, dass sie drinbleiben, auch wenn die Deutschen rausgehen aus dem Warschauer Vertrag. Und der konnte ihnen das natürlich bei den veränderten Verhältnissen, die es inzwischen auch in Ungarn gegeben hat, nicht versprechen. Und das wurde immer peinlicher, weil der Jasow sich immer höherschraubte und das von denen hören wollte.

Und ich habe die Situation dann gerettet, indem ich dem sowjetischen Kollegen gesagt habe: ›Entschuldigen Sie, der *kann* das nicht! Selbst, wenn er es wollte, weil es seine Meinung ist und weil Sie das jetzt von ihm gerne hören wollen, er darf es nicht sagen! Das entscheidet die ungarische Regierung und das ungarische Parlament, aber nicht der ungarische Verteidigungsminister!‹ Und erst dann hat Jasow losgelassen und nicht mehr darauf bestanden.«

Nachdem sich abzeichnet, dass die DDR im September aus dem Warschauer Vertrag entlassen wird, wünscht der Oberkommandierende des Bündnisses, Armeegeneral Lobow[31], eine richtig große

---

[31] Wladimir Lobow war 1989/90 Generalstabschef der Vereinigten Streitkräfte.

14.6.1990, Strausberg, Letzte Sitzung des Komitees der Verteidigungsminister der Teilnehmerstaaten des Warschauer Vertrages. Von links: der Stellvertretende Verteidigungsminister von Rumänien, Gheorghe Logofetu; der ungarische Verteidigungsminister, Dr. Lajos Für; der 1. Stellvertreter des Ministers für Volksverteidigung Bulgariens, Jordan Mutaftschiew; Minister Dimitri Jasow (Sowjetunion); der Oberkommandierende der Vereinten Streitkräfte, Pjotr Luschew; die Minister Florian Siwicki (Polen), Rainer Eppelmann (DDR), Miroslav Vacek (CSFR) und der Chef des Stabes der Vereinten Streitkräfte, Wladimir Lobow

Abschlussveranstaltung mit Manöver und Parade, möglichst unter Anwesenheit aller Staats- und Regierungschefs. Werner Ablaß: »Nach dem Kaukasusgipfel hat de Maizière uns zu einer Sondersitzung im Kabinett zusammengerufen. Und da Rainer Eppelmann zu dieser Zeit im Urlaub war, habe ich als Minister fungiert. Er hat uns seine Punkte für die Vereinigung, die ja nun schnell anstand, in die Feder diktiert. Es gab nichts Gedrucktes, jeder hat mitgeschrieben. Ich bin der Einzige, der die Punkte noch hat, ich habe die nämlich hinterher meiner Sekretärin in die Maschine diktiert. Und dann habe ich am 17. Juli in Storkow bei einer Pressekonferenz nebenher erwähnt, dass ich das Manöver absage. Das war schlecht, das macht man nicht, so etwas erledigt man auf diplomatischem Wege. Aber

24.9.1990, Berlin, Austritt aus dem Warschauer Pakt, Pjotr Luschew (l.),
Rainer Eppelmann (r.)

ich habe es den Journalisten gesagt, weil ich dachte, was raus ist,
kann ich nicht mehr zurücknehmen.

Am 19. Juli kam Lobow zu mir nach Strausberg geflogen. Er hatte
um eine Visite im kleinen Kreis gebeten. Und dann hat er mich
beschimpft, er hat mich richtig beschimpft, er hat auch gebrüllt. Es
gibt ein Protokoll, das ich noch habe. Und der letzte Satz schließt
damit – ich hatte nicht zurückgebrüllt, sondern mir das betont ruhig angehört -, dass ich ihm erkläre, dass die Unterredung zu Ende
wäre und es nichts Neues zu sagen gäbe.

Die große Feier zum Austritt aus dem Warschauer Vertrag im
September dauerte dann exakt zwölf Minuten im kleinen Kreis.«

# 18. Gespräche mit dem Wolf

**»Warum gibt es keine Polizistenwitze mehr?«**

Peter-Michael Diestel

»Ich bin von der DSU als Innenminister vorgeschlagen worden. Der damalige CDU-Generalsekretär Kirchner und Herr Rühe, die damals eng liiert waren, die sagten sich wohl, diesen unbotmäßigen Diestel da aus der DSU, den lassen wir das mal machen. Da kommen Stasi-Auflösungen, Rückbau der Polizeistrukturen und so weiter auf ihn zu, da wird er sich schnell das Genick brechen.«

Dem neuen Innenministerium unterstehen die Bereiche Polizei, Zoll, Strafvollzug und Staatssicherheit, seit November 1989 Amt für Nationale Sicherheit (AfNS). Die wichtigste Aufgabe des neuen Ministers ist die demokratische Umgestaltung der Polizei- und Sicherheitsstrukturen.

»Ich wusste, nachdem ich drei Tage Innenminister war, dass ich das ohne Fachleute nicht lösen kann, und habe mir entsprechende Spezialisten aus Ost und West geholt. Ich habe zuerst meinen damaligen Amtsbruder Wolfgang Schäuble in Bonn aufgesucht und habe gesagt: ›Herr Kollege, geben Sie mir Ihren besten Mann, damit ich diese für mich fremden und für mich auch ausgesprochen unsympathischen geheimdienstlichen, nachrichtendienstlichen Strukturen, Arbeitskomplexe aufarbeiten, neutralisieren, bewältigen kann.‹

Und da kriegte ich dann, relativ zügig, einen sehr eloquenten Herrn zur Seite gestellt, der dann auch in meinem persönlichen Ministerbereich tätig war, Herrn Dr. Werthebach[32], den späteren Innensenator in Berlin. Ein sehr verdienstvoller, kluger Jurist, der mir später

---

[32] Eckart Werthebach war 1991 bis 1995 Präsident des Bundesamtes für Verfassungsschutz.

sagte, als die Arbeit zu Ende ging, er habe noch nie in seinem Leben so viele Abenteuer erlebt wie in dem halben Jahr an meiner Seite. Also mit Werthebach hatte ich dann einen sehr verlässlichen Partner. Aber ich merkte, dass ihm doch eine große Skepsis entgegengebracht wurde, weil man Herrn Werthebach kannte und wusste, er kommt aus dem Bereich des Nachrichtendienstes der anderen Seite.

Also brauchte ich noch welche aus den ehemaligen Strukturen der Staatssicherheit. Und dann habe ich sehr viele Gespräche mit Markus Wolf geführt, der mir entsprechende Kontakte und Gesprächspartner organisierte. Wir haben sehr gute Arbeitskontakte entwickelt. Diese Gespräche sind mir natürlich vorgeworfen worden. Einerseits der Liebling der Medien und andererseits jemand, der mit ehemaligen Stasi-Generälen und Verfassungsschützern und Bundesnachrichtendienstlern agiert. Das hat mir natürlich große Feindschaft und große Aggressivität eingebracht.

Aber meine Aufgabe war nicht, der mediale Schönling zu sein. Ich wäre gern der Liebling der Medien geblieben, der hemdsärmelig Gefängnisrevolten beendet, der als schönster Minister ausgezeichnet wird und der in Bayreuth hervorragende Figur bei den Wagner-Festspielen machte. Aber das war nicht meine Aufgabe. Meine Aufgabe war, den qualifiziertesten, effektivsten Geheimdienst, die am stärksten militarisierte geographische Region, nämlich die damalige DDR, 108 000 km², militärisch zu zergliedern, zu befrieden und mit diesen Menschen und diesem Waffenpotential einen Beitrag zu leisten, der sich dem Prozess der deutschen Einheit nicht entgegenstellt.«

Die Stasi-Zentralen werden von der Polizei bewacht. Innenstaatssekretär Eberhard Stief: »Das war eine Festlegung der Innenministerkonferenzen. Es ging ja um die Neuorganisation der Volkspolizei, um die Veränderung ganz bestimmter Aufgabengebiete. Das MfS spielte in diesem Fall gar keine Rolle mehr. Es war ja im Grunde genommen reorganisiert im Sinne von Auflösung, die nicht an einem Tag erfolgte, sondern kontinuierlich. Und die Polizei hat dann ganz bestimmte Kontrollaufgaben übernommen. Ein neues Polizeiordnungsgesetz war in Arbeit, und im Vorgriff auf die Ergebnisse wurden solche Festlegungen getroffen, die aber sehr beruhigend gewirkt haben. Das betraf ja auch andere Zuständigkeitsbereiche: Feuerwehr, Strafvollzug, Gerichtsmedizin, eine Fülle von Aufgaben, und die wurden alle in eine Form gebracht, dass sie dem bundesdeutschen Recht so weit wie möglich entsprachen. Und die Polizei wurde sozusagen zu zivilen Ordnungshütern ohne andere Verpflichtungen oder Ermächtigungen.

Die Bundesrepublik hat auf der Grundlage einer Vereinbarung der Innenministerkonferenz Berater geschickt, die in allen Bereichen und nicht nur auf oberer Ebene, sondern auch in den Bezirken, in den Kreisen, in den verschiedensten Einrichtungen tätig wurden. Die Kommunen haben Leute entsandt. Es sind Hunderte gewesen, wenn nicht sogar Tausende, und sie waren überall. Unser hochgeschätzter Abschnittsbevollmächtigter ist sicherlich auch geschult worden. Die haben das dort vermittelt oder unsere Leute zu Lehrgängen eingeladen. Und vielleicht ist da auch der ein oder andere abhandengekommen.«

»Warum gibt es seit dem Amtsantritt der De-Maizière-Regierung im Grunde keine Polizistenwitze mehr?«, fragt Diestel. »Der Polizist in der DDR hat das dargestellt: dick, dümmlich und der Hauptfeind der Bürger! Ich habe von Anfang an versucht, das Polizeibild zu ändern, weil ich wusste, eine Demokratie geht ohne Polizei nicht. Wir hatten in Berlin-Hellersdorf eine große Polizeischule. Da war auch eine Truppe, die sich mit weltanschaulich-ideologischen Dingen beschäftigt hat. Dort gab es einen Professor, den habe ich am zweiten Tag zu mir bestellt und habe ihm gesagt: ›Ich möchte ein anderes Erscheinungsbild des Polizisten. Der braucht ein anderes Ideal, für das er arbeitet.‹ An dem ist gearbeitet worden. Wenn wir an die Berichterstattung vom Oktober/November 89 denken, in welch verhängnisvollen Situationen die Polizei bei den Beendigungen der Demonstrationen war – die Bevölkerung hat der Polizei umgehend verziehen und hat dieser Polizei, die ich führen durfte, ein sehr großes Vertrauen entgegengebracht. Das sehe ich als eine der ganz wichtigen Wirkungen der neu gewählten demokratischen Regierung an.

Wie jeder andere mache ich auch mal etwas falsch, ich fahre mal gelegentlich zu schnell mit dem Auto und bin dann sehr froh, wenn

9.7.1990, Innenminister Peter-Michael Diestel auf dem Dach der Untersuchungshaftanstalt Leipzig

ältere Polizisten mich anhalten, die ihrem letzten DDR-Minister
Guten Tag sagen und mich nach einem Autogramm fragen und
gelegentlich auch sagen: ›Sie dürfen hier nur 50 fahren, merken Sie
sich das!‹ Da bin ich sehr stolz, dass von diesen Leuten, die unter
mir damals auch gedient haben, und anständig gedient haben, das
waren ja alles Genossen der SED, dass viele von ihnen ihren Platz
auch in den demokratischen Strukturen gefunden haben.«

Peter-Michael Diestel ist der letzte deutsche Innenminister, dem
der Strafvollzug untersteht. In der Bundesrepublik gehört der Strafvollzug zur Justiz, und dort kommt er mit der Vereinigung auch hin.
Als das Kabinett de Maizière antritt, sind die politischen Gefangenen schon nicht mehr in den Gefängnissen. Aber zunehmend gibt
es in den Haftanstalten Unruhen und Revolten. Am 9. Juli revoltie-
ren Häftlinge der Untersuchungshaftanstalt Leipzig; 49 von ihnen
flüchten nach einem Tränengaseinsatz der Polizei auf das Dach.
Dort spricht Diestel mit ihnen, und es gelingt ihm tatsächlich, den
Aufstand zu beenden.

Zum Ende der DDR wird die Lage immer dramatischer. Am 19. September verschanzen sich vier Häftlinge der Strafanstalt Brandenburg im Dachgebälk des Gefängnisgebäudes und drohen, sich vom Dach zu stürzen, wenn ihre Forderungen nach allgemeiner Amnestie, Überprüfung früherer Urteile und Verbesserung der Haftbedingungen nicht erfüllt werden. Zehn Tage später, am 28. September, kurz vor dem Beitritt, beschließt die Volkskammer ein Gesetz über eine Teilamnestie. Außer Schwerverbrechern wird allen vor dem 1. Juli in der DDR verurteilten Häftlingen ein Drittel ihrer Strafe erlassen. Daraufhin entspannt sich die Lage in den Gefängnissen.

Diestel: »Es gab, im Wesentlichen von Bündnis 90 propagiert, eine große Bedürftigkeit zu amnestieren. Also im ganz großen Stil. Dem haben wir uns ganz bewusst entgegengestellt, weil die Sicherheitsstrukturen noch relativ ungefestigt waren. Wir haben Polizeistrukturen, wir haben Geheimdienststrukturen abgebaut. In dieser Situation die Kriminellen im großen Stil aus den Haftanstalten zu entlassen hätte große Konsequenzen nach sich gezogen. Deswegen waren wir da sehr zögerlich und haben gesagt, das kann mal im Rahmen einer deutsch-deutschen Rechtsangleichung irgendwann geschehen, wenn es da zu rehabilitierende Unterschiede geben sollte.

Man muss, wenn man den Strafvollzug der DDR betrachtet, natürlich den ganz anderen Ausgangspunkt und Ansatz sehen. Der Strafvollzug der DDR ist einfach ein rückständiger Bereich der Gesellschaft gewesen, das kann man nicht anders sagen. Er war im Wesentlichen auf Strafen orientiert, auch wenn die Resozialisierung im Gesetz festgeschrieben stand, aber die materiellen Bedingungen, die Unterbringung, die Verwahrung der Gefangenen, die Betreuung der Gefangenen waren natürlich aus heutiger Sicht in hohem Maße bedenklich. Es wird sehr häufig der Fehler gemacht, den Strafvollzug des MfS und den allgemeinen Strafvollzug in einen Topf zu schmeißen und zu sagen, alle Strafgefangenen des MfS sind politische Gefangene. Das ist nicht so gewesen. Das Ministerium für Staatssicherheit hatte nach der Rechtsordnung der DDR auch kriminalitätsuntersuchende, vorbeugende, ermittelnde Aufgaben, und da geschah es auch, dass Schwerstverbrecher durchaus in den Haft-strukturen der Staatssicherheit waren – deswegen waren sie noch lange keine politischen Straftäter. In meiner Amtszeit wurden aber dann die Haftanstalten der Staatssicherheit mit den allgemeinen zusammengelegt, und da gab es natürlich auch große Unzufrieden-heiten, weil die Versorgungsquoten in diesen ehemaligen Haftanstal-ten des MfS doch wesentlich besser waren, auch die kulturelle und sonstige Versorgung besser war.

Aber das waren Dinge, die getan werden mussten. Mit der Auf-lösung der Staatssicherheit mussten natürlich auch deren Haftan-stalten aufgelöst werden. Das heißt aber nicht, dass während der Amtszeit von de Maizière noch politisch Verfolgte in den MfS-Haft-anstalten saßen, sondern da saß Bankenkriminalität, da saß Schwer-punktkriminalität, die man auch heute sicher verwahrt.«

Die Kriminalität in der Endphase der DDR übersteigt nicht das normale Maß. Ganze elf Banküberfälle werden dem Innenministe-rium bekannt. Es gibt allerdings einige dramatische Vorkommnisse mit sowjetischen Soldaten, es gibt Desertionen von Offizieren. De Maizière: »Da wurde von uns erwartet, dass wir die einfangen und denen zurückbringen. Da habe ich in Moskau gesagt: ›Mitnichten! Bei euch steht auf Desertion die Todesstrafe! Ich werde niemals ausliefern an ein Land, wo für das Delikt, das dort in Rede steht, die Todesstrafe verhängt werden kann.‹«

»Es war immer eine unserer größten Sorgen, es könnte irgendwel-che Übergriffe gegen ehemalige Stasi-Offiziere oder eben auch ge-gen die sowjetischen Truppen in der DDR geben«, erklärt Richard Schröder. »Wenn einer am Laternenpfahl hängt, dann werden sich die anderen, die das betrifft, das nicht einfach gefallen lassen. Das klingt vielleicht ein bisschen übertrieben, aber wir haben in der Tat viele Gedanken und viel Besorgnis darauf verwendet, dass die Sache friedlich bleibt.

Ich erinnere mich noch an zwei Vorkommnisse: Das eine Mal hat in Bernau der bei der Kommunalwahl am 6. Mai neugewählte Bür-germeister den sowjetischen Standortkommandanten abgesetzt, weil durch die Garnison Abwässer in den Fluss geleitet worden wa-ren. Und da ist de Maizière umgehend mit dem Auto hingefahren und hat dem Standortkommandanten gesagt, er möge sofort vergessen, was der Bürgermeister gesagt hätte, er hätte dazu gar keine Befugnis. Der Kommandant war auch vernünftig und hat wahrscheinlich gedacht, die spinnen ein bisschen, wie können die den Standortkommandanten absetzen.

Das andere Mal ist vor einer sowjetischen Kaserne ein Wachposten erschossen worden. Da haben wir die größten Sorgen gehabt, dass das ein Signal sein könnte. Es stellte sich aber heraus, dass die Schützen über die Oder gekommen und auch dahin wieder verschwunden sind. Da ist uns ein Stein vom Herzen gefallen, dass wir weiterhin davon ausgehen können, dass kein DDR-Bürger die Absicht hat, sowjetische Soldaten zu erschießen. Das war aber für uns eine wahre Schrecksekunde! Was hätte denn die sowjetische Seite gemacht, wenn Zivilisten aus der DDR anfangen, auf sowjetische Soldaten zu schießen? Das war also schon eine happige Sache, die weder in Ost noch in West in dem Maße wahrgenommen worden ist. Immer die Angst, dass irgendetwas aus dem Ruder läuft. Das ist nicht geschehen, da bin ich sehr dankbar.«

»Es gab schwere Verbrechen«, ergänzt Diestel, »von dem einen oder anderen Angehörigen der russischen Streitkräfte, der bewaffnet abgehauen und der dann letztendlich festgenommen oder erschossen wurde. Aber ansonsten, toi, toi, toi, ist für uns diese Zeit sehr glimpflich und sehr diszipliniert über die Bühne gegangen. Es gab keine großen Straftaten, die vielleicht die Rechtsgeschichte danach noch bewegt hätten.

Aber die nachrichtendienstlichen Arbeiten gingen ja weiter. Die richteten sich ja auch gegen die De-Maizière-Regierung. Ich kann mich erinnern, dass ich in den Räumlichkeiten meines Innenministeriums mit einer großen ausländischen Zeitung ein Interview geführt habe. Da saßen drei Journalisten, ich will das Land mal nicht benennen, um keine Komplikationen entstehen zu lassen. Ich wurde mitten im Gespräch vom Leiter meiner Personenschutzstruktur aus dem Gespräch gerufen, und der sagte mir: ›Herr Minister, das sind keine Journalisten! Den einen kenne ich als stellvertretenden Minister für Staatssicherheit eines befreundeten sozialistischen Landes.‹ Die haben ihre Kinderspiele weitergeführt.

Ich kann mich erinnern, in dem Separee meines Innenminister-zimmers saßen zwei, drei russische KGB-Generäle, die Chefs des Bundesamtes für Verfassungsschutz und der Staatssekretär aus dem Bonner Innenministerium. Da saßen Leute an einem Tisch, die sonst nur aus den nachrichtendienstlichen Strukturen wussten, dass es diesen und jenen gibt. Die benehmen sich ja ganz eigentümlich. Aber das waren wichtige Gespräche, damit wurde Vertrauen ge-schaffen, damit wurden persönliche Kontakte entwickelt, die dann später von der Bundesregierung auch genutzt werden konnten, um dann letztendlich auch den Abzug der russischen Truppen ohne Komplikationen zu absolvieren.«

Auf dem Territorium der DDR gibt es 380 000 sowjetische Solda-ten. Zuzüglich der Sicherstellungskräfte und Familienangehörigen sind das 600 000 Menschen. Das bedeutet, dass ungefähr auf 28 DDR-Bürger ein Sowjetbürger kommt. Es ist das größte Trup-penkontingent, das jemals von einer Besatzungsmacht über einen so langen Zeitraum im Ausland stationiert war! Das Einleiten des Abzugs dieser gewaltigen Maschinerie, der bis 1994 abgeschlossen wurde, fällt in die Zeit der Regierung de Maizière.

Werner Ablaß: »De Maizière hat mir am 23. Juli den Auftrag gegeben, eine Arbeitsgruppe zusammenzustellen, die den Abzug der sowjetischen Truppen aus der DDR vorbereitet, wissend, dass die deutsche Einheit schneller kommt, um dann auch der Bonner Seite, die ja für uns nicht tätig werden konnte, schon was in die Hand geben zu können. Ich habe dann einen Generalleutnant, der unser Vertreter im Oberkommando in Moskau war, zurückgeholt, ihn zum Chef dieser Gruppe von rund 50 Mann gemacht, die dann ab 3. Oktober unter General Foertsch den Abzug begleitet haben. Zu diesem Zeitpunkt konnten wir auch nicht wissen, dass ent-schieden wird, dass die Westalliierten gesondert verabschiedet werden.

Für uns war wichtig zu wissen, wie viele Kilometer illegaler Pan-zerstraßen haben wir? Werden die zum Abzug benutzt oder nicht? Welche Häfen kommen in Frage? Und wie geht es überhaupt los, wo beginnen wir mit dem Abzug?«

Karikatur von Peter Muzeniek, Titelmotiv der »Neuen Berliner Illustrierten«
am 6. Juli 1990

»Als DDR-Bürger«, sagt der Außenminister, »war das immer mein Herzenswunsch, dass die Sowjets abziehen. Aber es braucht gleiche Augenhöhe für die Alliierten, auch für das Selbstwertgefühl der Sowjets. Und so habe ich dann in Berlin den Vorschlag gemacht, dass *alle* Alliierten, nicht erst nach dem Abzug der Sowjets vier Jahre später, sondern sehr schnell, mit der Vereinigung Berlin verlassen, damit eindeutig deutlich wird, alle waren in Berlin, alle verlassen Berlin. Das heißt, an einem symbolischen Punkt, sicherheitspolitisch spielte das keine Rolle, aber an einem Punkt sind alle gleichermaßen betroffen.

Dieser Vorschlag wurde von den westlichen Alliierten völlig abgelehnt, auch von Genscher. Übrigens dann auch, wie ich hörte, von dem Regierenden Bürgermeister, von Walter Momper. Mein Fehler war, dass ich diesen Vorschlag vorher nicht ordentlich abgesprochen hatte, auch nicht mit ihm. Aber die Logik finde ich nach wie vor gar nicht so falsch.«

Die Finanzierung muss ohnehin die Bundesrepublik stemmen. Nach zähen Verhandlungen mit Schewardnadse wird am 10. September in Moskau der Durchbruch erzielt: Die Sowjetunion erhält 12 Milliarden DM und zusätzlich einen zinslosen Kredit über drei Milliarden DM.

Lothar de Maizière: »Falin hat zu mir gesagt, Gorbatschow hätte die DDR viel zu billig verkauft. Und ich sagte darauf: ›Wissen Sie, Herr Falin, wenn ihr 1975 oder 1985 die DDR verkauft hättet, 1985 hätte der Bundeskanzler euch locker 200 Milliarden gegeben. An das Verkaufen habt ihr ja aber erst gedacht, als aus uns nichts mehr herauszuholen war, als wir pleite waren!‹«

Am 6. Juni wird die RAF-Terroristin Susanne Albrecht in Berlin verhaftet. Sie lebt unter dem Schutz des MfS und mit falscher Identität seit zehn Jahren in einer Marzahner Neubauwohnung, ist verheiratet und hat ein Kind. Eine Woche später wird Inge Viett in Magdeburg festgenommen, die hier ebenfalls unter falschem Namen lebt. Im Laufe des Monats Juni werden noch weitere acht RAF-Terroristen auf dem Territorium der DDR enttarnt und verhaftet.

Diestel: »Wir alle waren überrascht, dass es derartige Aktivitäten auf unserem Territorium gegeben hat. Ich habe aus Polizeikreisen zwei, drei Tage nach meinem Amtsantritt ein Dossier erhalten, aus dem zentralen Kriminalamt, aus dem sich ergab, dass wohl zwei Terroristinnen sicher im ehemaligen Gebiet der DDR untergebracht sind und wohl bis zum heutigen Tage noch leben. Ich habe dann deren Festsetzung veranlasst und eine Sonderkommission in diesem zentralen Kriminalamt gebildet, die sich damit beschäftigt hat.

Dann ist es zu diesem Komplex der doch sehr, sehr umfangreichen Festnahmen ehemaliger RAF-Straftäter gekommen, die durch nachrichtendienstliche Kontakte in der Zeit des Kalten Krieges irgendwann, irgendwie bei uns Unterschlupf gefunden haben. Das jetzt juristisch-publizistisch zu bewerten, die Zulässigkeit zu diskutieren, ist ein riesengroßes komplexes Problem. Für mich waren das Straftäter! Für mich war in einer rechtlich ungefestigten Zeit ein Handlungsbedarf gegeben. Ob die Überstellung an Bundesbehörden zulässig oder nicht zulässig war, das kann man trefflich diskutieren. Für mich waren das Menschen, die gegen eine bestehende demokratische Rechtsordnung, nämlich die der alten Bundesrepublik oder anderer Länder, verstoßen haben. Und deswegen habe ich da keinen Gewissenskonflikt gehabt, diese Leute festzusetzen und diesen ganzen Komplex dieser RAF-Verbringungen in der DDR auch aufzudecken.«

»Die DDR hatte zehn RAF-Leuten Unterschlupf gewährt und eine neue Identität verpasst«, so Lothar de Maizière. »Die lebten also ausgesprochen kleinbürgerlich irgendwo in Erfurt oder Frankfurt oder irgend so etwas. Diese Tatsache wurde dem Innenminister Peter-Michael Diestel bekannt, und er lieferte diese Leute an die Bundesregierung aus. Ich war damals ziemlich entsetzt über diese Tatsache und habe gesagt: ›Wir haben mit der Bundesregierung kein Rechtshilfeabkommen, kein Auslieferungsabkommen. Du hast im Grunde genommen DDR-Bürger‹, man hatte ihnen ja DDR-Staatsbürgerschaft verliehen, ›ohne Rechtsgrund an eine ausländische Macht ausgeliefert. Das geht einfach rechtspolitisch nicht.‹ Oder rechtstheoretisch, politisch mag es noch angehen.

Gut, es kam dann ein Brief von der RAF, dass alle, die damit befasst wären, zum Tode verurteilt werden. Und namentlich genannt wurden Diestel, Krause und ich, Schäuble und Hans Neusel, sein

Innenstaatssekretär. Und diesen Brief habe ich dann erst mal nach Meckenheim geschickt: ›Ihr habt Erfahrung mit der RAF, ist der echt, oder sind das Trittbrettfahrer?‹ Und die signalisierten, das ist absolut echt, wir kennen die Schreibmaschine! Damals schrieb man wohl noch mit Schreibmaschine.

Wenige Tage später wurde auch auf Neusel auf der Autobahn bei Bonn ein Anschlag verübt, der nur deswegen nicht zum Erfolg führte, weil Neusel selbst das Auto fuhr. Neusel ist ein Autonarr, der gern selber fährt, und er saß nicht hinten rechts, wo sonst ein Staatssekretär sitzt, sondern vorne links am Steuer und ist mit ein paar Schrammen davongekommen. Das Auto ist Totalschaden gewesen.

Von dem Tag an sind wir statt mit *einem* Sicherheitskommando mit zwei Sicherheitskommandos herumgelaufen und durften keinen Schritt mehr ohne Begleitschutz tun. War lästig.«

Am 15. Januar war die Stasi-Zentrale in der Berliner Normannenstraße gestürmt worden – von aufgebrachten Bürgern, wie es offiziell hieß -, um der Aktenvernichtung ein Ende zu machen. Diestel hat eine etwas differenziertere Sicht auf die Ereignisse:

»Ich habe den Sturm auf die Normannenstraße als etwas Revolutionäres, als etwas Urwüchsiges und Gerechtes empfunden damals. Später, als ich dann Verantwortung hatte für das Sicherheitssystem und ich mich mit den Geheimdienstlern, die mich dann umgaben, und mit den Polizeistrukturen beschäftigen musste und wollte, habe ich festgestellt, dass es eine von langer Hand vorbereitete Dramaturgie gegeben hat, um dieses Objekt zu stürmen. Die mir unterstellten Restpersonalbestände der Staatssicherheit haben mir später erläutert, dass sie drei bis vier Wochen vorher schon wussten, dass an dem Tag eine entsprechende Revolte stattfinden würde, dass man sich darauf vorbereitet hat und dass es dann dazu gekommen ist, um den Volkszorn zu kanalisieren.

Es hat sich eine gewisse Unzufriedenheit gegen dieses Ministerium entladen. Und damit ist auch das gelungen, was sich einflussreiche Kräfte aus der alten Zeit vorgenommen haben: ›Wir werden einen Hals zum Fenster raushängen und als Blitzableiter benutzen‹, nämlich die Staatssicherheit.

Man versucht im Grunde, die Geschichte der DDR auf das Wirken, auf die Tätigkeit des MfS zu reduzieren. Das ist falsch, das ist unhistorisch. Wir haben in einem eigentümlichen, wie auch immer gearteten System gelebt, aber es ist geprägt von der SED und weniger von der Staatssicherheit. Diese falsche historische Sicht hat an diesem 15. Januar begonnen.«

Am 7. Juni beschließt die Volkskammer die Einsetzung eines Sonderausschusses zum Thema Staatssicherheit, der sich 14 Tage später konstituiert. Vorsitzender wird der Rostocker Pfarrer und Bündnis-90-Abgeordnete Joachim Gauck, der spätere Leiter der gern nach ihm benannten Einrichtung (Gauck-Behörde) mit dem langen Namen[33].

Nachdem schon einige Spitzenpolitiker wegen Stasi-Verstrickungen zurückgetreten waren – neben Ibrahim Böhme waren das vor allem Wolfgang Schnur, der Vorsitzende des Demokratischen Aufbruchs (DA) und Ost-CDU-Generalsekretär Martin Kirchner -, soll, nach zahlreichen Verdächtigungen, der Sonderausschuss nun eine Liste der stasibelasteten Volkskammerabgeordneten erarbeiten. Zunehmend vergiftet dieses Problem die Arbeit des Parlamentes.

Klaus Reichenbach: »Es war dann dieses Gift in der Volkskammer, dieses Damoklesschwert der Staatssicherheit, das über allen schwebte. Wer ist Stasi, wer ist es nicht? Wer ist belastet, wer nicht? Das hat natürlich teilweise Kräfte gelähmt und hat auf der anderen Seite auch in der politischen Zusammenarbeit zwischen den Parteien Misstrauen gesät. Das war das Unangenehme.

Es gab ja ständig solche anzüglichen Bemerkungen von Journalisten, hier würden ja nur Stasi-Leute sitzen und die DDR-Regierung würde auch von Stasi-Leuten geführt. Es gab ja später die Anschuldigungen vom »Spiegel«[34] über de Maizière, es gab bei mir auch Anschuldigungen. Sie mussten sich ständig vor solchem Blödsinn

---

[33] Der Bundesbeauftragte für die Unterlagen des Staatssicherheitsdienstes der ehemaligen Deutschen Demokratischen Republik (BStU). Derzeitige Beauftragte ist Marianne Birthler.
[34] Der Spiegel 52/1990 vom 24.12.1990, Seite 20 f.

verteidigen, der an den Haaren herbeigezogen war, wo überhaupt kein Beweismaterial da war.«

Der Vorwurf gegen de Maizière: Er hätte als IM »Czerny« für das MfS gearbeitet. Der streitet jeden Kontakt ab und schießt damit wohl über das Ziel hinaus. Als DDR-Rechtsanwalt hatte er junge Menschen verteidigt, die aus politischen Gründen mit der DDR in Konflikt gekommen waren: Ausreisewillige, Umweltaktivisten, Menschen, die wegen versuchter Republikflucht unter Anklage standen. Bei diesen »politischen Fällen«, die von dem MfS-eigenen Untersuchungsorgan, der sogenannten Hauptabteilung IX, bearbeitet wurden, ließ sich ein Kontakt mit den Ermittlern und Anklägern gar nicht vermeiden. »Wer anderen aus dem Sumpf hilft, macht sich die Finger schmutzig«, sagt Richard Schröder und will seinem Kollegen helfen. Doch de Maizière bleibt dabei, er habe sich beim Helfen die Finger nicht schmutzig gemacht.

»Wir hatten wirklich genug zu tun, um die Dinge alle abzuliefern«, sagt Klaus Reichenbach weiter. »Aber wenn Sie mit diesen Vorwürfen noch leben müssen – ich habe es ganz deutlich gemerkt bei de Maizière, wie ihn das damals belastet hat. Und es hat natürlich auch uns belastet. Ich kann mich erinnern, ich habe mit Krause Nächte gesessen und diskutiert, wie viele sind in unserer Volkskammer jetzt wirklich mit diesem Makel »Stasi« behaftet? Das war eine ganz beschissene Situation, damit musste man einfach fertig werden. Es gab natürlich auch teilweise ein gewisses Misstrauen, wenn Sie mit Leuten aus der Bundesregierung verhandelt haben, weil einfach auch Ihr Gegenüber misstrauisch war. Ich habe gemerkt, nach drei, vier Monaten hat Schäuble hundertprozentig gewusst, ob wir Stasi waren oder nicht, und da gab es eine gewisse Distanz. Aber in den ersten Monaten hat er es noch nicht gewusst.«

Die Volkskammer hatte am 24. August beschlossen, die Akten der Staatssicherheit auf dem Gebiet der DDR zu belassen und nicht, wie in den Entwürfen zum Einigungsvertrag vorgesehen, im Bundesarchiv Koblenz wegzuschließen. Jeder Bürger sollte ein Recht auf Auskunft über ihn betreffende Daten erhalten. Stasi-Mitarbeiter seien aus leitenden Positionen zu entfernen.

Als eine Woche später, am 31. August, Wolfgang Schäuble und Günther Krause den Einigungsvertrag in Ost-Berlin unterzeichnen, ist von diesem Beschluss nichts enthalten. Daraufhin besetzt eine Gruppe von Bürgerrechtlern die Stasi-Zentrale in der Berliner Normannenstraße; am 12. September treten sie in einen unbefristeten Hungerstreik.

»Es war eine Volksbewegung, die die Aufarbeitung des Stasi-Erbes verlangte«, erinnert sich der Fraktionsvorsitzende von Bündnis 90, Jens Reich: »Da hat es ja Hungerstreiks gegeben über Wochen, und die Fraktion bei uns hat sich solidarisiert mit diesen Hungerstreikenden. Und das ist also eine gekoppelte Bewegung gewesen, Volksbewegung und parlamentarische Bewegung, um diese Aufarbeitung in Gang zu setzen, das Gesetz sozusagen, dass die Akten nicht verschwanden und dass sie gesichert wurden. Es ging ja *immer* darum, dass die Akten vernichtet wurden. Der Innenminister Diestel stand ja irgendwie im Bündnis mit diesen Leuten und hat das zugedeckt, dass die da vieles zur Seite schaffen und schreddern konnten. Das ist ja alles während des Jahres 1990 noch passiert.

Und auch die Aufdeckung dieser Namen ist natürlich eine Bewegung gewesen, die einfach sein musste. Das musste festgestellt werden, wer in diesem neu gewählten Parlament früher Informant gewesen ist. Das war ja offen. Diese geheimen Informanten in allen Fraktionen, das war schon eine skandalöse Sache, dass die da untergetaucht waren und wütend gekämpft haben gegen die Offenlegung des Ganzen.«

Diestel sieht die Sache gelassen: »Wissen Sie, wenn ich diese vielen Frisöre, Bäcker und sehr vielen Pastoren sehe, die sich von heute auf morgen auf einmal zu Geheimdienstexperten entwickelten, und gleichzeitig gesehen habe, wie die Geheimdienstler bis weit in meine Amtszeit noch alles im Griff hatten! Wenn ich sehe, mit welcher Aggressivität vor allem Theologen damals an dem Prozess beteiligt waren und, ich will nicht sagen menschliche Opfer, Opfer verlangt haben und mit welchem Dilettantismus sich Leute, die mit geheimdienstlichen oder militärischen Dingen zu tun hatten, selbstherrlich über nachrichtendienstliche Fragen, die zum Teil auch in die Sicherheitsbelange unserer damaligen Regierung eingriffen, geäußert haben – das war schon etwas, was ich auch nicht so unwidersprochen hinnehmen konnte. Und deswegen habe ich mich auch in diesem Kreis der selbsternannten Stasi-Auflöser so oft wie möglich unbeliebt gemacht. Wir hatten nicht die Aufgabe, Schönheitspreise entgegenzunehmen, sondern es war ganz einfach die Aufgabe, einen hoch qualifizierten Nachrichtendienst, ich will nicht sagen zu liquidieren, aber zu paralysieren und gleichzeitig die Arbeitsergebnisse so zu nutzen, dass sie uns bei künftigen, demokratischen Entwicklungen nicht auf die Füße fallen. Und das muss einfach mit Sorgsamkeit, mit Sachverstand gemacht werden.

Deswegen bin ich sehr dankbar, dass mir Leute aus dem ehemaligen MfS, ohne Verrat zu begehen, sehr offensiv die Unterstützung haben angedeihen lassen – wenn ich an die RAF-Geschichten denke, wenn ich an die Auffindung von Kunstschätzen und Ähnlichem denke. Dankbarkeit ist in einem solchen Fall doch ein guter Ratgeber.«

Eberhard Stief: »Die Sicherheitslage war brisant. Aber festzuhalten und bemerkenswert ist, dass es kaum zu Exzessen gekommen ist. Die Polizei hat dort öffentlich sehr, sehr besonnen reagiert, und die Bürgerbewegung hatte ja eigene Komitees, um diesen Prozess unter Kontrolle zu halten. Das muss man schon lobend erwähnen, so dass sich das alles in einigermaßen vernünftigen Grenzen hielt.

Das schließt aber nicht etwa aus, dass sehr viele Unterlagen weggekommen sind. Und mir ist auch bekannt, dass in verschiedenen Gegenden der DDR mit diesen Papieren und Unterlagen, manchmal nur einzelne Blätter, Schindluder getrieben wurde. Leute zu denunzieren, da gibt es ja offensichtlich bei manchen Leuten immer eine Grundbegabung, das zu machen oder sie für gutes Geld zu verscheuern.«

Diestel: »Das Ministerium für Staatssicherheit – das ist heute auch völlig unstrittig, was ich jetzt schildere, das ist einfach so, das ist historisches Wissen – wusste seit Sommer 1989, dass seine Zeit zu Ende ging. Und seit diesem Sommer sind wichtige Akten, wichtige Dokumentenbestandteile an befreundete Geheimdienste übergeben worden. Das hat im August, September 1989 begonnen, und das ging weit in die Zeit der demokratischen Kräfte hinein. Ich will sagen, man kann dem MfS alles nachsagen an Verwerflichkeiten, aber dieser Geheimdienst ist nicht dumm gewesen.

Und die haben genau das gemacht, was ein Geheimdienst macht, der weiß, dass es zu Ende geht – er hat die schriftlich hinterlassenen Arbeitsergebnisse so weit wie möglich vernichtet und hat dann den neuen, demokratischen Kräften nur das übergeben, was man übergeben wollte.

Das Innenministerium, das ich geführt habe, hatte nie, zu keinem Zeitpunkt, konkreten Aktenzugang. Wenn also Akten vernichtet worden sind, wenn in der Zeit, in der ich politische Verantwortung in der DDR hatte, vom 10. April bis zum 3. Oktober 1990, wenn in dieser Zeit Stasi-Akten vernichtet worden sind, dann sind diese Akten rechtswidrig vernichtet worden. Es geistern sehr viele Dinge herum, Diestel hätte Aktenvernichtung veranlasst und so weiter. Da wird ein einziges, untaugliches Beispiel immer wieder zitiert, nämlich die Akten der Abteilung 15 der Leipziger Bezirksverwaltung der Staatssicherheit.

Dazu muss ich Folgendes sagen: Der Zentrale Runde Tisch hat Festlegungen getroffen, über eine Arbeitsgruppe von drei Experten, wie die Akten der HVA[35] verwendet und verwertet werden sollen. Und von dieser Arbeitsgruppe des Zentralen Runden Tisches wurde festgelegt, dass diese Akten vernichtet werden – ob das richtig ist oder nicht, habe ich nicht zu befinden, damals war ich nicht im Amt –, weil diese Akten möglicherweise zur Enttarnung von DDR-Spionen im Ausland führen könnten, die dann letztendlich strafrechtlichen Konsequenzen entgegensehen müssten, bis hin zur Todesstrafe in den Ländern, in denen Todesstrafe denkbar ist.

Und alle diese Akten wurden aus der Zentrale wegtransportiert, vernichtet und aus den Bezirksverwaltungen ebenfalls. Nur in Leipzig war dieser Prozess noch nicht abgeschlossen, dort haben die Bürgerrechtler sich geweigert, diese Unterlagen herauszugeben. Da ich aber als Innenminister die Aufgabe hatte, die Ordnungsgemäßheit dieses Prozesses, den der Zentrale Runde Tisch uns vorgegeben

---

[35] Hauptverwaltung Aufklärung, Auslandsspionagedienst des MfS.

hatte, zu begleiten, habe ich mit einem Schreiben das Leipziger Bürgerkomitee angewiesen – wie es auch in den anderen 14 Bezirken vor meiner Zeit geschehen war -, diese Akten nach Berlin zu transportieren. Und dieser Prozess, dieser Aktentransport von Leipzig nach Berlin wäre, wenn er stattgefunden hätte, in meiner Amtszeit durchgeführt worden. Er ist aber nie durchgeführt worden, so dass ich sagen kann, dass in meiner Amtszeit den mir unterstellten Behörden nie eine Aktenvernichtung nachgewiesen werden konnte. Nun habe ich einige hunderttausend Menschen in meiner Verantwortung gehabt, und wenn Sie hunderttausend Menschen auf einem Fleck haben, dann gibt es mal einen, der etwas falsch macht. Dann gibt es mal einen, der eine Körperverletzung begeht, dann gibt es mal einen, der ein Verkehrsdelikt begeht, dann gibt es mal einen, der auch rechtswidrig Akten vernichtet. Das war aber von der De-Maizière-Regierung in überhaupt gar keinem Fall, auch in keinem Einzelfall, beabsichtigt oder angewiesen. Wo wir Kenntnis bekamen, wurden Strafanzeigen erstattet, und die zuständige Staatsanwaltschaft hat dann ermittelt, wie mir das bekannt wurde und wie ich es in Erinnerung habe. In einem bestimmten Fall wurden gegen zwei Mitarbeiter eines großen Hamburger Nachrichtenmagazins, das immer montags erscheint, Ermittlungen eingeleitet, weil die Akten in der Normannenstraße gekauft hatten. Aber auch diese Akten wurden nicht von Mitarbeitern des MdI gekauft, sondern von Vertretern eines Bürgerkomitees.«

»Zu einem bestimmten Zeitpunkt hatte Minister Diestel darunter zu leiden, dass ihm die Volkskammer ungenügende Konsequenz vorgeworfen hat«, erinnert sich Diestels Staatssekretär. »Es lag also nahe, eine andere Lösung zu finden, die de Maizière auch gefunden hat, und ich hatte dann in den letzten Tagen die Freude, mich da noch persönlich drum zu kümmern.«

Am 14. September entzieht Lothar de Maizière Diestel die Zuständigkeit für die Auflösung des ehemaligen MfS und überträgt Staatssekretär Stief diese Aufgabe. Nach drei Tagen korrigiert er allerdings diese Entscheidung und verkündet, dass Diestel weiterhin für diese Aufgabe zuständig ist.

Am 28. September findet im ehemaligen Gebäude des ZK der SED die letzte reguläre Sitzung der Volkskammer vor der Vereinigung statt. Die Liste der stasibelasteten Abgeordneten und Regierungsmitglieder liegt endlich vor und soll verlesen werden.

»Ich kann mich erinnern, dass es uns nicht gelungen ist, diese ganze Sache Stasi in der Volkskammer eher abzuarbeiten«, so Klaus Reichenbach. »Das war ein großer Nachteil, dass es uns erst gelungen ist, zur letzten Sitzung der Volkskammer bekanntzugeben, wer Stasi ist und wer nicht. Das war vielleicht zu dem Zeitpunkt eine unglückliche Geschichte. Ob man es dann hätte überhaupt noch machen sollen, da bin ich langsam, aber sicher im Zweifel. Aber es gab natürlich eine unheimliche Menge Verdächtigungen. Ich kann mich erinnern, selbst Diestel hat mich und Krause mal angegriffen, wir hätten auch Kontakte zur Stasi gehabt und so weiter.

Ich habe dann Diestel gegenüber angedroht, sofort in die Öffentlichkeit zu gehen und mein Amt niederzulegen. Er sagte dann, ich solle es erst mal vergessen, er würde noch mal recherchieren. Komischerweise hat Diestel auch die Chancen gehabt zum Recherchieren. Er hat mir drei Wochen später gesagt: ›Du brauchst überhaupt keine Angst zu haben, bei dir ist alles sauber. Dich haben sie 1983 mal versucht anzuwerben, das ist aber erfolglos abgebrochen worden.‹ Das hat mir natürlich zu denken gegeben, sag ich ganz ehrlich.«

Am Vorabend dieser letzten Volkskammersitzung tagt das Präsidium bis morgens um fünf Uhr. Es gibt erregte Auseinandersetzungen um die Frage, ob die Liste der Stasi-Verdächtigen am nächsten Tag verlesen wird. Die Mehrheit spricht sich dafür aus. Bergmann-Pohl: »Ich habe mich geweigert, mit der Begründung, dass die Aktenlage doch nicht so klar sei. Aus meiner Sicht gab es teilweise Vermischung von Opfern und Tätern. Und ich habe recht gehabt. Ich wollte verhindern, dass falsche Verdächtigungen ausgesprochen werden. Das war schlimm für die Betroffenen, die an den Pranger gestellt waren, deren Kinder in der Schule beschimpft wurden.«

Volkskammervizepräsident Reinhard Höppner: »Wir hatten einen Untersuchungsausschuss eingesetzt, der die Stasi-Überprüfung

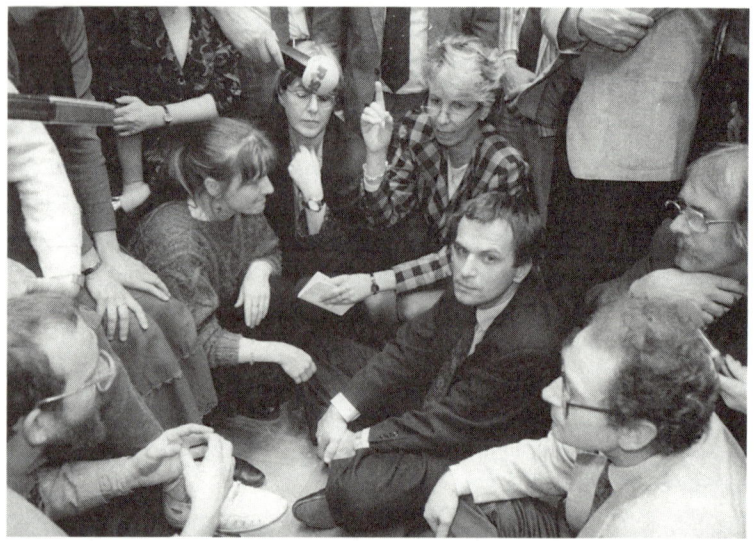

28.9.1990, Berlin, Eklat in der Volkskammer, Sitzstreik der Oppositionsabgeord-
neten, Mitte: Sabine Bergmann-Pohl, Reinhard Höppner

der Volkskammerabgeordneten machen sollte. Der kam natürlich
nicht zurande in dieser kurzen Zeit. Es war ja auch noch keine so
eingearbeitete Behörde da wie dann später. Es gab einen massiven
Streit bei der Frage, ob die Namen jetzt genannt werden sollen oder
nicht, die die Kommission da hatte, mit Sitzstreik und Sitzblockade
vor dem Präsidententisch. Es gab da einen richtigen Eklat zwischen
den Fraktionen. Die Bürgerbewegten sowie auch Stimmen aus SPD-
Kreisen wollten auf alle Fälle, dass die Ergebnisse noch öffentlich
gemacht werden. Die CDU-Fraktion wollte auf alle Fälle verhindern,
dass Namen genannt werden. Beide hatten gute Gründe dafür, wie
man jetzt weiß.

Es ging nichts mehr, weil die Bürgerbewegten den Präsidententisch besetzten! Ich hätte praktisch die Polizei und die Ordner holen
und die da wegräumen lassen müssen. Man muss ja wissen, das
wurde alles immer live übertragen, also die Kameras waren alle da.
Nun kannte ich die fast alle, ich bin da immer hin und her gelaufen.
Und es gibt ein schönes Bild, wie ich mit auf dem Boden sitze bei

den Protestanten und wir darüber diskutieren, wie wir diese Kuh wieder vom Eis bekommen. Das war das Schöne an dieser Volkskammer, man konnte mit allen freundschaftlich reden. Das war wahrscheinlich der Grund, warum mich ein paar Leute immer den wandelnden Vermittlungsausschuss nannten, diese Szenen, wie ich da hin und her gelaufen bin.«

Ein Kompromiss wird gefunden: In nichtöffentlicher Sitzung verliest Wolfgang Ullmann die Namen der 15 als stark belastet eingestuften Parlamentarier.

Höppner weiter: »Das ist dann gemacht worden und hat zu einer ganz heftigen Sitzung geführt, in der dann praktisch alle, die namentlich genannt worden waren, Rechtfertigungsreden gehalten haben. Eine der peinlichsten Sitzungen, die ich überhaupt erinnere in dieser Volkskammer. Man weiß ja auch inzwischen aus Überprüfungen, dass da sowohl ein paar Falschmeldungen dabei gewesen sind wie auch eine ganze Menge Leute, die nicht auf der Liste standen, die nachher ziemlich dicke Brocken waren. Mit anderen Worten: Diese Liste war schlecht, richtig schlecht! Aber es war damals nicht zu verhindern. Da war noch mal so viel Druck da, mit dieser DDR-Vergangenheit nicht einfach so umzugehen, aber wahrscheinlich auch so diese Verletzungen der Bürgerbewegten, die ja nun im Grunde genommen überfahren worden waren. Die waren ja seitdem dann auch out, muss man einfach so sagen.«

Jens Reich: »Die ausschließliche Konzentration der Bürgerbewegung auf die Stasi, sozusagen als die Opritschina[36] Iwans des Schrecklichen, die also der eigentliche Machtapparat gewesen ist, das war fehlerhaft. Obwohl wir alle das Schlagwort kannten, dass die Stasi Schild und Schwert der Partei war, haben wir das nicht deutlich genug gemacht. Die Wut sozusagen richtete sich gegen dieses Schwert und nicht gegen den, der das Schwert geführt hat. Und da würde ich sagen, dass uns die Konzentration auf diese Sache Einfluss auf anderen Gebieten gekostet hat.«

---

[36] Die Opritschina war im 16. Jahrhundert die Leibgarde Zar Iwans des Schrecklichen.

Diestel: »Ich bin sehr dankbar, dass es uns gelungen ist, mit diesen ganz simplen, elementaren, irdischen Dingen den SED-Staat abzuwählen. Dass wir mit unserer eigenen Schlitzohrigkeit etwas geschafft haben, was sicherlich einmalig ist, was heute auch belächelt wird: Friedliche Revolution. Da gibt es kluge Klugscheißer aus Ost und West, die sagen, es war gar keine Revolution, es war ja alles schon erledigt. Das ist schreiende Dummheit! Wenn man das Machtpotential sich ansieht, das im Frühjahr 1990 abgewählt wurde, wenn man sich nur zahlenmäßig die Anzahl der Uniformenträger auf dem Gebiet der DDR verinnerlicht, wie viele das gewesen sind, wer dann von konsequenten, folgerichtigen Prozessen spricht, die vorauszusehen waren, und an dieser friedlichen Revolution rummäkelt, der ist an Schlichtheit nicht zu überbieten.«

# Epilog: Abschlussfeier

Der 2. Oktober ist der letzte Tag der DDR. Um null Uhr wird sie aufhören zu existieren. Der letzte Akt ist eine Festveranstaltung im Schauspielhaus. Der Ministerpräsident macht das Licht aus:

»Meine Aufgabe war erledigt. Ich habe im Schauspielhaus die DDR aus der Geschichte verabschiedet – ein merkwürdiges Gefühl. Ich stand draußen mit Kurt Masur, der dann Beethovens 9. dirigieren sollte. Ich kenne ihn noch aus meiner Hochschulzeit an der Hanns-Eisler-Musikhochschule und sagte zu ihm: ›Herr Professor, ich habe so ein Fracksausen!‹ – so nennt man bei Musikern Nervosität. Und er antwortete, auch er sei nervös. ›Warum?‹, fragte ich, ›Sie haben doch die 9. schon x-mal in Ihrem Leben dirigiert.‹ ›Ja, mein Junge, aber noch nie zur deutschen Einheit!‹ Also er war sich der Situation sehr wohl bewusst.«

Um diese Veranstaltung hatte es noch einmal »großes Theater« geben. Zuständig für die Vorbereitung der Abschlussfeierlichkeiten sind die Büros der beiden Parlamentspräsidenten. Frau Süssmuth will eine Gesamtfeier im Reichstag und hält einen separaten DDR-Ausklang für überflüssig. Sabine Bergmann-Pohl dagegen ist der Meinung, dass sich *zwei* Staaten vereinen, deshalb sollte es zwei Veranstaltungen geben. Das Bonner Büro verschleppt, das Protokoll drängt. Schließlich setzt sich die Volkskammerpräsidentin durch.

Das Verhältnis der beiden Parlamentspräsidentinnen ist nicht das beste. Schon Mitte September hatte es einen Eklat gegeben: Für die Abgeordneten der Volkskammer existierte keine Übergangsregelung. Mit dem Ende der DDR würden sie alle ohne Pensionsansprüche für die Abgeordnetenzeit und ohne Anspruch auf reguläres Arbeitslosengeld auf der Straße stehen, denn nach Darstellung von Sabine

2.10.1990, Berlin, Schauspielhaus, Festakt, Lothar de Maizière hält seine letzte
Rede als Ministerpräsident der DDR

Bergmann-Pohl hätten die Abgeordneten einen Status wie Selbstän-
dige. Deshalb fordern alle Fraktionen, es muss wenigstens ein kleines Übergangsgeld für drei Monate geben. Bergmann-Pohl spricht
mit Schäuble und Süssmuth. Als nach geraumer Zeit keine Reaktion erfolgt, schickt sie ein mahnendes Fax an Kohl, Schäuble und
Süssmuth. Am 19. September kommen die Medien in den Besitz des
Schreibens und interpretieren es so, dass sich das DDR-Parlament
die Zustimmung zum Einigungsvertrag am nächsten Tag bezahlen
lassen will. Ein aufgeregter Wolfgang Thierse ruft die Volkskammerpräsidentin an und fordert sie im Namen seiner SPD-Fraktion
zum sofortigen Rücktritt auf. Hinterher wird Sabine Bergmann-
Pohl zugetragen, dass das Büro Süssmuth womöglich ihr Fax an die
Presse weitergegeben habe.

Die Mitglieder der letzten DDR Regierung stehen nach dem
3. Oktober ohne Pensionsansprüche für das halbe Jahr ihrer Amtszeit da. Erst 2008 beschließt der Bundestag, auf Initiative von Wolfgang Schäuble, eine Ehrenpension für 199 Regierungstage, zu zah-

len ab dem 55. Lebensjahr. Sie beträgt fünf Prozent des fiktiven Gehalts eines Bundesministers, bei de Maizière fünf Prozent des fiktiven Gehalts eines Bundeskanzlers. Das sind bei allen Ministern 590 Euro, de Maizière bezieht knapp 800 Euro.

Für die kurze Zeit bis zur Bundestagswahl am 2. Dezember wird der Bundestag um 144 bisherige Volkskammerabgeordnete erweitert. Kohl beruft fünf Sonderminister ohne Geschäftsbereich aus der DDR-Riege. Gysi: »Ich bekam sofort mit, dass fünf Minister aus dem Osten, Bergmann-Pohl, de Maizière und andere, aufgenommen wurden in das Kabinett für besondere Aufgaben, also für gar keine. Sie hatten keine Zuständigkeit. Frau Matthäus-Maier bezeichnete sie als Wahlkampfminister, und ich sagte: ›Das ist nichts anderes als Demütigung. Man übernimmt fünf Ostdeutsche, aber zu tun haben sie nichts. Demütigender kannst du die gar nicht behandeln.‹ Ich glaube, es war auch falsch von de Maizière. Er hätte das nie machen dürfen. Er hätte sagen müssen, dass er aufhört mit dem Ende seiner Tätigkeit als Ministerpräsident. Das wäre sehr viel besser gewesen. Hat er aber nicht.«

»Ich war auch kurz vor dem 3. Oktober wild entschlossen zu sagen: ›Das war's und Schluss aus!‹ Dann wurde ich sehr bedrängt von meinen anderen CDU-Mitgliedern: ›Du musst und du sollst doch uns vertreten.‹ Das war sicherlich ein Fehler! Die drei Aufgaben, für die wir am 18. März angetreten waren, hatten wir erfüllt, die Einheit Deutschlands, einen föderalen Bundesstaat, der grundgesetzkompatibel ist, und einen Rechtsstaat. Insofern hätte ich nach Hause gehen können und sollen.«

Für die Staatssekretäre, so sie nicht Mitglied der Volkskammer waren, gibt es keinerlei finanzielle Unterstützung. Kulturstaatssekretärin Gabriele Muschter: »Ich war ja bei der letzten Sitzung dabei, als de Maizière sagte, jetzt sei der letzte Tag. Herr Pieroth, der auch zu den Beratern gehörte auf dem Gebiet der Wirtschaft, saß ganz hinten und sagte: ›Herr de Maizière, Sie müssen doch den Leuten mal danken!‹ Und dann erst wurde irgendwann ein Glas Sekt geholt. Ich weiß noch, dass neben mir die Staatssekretärin von Meckel saß, die offensichtlich Lehrerin war, und sie sagte: ›Also wenn ich in die Schule zurückgehen muss, nehme ich mir einen

Strick.‹ Das ist für mich so schlimm. Viele Leute haben uns allen das ja auch übelgenommen, und vielleicht war sie in so einem Umfeld, wo sie gesagt hat, sie würde das nicht mehr länger durchhalten.

Am Anfang haben wir nicht gedacht, dass es so schnell geht. Aber als es dann so schnell gehen musste, haben wir uns einfach darauf eingestellt. Ich habe mir gar keine Gedanken gemacht, was danach ist, weil ich dachte, das wird schon irgendwie weitergehen. Aber es war natürlich auch schon demütigend, so abserviert zu werden. Das haben, glaube ich, viele so empfunden. Es wollte dort auch keiner reich werden, aber dass man über Nacht dastand und gar nichts mehr hatte, das finde ich bis heute nicht gut. Es war Feierabend und fertig.«

»Ich kam vom CDU-Vereinigungsparteitag[37] zurück«, erinnert sich Familienministerin Christa Schmidt. »Wir sind in Schönefeld gelandet. Mein Fahrer holte mich ab und sagte: ›Greifen Sie doch bitte mal neben sich, da liegt Ihre Entlassungsurkunde!‹ Das hat mich sehr bestürzt, das muss ich schon sagen. Die hätte mir de Maizière auch abends geben können. Wir haben uns ja alle noch mal getroffen. Aber die mir von meinem Fahrer überreichen zu lassen – das hat de Maizière ja nicht gewusst – aber dass das so passiert, das war für mich fast entwürdigend.«

»Es war eine Zeit«, sagt Gesundheitsminister Jürgen Kleditzsch, »die man selbst aktiv mitgestaltet hat, aktiv erlebt hat, die nicht jeder in dem Maße erleben konnte und durfte wie wir. Nur, an dem Tag, an dem es dann so weit war, da hat es mich getroffen. Es war uns immer klar, dass es kommt. Wir haben darauf hingearbeitet und wussten, es war gut so. Aber an dem Tag stürzte ich von Power 200 Prozent auf null herunter. Und das war furchtbar, wirklich furchtbar. Man wusste mit sich nichts mehr anzufangen. Das hatte ich so nicht erwartet. Ich dachte, aber vielleicht ist es auch völliger Quatsch, dass ich mit meiner Erfahrung noch anderswo gebraucht würde. Aber nein, es war dann eben auf null – das war's.«

---

[37] Vereinigungsparteitag von Ost- und West-CDU am 1. Oktober in Hamburg.

Christa Schmidt: »Ich denke, dass diese Übergangszeit notwendig war. Man hätte nicht von der Regierung Modrow auf eine Bundesrepublik umschwenken können. Es war viel Arbeit notwendig, um Regelungen zu treffen, dass das Leben weiterging, die Wirtschaft, die Finanzen und was damit alles zusammenhängt, aber auch das gesellschaftliche Leben. Ohne diese Übergangsphase wäre vieles sicher ganz anders gelaufen oder irgendwie stockend. Ich denke schon, dass die Übergangsphase eher etwas Gleitendes an sich hatte und dass alle miteinander versucht haben, das auch wirklich so zu gestalten, dass es ein Übergang wurde.

Es hat mich eben doch traurig gemacht, dass das eigentlich nie so richtig anerkannt worden ist und dass man es kaum gewürdigt hat. Vor allen Dingen in den ersten Jahren, die sehr schwierig waren! Und dass es eben auch heute noch in der Zeitung heißt, Dr. Keller, der letzte Kulturminister der DDR[38]. Das habe ich unlängst gelesen. Und wenn man jetzt anfängt, die Sache aufzuarbeiten, dann halte ich das schon für eine sehr gute und richtige Sache. Und wenn man ein bisschen die Arbeit der Leute von damals, und das sind nicht nur die Minister, sondern auch die Staatssekretäre und wer sonst alles mitgemacht hat, würdigt, dann wäre das für alle sicher eine wirkliche Anerkennung.«

»Wenn man jetzt nachträglich die Reden hört«, äußert sich Markus Meckel enttäuscht, »die an die Vereinigung, an diese ganze Umbruchszeit erinnern, dann ist die Rede von der friedlichen Revolution, von den Hunderttausenden auf den Straßen, vom Fall der Mauer und von den Großen der Politik: Gorbatschow, Bush und Kohl. Manchmal wird noch Hans-Dietrich Genscher erwähnt – und dann war es das. Die frei gewählte, demokratische DDR-Regierung und das Parlament kommen gar nicht mehr vor.«

Peter-Michael Diestel: »Ich weiß nicht, wie wir es geschafft haben, aber es ist alles geschafft worden. Und, ganz nebenbei, das sage ich mit sehr, sehr viel Stolz, es ist auch friedlich gemacht worden. Das vergessen heute viele. In diesem in den letzten Jahrzehnten nach

---

[38] Dietmar Keller war bis 18. März 1990 Kulturminister im Kabinett Modrow.

223

2.10.1990, Strausberg bei Berlin, Letzter Hoheitlicher Akt der DDR: Einholen der Flagge im Ministerium für Abrüstung und Verteidigung bei Abspielen der DDR-Nationalhymne

dem 2. Weltkrieg doch bedeutendsten politischen Ereignis in Mitteleuropa ist nicht ein einziger Schuss gefallen! Es hat keine militanten Demonstrationen gegeben. Es hat Demonstrationen gegeben, aber keine militanten. Es war alles friedlich. Das heißt, die Sicherheitskräfte haben sich an die neuen Gepflogenheiten gehalten. Die Unzufriedenen haben den friedlichen Prozess der Demokratie akzeptiert. Das war ein gigantisches, für mich als Christen einmaliges Erlebnis.

Der 3. Oktober war ja für uns, die De-Maizière-Regierung, für alle, die in der Volkskammer waren und diesen Prozess bewusst gestaltet haben, ein politisches Ziel. Als Generalsekretär der DSU war ich der Erste, der das in die Programmatik der DSU mit aufgenommen hat. Die deutsche Einheit war unser Ziel. Dafür sind wir in die Politik gegangen, dafür haben wir unsere Berufe aufgegeben, dafür haben wir ein halbes Jahr kaum geschlafen, haben ein wahnsinnig großes Abenteuer aufgenommen. Das war der Höhepunkt aller Bemühungen, aller Bestrebungen.

Ich habe in dem Tag der deutschen Einheit kein Ende von etwas gesehen, sondern ich habe den Anfang gesehen. Also ich war sehr optimistisch und habe sehr große Hoffnungen mit diesem Tag verbunden.«

Rainer Eppelmann sieht es etwas anders: »Emotional ist für mich der 3. Oktober nicht das Highlight meines Lebens gewesen, muss ich ganz ehrlich sagen. Das ist sehr viel mehr der 9. November ein Jahr vorher gewesen. Der 3. Oktober 1990, für mich war das, das hört sich vielleicht verrückt an, wenn ich das so sage, Abschied nehmen. Mir war klar, sehr bewusst klar, die DDR hört jetzt auf zu existieren. Die DDR war ja nicht bloß Staatssicherheit oder Indoktrination. Da habe ich ja eine Fülle von guten Erfahrungen gemacht. Dafür sind Walter Ulbricht und Erich Honecker nicht verantwortlich zu machen, aber ich habe ja auch gelebt in diesem Land, und zwar gut 40 Jahre, und da gab es eine Fülle von richtig guten menschlichen Erfahrungen!«

»Richard Schröder gab mir ein kleines Geschenk«, erzählt der letzte Ministerpräsident. »Es war eine kleine Metallplakette, wie sie Junge Pioniere bekamen, mit einem schwarz-rot-goldenen Bändchen dran, und es stand darauf: ›Für hervorragende Dienste an der Deutschen Demokratischen Republik‹. Und das hängt noch heute an einem Nagel über meinem Bett.

Am 4. Oktober abends bin ich krank geworden. Mein Freund Harald Mau, der von der Charité kam, sagte: ›Eigentlich ist es gar nichts. Dein Körper verlangt einfach nach einer Woche Schlaf und wehrt sich gegen die Übernächtigung.‹ Als die Politik begann im Herbst 1989, als ich quasi CDU-Vorsitzender wurde und als die ganze Geschichte losging, wog ich 65 kg. Am Ende, am 3. Oktober, wog ich noch 52,5 kg. Offensichtlich hat dann das Chassis befunden, es sei genug und es müsse Energie tanken. Ich kann nicht sagen, dass ich den 3. Oktober in besonderer Weise gefeiert hätte. Es war mehr das Gefühl der Erleichterung.«

Um Mitternacht findet vor dem Reichstag das große »Fest der Einheit« statt. Eine riesige schwarz-rot-goldene Fahne wird gehisst, die Freiheitsglocke vom Schöneberger Rathaus ertönt, ein Feuerwerk wird gezündet.

Sabine Bergmann-Pohl: »Mein Mann sagt heute noch, dass es ein Fehler gewesen sei, dass ich am Reichstag nicht mit vorne gestanden habe. Ich stand da hinten auf der Treppe, habe mich bewusst zurückgehalten, war unglaublich beeindruckt, als die Jugendlichen die Fahnen hissten, fühlte mich aber völlig ausgebrannt und war einfach nur froh, dass es vorbei war. Ich habe nie in meinem Leben so unter Druck gestanden. Dennoch, der 3. Oktober auf diesem Volksfest, bevor die Chaoten kamen[39], es war so eine tolle Stimmung dort. Und ich denke, wir können stolz sein auf das, was wir erreicht haben. Gerade wir Ostdeutschen. Gucken Sie mal in der Geschichte nach, wo Leute so friedlich eine Revolution durchgeführt haben – da können Sie lange suchen. Ich finde es toll, und ich bin stolz, dass ich dabei war!«

»Ich habe einen Schritt hinter Helmut Kohl vorm Reichstag gestanden«, erinnert sich Günther Krause, »als in Berlin die Flagge gehisst wurde. Ja, das war ein schönes Gefühl. Das war schon so ein Gefühl: Nun ist es vollbracht. Mir sind wirklich Steine vom Herzen gefallen. Die Verantwortung, so ein Unterfangen, so eine Transformation einer Gesellschaft ruhig und ohne wirklich schwerwiegende Probleme in den Griff zu bekommen, das ist eine Geschichte, die nicht so einfach war. Ich hatte ja am 15. August die rund 15 000 oder 16 000 Bauern vor mir, und da wird einem schon anders zumute. Der Westen hätte uns da nicht geholfen. Die Sache hätte da auch drehen können.«

Bildungsminister Hans-Joachim Meyer: »Es ging auf etwas merkwürdigen Wegen in das Reichstagsgebäude: Wir wurden in Busse verladen, und irgendwann mussten wir aussteigen und sind dann, mehr im Dunkeln, durch ein etwas unwegsames Gelände in den Reichstag gekommen. Mir erschien es fast wie eine Metapher, wie ein Bild für unseren etwas schwierigen Weg, den wir ja doch bis zuletzt zum Einigungsvertrag hatten. Aber zum Schluss kamen wir ja dann doch im Reichstag an.

---

[39] Eine Gegendemonstration unter dem Motto »Halt's Maul, Deutschland« von ca. 10 000 Vereinigungsgegnern, vor allem aus der alternativen Szene, wird von der Polizei mit Wasserwerfern und Tränengas aufgelöst.

Hans-Joachim Meyer, Minister für
Bildung und Wissenschaft

Ja, es war Freude, es war auch Erleichterung und es war Spannung, was denn nun wohl geschehen würde im vereinigten Deutschland. Ich werde nicht vergessen, ich kam einen Tag vorher aus New
York zurück, wo ich in Vertretung de Maizières, der auf dem CDU-
Vereinigungsparteitag in Hamburg sein wollte, die Souveränitätserklärung für Deutschland unterzeichnet habe. Und ich wurde im
Dienstwagen abgeholt, und zwei Beamte der Bundesregierung, die
mich kannten, baten mich, sie in die Stadt mitzunehmen. Während
der Fahrt in die Stadt unterhielten sie sich lautstark und ungeniert,
wie denn die verschiedenen Gebäude der DDR-Regierung nun für
Bundesministerien nutzbar wären. Es war mir ein gewisser Vorgeschmack darauf, dass wir uns in den kommenden Jahren wohl auch
gelegentlich kräftig unserer Haut wehren müssten. Das haben wir
ja dann auch getan.«

Nicht jeder ist vor dem Reichstag dabei. Christa Schmidt: »Die
Feier im Schauspielhaus war eindrucksvoll und emotional. Danach
ging es dann zum Reichstag. Und da habe ich meinen Fahrer genommen und meinen Mann und habe gesagt: »Hier ist Schluss! Es
ist Schluss! Ich gehe nicht mit in den Reichstag!« Und ich hatte gut
daran getan. Als ich die Bilder gesehen habe, der große Herr Kohl
und Herr de Maizière, der irgendwo da so reingequetscht steht, was

227

meinen Sie, wo ich gestanden hätte als Minister für Familie? Irgendwo da ganz hinten. Und da sind wir zurück ins Gästehaus gefahren, mein Mann und ich, und haben uns das im Fernsehen angesehen. Da konnten wir das alles gut sehen, ohne gequetscht zu werden. Ich glaube, wir haben noch Sekt getrunken, ich weiß das nicht mehr genau.«

Auch der Kulturminister schwänzt die Feier: »Wir haben das Kulturministerium am Molkenmarkt an diesem Tag hochgerüstet zur ›Titanic‹, und wir haben eine Abschiedsparty gegeben. Also wir sind mit einem richtigen lauten Fest in die deutsche Einheit gegangen. Am frühen Abend noch kam Heiner Müller[40] vorbei und hat mir ein Kapitänspatent verliehen für die ›schwere Arbeit auf dem sinkenden Schiff‹. Er ging dann weiter zur Schlussveranstaltung an der Akademie. Ich bin nicht zu diesen offiziellen Feiern gegangen, weil mir an dem Abend komischerweise so gar nicht danach war. Mir war weder nach der ›Ode an die Freude‹ noch war mir nach ›das letzte Mal in der ersten Reihe sitzen‹. Das hat mich alles nicht gereizt.

Es wurde in dieser letzten Nacht auch der letzte Kunstpreis der DDR vergeben. Früh um eins oder halb zwei stand ich vor dem Ministerium und habe auf einer Heckklappe eines parkenden Autos noch die Kunstpreise unterzeichnet.«

Umweltminister Karl-Hermann Steinberg: »Ich war im Reichstag. Die DDR-Regierung war in der zweiten oder dritten Etage, und wir konnten rausgucken und heraustreten und auf die Hunderttausende von Menschen blicken. Ich habe ein Glas Wein bekommen und hatte Tränen in den Augen. Dann gab es die große Ernüchterung. Mein Fahrer brachte mich in das Gästehaus der DDR-Regierung, wo ich ein Appartement hatte für 280 Mark im Monat. Wir bekamen ja ein relativ kleines Gehalt, und das waren mehr als zehn Prozent meines Gehalts, was ich für diese Zweitwohnung als Miete zu entrichten hatte. Ich wurde dann empfangen mit den Worten: ›Herr Professor, dieses Haus in Niederschönhausen ist jetzt in das

---

[40] Heiner Müller (1929–1995), DDR-Dramatiker und Regisseur, 1990–93 Präsident der Akademie der Künste der DDR.

Eigentum des Bundesvermögensamtes übergegangen, und der Preis für Ihr Appartement ist jetzt 280 DM pro Tag.‹

Da habe ich meinen Fahrer angerufen, der in Köpenick wohnte, er hat später übrigens Angela Merkel gefahren, und habe ihn gebeten, zurückzukommen und mich abzuholen. Dann sind wir früh um halb fünf ernüchtert weggefahren.«

»Es war phantastisch!«, erinnert sich Klaus Reichenbach. »Ich habe an diesem Tag am Reichstag oben an einer Säule gestanden, ich war extra hoch gegangen, um diese Masse an Leuten zu sehen, diese Begeisterung! Und habe gedacht, jetzt habe ich es endlich hinter mir. Wollte dann nach dieser Veranstaltung nach Hause wandern, denn unsere Dienstfahrzeuge waren alle von den Menschenmassen blockiert.

Ich bin mit meinen drei Personenschützern in Richtung Brandenburger Tor gelaufen, und wen treffen wir unterwegs? Lothar Späth. Zu Lothar Späth hatte ich aufgrund meines Vorsitzes der sächsischen CDU ein sehr gutes Verhältnis, wir waren per du. Er sagt dann: ›Pass mal auf, hier kriegt man sowieso keine Ruhe die nächsten zwei, drei Stunden.‹ Wir gingen dann in das ›Metropol‹, dieses Hotel an der Friedrichstraße. Dort trafen wir Henning Voscherau, den Bürgermeister von Bremen, und haben die Nacht noch drei Stunden Skat gespielt, weil wir einfach erst früh um 7.00 Uhr unsere Fahrzeuge frei hatten, um nach Hause zu fahren. Das war die Nacht für mich. Ich habe sie mit Skat ausklingen lassen, meinem Lieblingssport. Demzufolge war es ein rundherum gelungener Tag.«

Lothar de Maizière, der letzte Regierungschef der DDR, steht in der Nacht zum 3. Oktober neben Helmut Kohl: »Auf dem Platz der Republik waren ja unzählige Menschen. Die schoben, es war fast bedrohlich. Man befürchtete, die Sicherheitsvorkehrungen könnten durchbrochen werden. Das Verhalten der dort oben auf der Rampe Stehenden war völlig unterschiedlich. Für Kohl war es ein großes Gefühl der Genugtuung: ›Ich habe es geschafft, ich habe es erreicht.‹ Schräg hinter ihm stand Willy Brandt, dem liefen die Tränen die Wangen herunter. Ich bin hin zu ihm und fragte: ›Herr Bundeskanzler, kann ich etwas für Sie tun?‹. ›Nein, Junge. Dass ich das noch erleben kann …‹ Er war tiefgerührt. Bei Oskar Lafontaine hatte man

2.10.1990, Berlin, Einheitsfeier vor dem Reichstagsgebäude

das Gefühl, ihm war das Ganze ein bisschen ungeheuerlich, er hatte keine Lust, neben Kohl zu stehen. Weizsäcker elegant wie immer.

Bei mir war das Gefühl ambivalent. Ich war 50 Jahre alt, die DDR war quasi meine gesamte Biographie. Und jeder Neuanfang ist auch ein Abschied, es war ja auch viel Ungewissheit dabei, wie es weitergehen würde mit uns allen und welche Stelle wir haben werden. Meine jüngste Tochter war mit, und ich weiß noch, dass Teltschik[41] sie fragte, ob sie nicht froh wäre, die DDR los zu sein und in dem anderen, neuen Deutschland anzukommen. Sie sagte: ›Das weiß ich nicht so genau, ich hatte bisher kein anderes Land.‹ Auch in meiner Rede vom Abend des 2. Oktober habe ich ja gesagt, nicht jedem würde der Abschied leichtfallen, ist die DDR doch ein Teil unserer Biographie, unseres gewordenen Ichs. Ich habe auch die Leute nicht verstanden, die sich anschließend sofort in den Nadelstreifenanzug stürzten und so taten, als ob sie schon ewig Wessis wären, und ihre Herkunft verleugneten.«

---

[41] Horst Teltschik (Jg. 1940), war Vize-Kanzleramtschef unter Helmut Kohl.

# Anhang

## Das Kabinett de Maizière

| | | |
|---|---|---|
| Lothar de Maizière | CDU | Ministerpräsident |
| Klaus Reichenbach | CDU | Minister im Amt des Ministerpräsidenten |
| Peter-Michael Diestel | DSU | Stellvertreter des Ministerpräsidenten, Minister des Innern |
| Rainer Eppelmann | DA | Minister für Abrüstung und Verteidigung |
| Regine Hildebrandt | SPD | Minister für Arbeit und Soziales |
| Markus Meckel | SPD | Minister für Auswärtige Angelegenheiten |
| Axel Viehweger | BFD | Minister für Bauwesen, Städtebau und Wohnungswirtschaft |
| Hans-Joachim Meyer | parteilos | Minister für Bildung und Wissenschaft |
| Peter Pollack | parteilos | Minister für Ernährung, Land- und Forstwirtschaft |
| Christa Schmidt | CDU | Minister für Familie und Frauen |
| Walter Romberg | SPD | Minister der Finanzen |
| Frank Terpe | SPD | Minister für Forschung und Technologie |
| Jürgen Kleditzsch | CDU | Minister für Gesundheitswesen |
| Sybille Reider | SPD | Minister für Handel und Tourismus |
| Cordula Schubert | CDU | Minister für Jugend und Sport |
| Kurt Wünsche | BFD | Minister der Justiz |
| Herbert Schirmer | CDU | Minister für Kultur |
| Gottfried Müller | CDU | Minister für Medienpolitik |
| Emil Schnell | SPD | Minister für Post- und Fernmeldewesen |
| Manfred Preiß | BFD | Minister für Regionale und Kommunale Angelegenheiten |
| Karl-Hermann Steinberg | CDU | Minister für Umwelt, Naturschutz, Energie und Reaktorsicherheit |
| Horst Gibtner | CDU | Minister für Verkehr |
| Gerhard Pohl | CDU | Minister für Wirtschaft |
| Hans-Wilhelm Ebeling | DSU | Minister für Wirtschaftliche Zusammenarbeit |

**Für die Fernsehdokumentation der Firma Heimatfilm wurden interviewt:**

Lothar de Maizière, Klaus Reichenbach, Peter-Michael Diestel, Markus Meckel, Rainer Eppelmann, Gerhard Pohl, Hans-Joachim Meyer, Emil Schnell, Peter Pollack, Christa Schmidt, Jürgen Kleditzsch, Hans-Wilhelm Ebeling, Gottfried Müller, Karl-Hermann Steinberg, Manfred Preiß, Axel Viehweger, Herbert Schirmer und Cordula Schubert

Sabine Bergmann-Pohl, Volkskammerpräsidentin und Staatsoberhaupt
Reinhard Höppner, Vizepräsident der Volkskammer
Richard Schröder, Fraktionsvorsitzender der SPD
Wolfgang Thierse, Schröders Nachfolger als Fraktionsvorsitzender der SPD
Gregor Gysi, Fraktionsvorsitzender der PDS
Jens Reich, Fraktionsvorsitzender Bündnis 90

Günther Krause, Staatssekretär beim Ministerpräsidenten
Matthias Gehler, Staatssekretär und Pressesprecher
Alwin Ziel, Staatssekretär im Ministerium für Arbeit und Soziales
Almuth Berger, Staatssekretärin und Ausländerbeauftragte
Werner Ablaß, Staatssekretär im Ministerium für Abrüstung und Verteidigung
Hans-Jürgen Misselwitz, Staatssekretär im Ministerium für Auswärtige Angelegenheiten
Gabriele Muschter, Staatssekretärin im Ministerium für Kultur
Reinhard Nissel, Staatssekretär im Ministerium für Justiz
Eberhard Stief, Staatssekretär im Ministerium des Innern
Walter Siegert, Staatssekretär im Ministerium für Finanzen

## Abkürzungsverzeichnis

| | |
|---|---|
| AfNS | Amt für Nationale Sicherheit |
| CDJ | Christlich Demokratische Jugend |
| CDU | Christlich Demokratische Union |
| BFD | Bund Freier Demokraten |
| BGB | Bürgerliches Gesetzbuch |
| DA | Demokratischer Aufbruch |
| DDR | Deutsche Demokratische Republik |
| CSU | Christlich-Soziale Union |
| DSU | Deutsche Soziale Union |
| FDP | Freie Demokratische Partei |
| GST | Gesellschaft für Sport und Technik |
| IM | Inoffizieller Mitarbeiter (des MfS) |
| KPdSU | Kommunistische Partei der Sowjetunion |
| LDPD | Liberal-Demokratische Partei Deutschlands |
| LPG | Landwirtschaftliche Produktionsgenossenschaft |
| MdI | Ministerium des Innern |
| MfS | Ministerium für Staatssicherheit |
| NVA | Nationale Volksarmee |
| PdR | Palast der Republik |
| PDS | Partei des Demokratischen Sozialismus |
| RAF | Rote Armee Fraktion |
| SDP | Sozialdemokratische Partei (der DDR) |
| SED | Sozialistische Einheitspartei Deutschlands |
| SPD | Sozialdemokratische Partei Deutschlands |
| taz | Tageszeitung |
| UdSSR | Union der Sozialistischen Sowjetrepubliken |

# Chronik zur deutschen Einheit 1990

**Januar 1990**

**8.1.1990:** Die erste Leipziger Montagsdemonstration nach der Weihnachtspause wird von den Losungen »Wir sind ein Volk« und »Deutschland einig Vaterland« beherrscht.

**15.1.1990:** Erstürmung der Zentrale des Staatssicherheitsdienstes in Ost-Berlin und Kontrolle durch ein Bürgerkomitee.

**20.1.1990:** Gründung der Deutschen Sozialen Union (DSU) durch zwölf christlich-liberal-konservative Gruppen in Leipzig. Die Partei befürwortet eine schnelle deutsche Vereinigung und wird von der bayerischen CSU unterstützt.

**28.1.1990:** Bildung einer Allparteien-Regierung der »nationalen Verantwortung« unter Einbeziehung der Oppositionsgruppen. Es wird beschlossen, die Volkskammerwahlen vom 6. Mai auf den 18. März vorzuziehen.

**Februar 1990**

**1.2.1990:** Nach einem Besuch in Moskau, wo Gorbatschow Modrow klarmacht, dass die Sowjetunion die DDR nicht halten kann und will, verkündet der DDR-Ministerpräsident bei seiner Rückkehr einen Drei-Stufen-Plan »Für den Weg zu einem einheitlichen Deutschland«. Vorgesehen sind: Vertragsgemeinschaft, Konföderation und schließlich Übertragung von Souveränitätsrechten auf ein geeintes, neutrales Gesamtdeutschland.

**5.2.1990:** In Berlin einigen sich die DDR-CDU, die DSU und der Demokratische Aufbruch (DA) für die Volkskammerwahlen am 18. März auf das Wahlbündnis »Allianz für Deutschland«. Bundeskanzler Helmut Kohl kündigt die Unterstützung seiner Partei an.

**7.2.1990:** Während Bundesbankpräsident Pöhl und DDR-Wirtschaftsministerin Luft darin übereinstimmen, dass eine schnelle Währungsunion nicht erstrebenswert sei, sondern zunächst Wirtschaftsreformen in der DDR auf der Tagesordnung stehen, schlägt Bundeskanzler Kohl im Bundestag sofortige Verhandlungen mit der DDR über eine Währungsunion vor. Damit solle dem Übersiedlerstrom aus der DDR begegnet werden.

**11. – 13.2.1990:** Am Rande von Abrüstungsverhandlungen in Ottawa einigen sich die vier Siegermächte des Zweiten Weltkrieges auf Verhandlungen mit den beiden deutschen Staaten zur außenpolitischen Regelung einer deutschen Einheit (Zwei-plus-Vier-Verhandlungen).

**14.2.1990:** In Bonn vereinbaren Bundeskanzler Kohl und DDR-Ministerpräsident Modrow die Einsetzung einer gemeinsamen Kommission zur Vorbereitung der Währungsunion und von Wirtschaftsreformen. Eine Soforthilfe der Bundesregierung zur wirtschaftlichen Stabilisierung der DDR vor freien Wahlen wird abgelehnt.

**22.–25.2.1990:** Auf dem Wahl-Parteitag der DDR-SPD wird die Absicht erklärt, Deutschland in drei Stufen zu vereinigen und die Einheit mit einer neuen, gesamtdeutschen Verfassung auf der Grundlage des Artikels 146 des Grundgesetzes zu besiegeln.

**24./25.2.1990:** Kohl und Bush verständigen sich bei einem Treffen in Camp David darauf, dass das vereinte Deutschland Mitglied der NATO bleiben soll.

### März 1990

**1.3.1990:** Der DDR-Ministerrat beschließt die Umwandlung aller Kombinate und volkseigenen Betriebe in Kapitalgesellschaften sowie die Einrichtung einer Anstalt zur treuhänderischen Verwaltung von Volkseigentum.

**9.3.1990:** Die CDU/CSU-Bundestagsfraktion spricht sich für eine Vereinigung auf dem Wege des Grundgesetzartikels 23 aus, also einen Beitritt der DDR zur Bundesrepublik.

**12.3.1990:** In seiner letzten Sitzung lehnt der Runde Tisch die Übernahme des Grundgesetzes der Bundesrepublik für die DDR ab und schlägt für den 17. Juni einen Volksentscheid über eine neue Verfassung vor.

**18.3.1990:** Bei den ersten freien Volkskammerwahlen erreicht die konservative »Allianz für Deutschland« aus CDU, DSU und DA mit 48,15 Prozent der Stimmen einen überwältigenden Sieg. Die SPD erhält 21,84 Prozent, die PDS 16,33 Prozent und die Liberalen 5,28 Prozent der Stimmen. Das Bündnis 90, in dem sich die Hauptinitiatoren der friedlichen Revolution zusammengeschlossen haben, erreicht nur 2,91 Prozent der Stimmen. Die Wahlbeteiligung liegt bei 93,38 Prozent.

**20.3.1990:** Um die Massenabwanderung aus der DDR zu stoppen, beschließt die Bundesregierung, zum 1. Juli 1990 das Notaufnahmeverfahren für Übersiedler aus der DDR mit den dazugehörigen Unterstützungsmaßnahmen abzuschaffen.

**28.3.1990:** Frankreichs Präsident Mitterrand und Großbritanniens Premierministerin Thatcher stimmen offiziell einer deutschen Einheit zu.

### April 1990

**5.4.1990:** Konstituierende Sitzung des ersten frei gewählten Parlaments der DDR.

**12.4.1990:** Die Volkskammer wählt Lothar de Maizière zum Ministerpräsidenten eines Kabinetts der großen Koalition aus den Allianzparteien CDU, DSU, DA sowie der SPD und den Liberalen. Sie sprechen sich in ihrer Koalitionsvereinbarung für den Weg zur deutschen Einheit über Artikel 23 des Grundgesetzes aus.

**18.4.1990:** In seiner Regierungserklärung verkündet Lothar de Maizière: »Die Einheit muss so schnell wie möglich kommen, aber ihre Rahmenbedingungen müssen so gut, so vernünftig und so zukunftsträchtig sein wie nötig.« Er gibt seiner Hoffnung Ausdruck, dass zu den Olympischen Spielen 1992 wieder eine gesamtdeutsche Mannschaft antreten kann.

**25.4.1990:** Die Volkskammer lehnt den Antrag der Fraktion Bündnis 90/ Grüne mit 179 zu 167 Stimmen ab, den Entwurf des Runden Tisches für eine neue DDR-Verfassung zu erörtern.

**27.4.1990:** In Ost-Berlin beginnt die erste offizielle Verhandlungsrunde zum deutsch-deutschen Staatsvertrag über die Wirtschafts-, Währungs- und Sozialunion.

**28.4.1990:** Die Staats- und Regierungschefs der EG-Mitgliedsstaaten stimmen in Dublin der Vereinigung Deutschlands vorbehaltlos zu. Ministerpräsident de Maizière reist zu seinem Antrittsbesuch nach Moskau.

**30.4.1990:** Erste offizielle Kontakte der beiden deutschen Parlamente Bundestag und Volkskammer.

### Mai 1990

**2.5.1990:** Die beiden deutschen Regierungen vereinbaren die Umtauschkurse für die Währungsunion. Danach werden die Löhne, Gehälter, Mieten, Stipendien und Renten im Verhältnis eins zu eins umgestellt. Sparguthaben und Bargeld werden gestaffelt umgetauscht: Kinder bis 14 Jahre können 2000 Mark, 15- bis 59-Jährige 4000 Mark und über 60-Jährige 6000 Mark im Verhältnis eins zu eins einwechseln. Darüber hinausgehende Beträge werden im Verhältnis zwei zu eins umgestellt.

**6.5.1990:** Bei den Kommunalwahlen in der DDR schneidet die CDU als erfolgreichste Partei ab.

**8.5.1990:** Die DDR und die EG unterzeichnen in Brüssel ein Handels- und Kooperationsabkommen mit einer Laufzeit von zehn Jahren; die EG-Außenminister erklären sich bereit, die Visumpflicht für DDR-Bürger bei Reisen in EG-Staaten zum 1. Juli aufzuheben, da am selben Tag auch die innerdeutschen Grenzkontrollen entfallen.

**13.5.1990:** Kanzlerberater Teltschik fliegt mit den Bankiers Wolfgang Röller und Hilmar Kopper zu Kreditverhandlungen nach Moskau und sagt eine großzügige Unterstützung in Höhe von 5 Mio. DM zu.

**15.5.1990:** In Bonn einigen sich Bund und Länder auf die Gründung eines weitgehend kreditfinanzierten Fonds »Deutsche Einheit« zur Unterstützung der DDR. Er soll bis Ende 1994 mit 115 Milliarden D-Mark ausgestattet werden und die Währungs-, Wirtschafts- und Sozialunion finanzieren.

**18.5.1990:** Bundesfinanzminister Theo Waigel und der DDR-Finanzminister Walter Romberg unterzeichnen den Staatsvertrag über die Währungs-, Wirtschafts- und Sozialunion, die zum 1. Juli wirksam wird. Damit gibt die DDR ihre finanzielle Oberhoheit an Bonn ab und übernimmt zahlreiche bundesdeutsche Bestimmungen. Die Volkskammer wird verpflichtet, weitere Gesetze zu erlassen, um eine zügige Rechtsangleichung an die Bundesrepublik zu befördern. Die Bundesrepublik gewährt dafür Zuschüsse zum Staatshaushalt der DDR und subventioniert den Aufbau der Renten-, Kranken- und Arbeitslosenversicherung.

**31.5.1990:** Gorbatschow gibt bei einem Treffen mit Bush in Washington seine grundsätzliche Zustimmung zur freien Bündniswahl des vereinten Deutschlands.

### Juni 1990

**1.6.1990:** Abschaltung des Kernkraftwerkes Lubmin bei Greifswald aus sicherheitstechnischen Gründen.

**10.6.1990:** Ministerpräsident de Maizière reist zu Verhandlungen nach Washington.

**14.6.1990:** Letzte Tagung des Verteidigungsausschusses des Warschauer Paktes in Strausberg.

**15.6.1990:** Die beiden deutschen Regierungen veröffentlichen eine gemeinsame Erklärung zur Regelung offener Vermögensfragen. Danach sind Enteignungen auf besatzungsrechtlicher Basis zwischen 1945 und 1949 nicht mehr rückgängig zu machen. Ansonsten ist enteignetes Grundvermögen in der DDR grundsätzlich den ehemaligen Eigentümern zurückzugeben.

**17.6.1990:** Beschluss des Treuhandgesetzes in der Volkskammer. Gemeinsame Veranstaltung von Volkskammer und Bundestag im Ost-Berliner Schauspielhaus zum Gedenken an den Volksaufstand von 1953.

**21.6.1990:** Zeitgleich verabschieden der Deutsche Bundestag in Bonn und die DDR-Volkskammer in Ost-Berlin den Staatsvertrag über die Währungs-, Wirtschafts- und Sozialunion zwischen der Bundesrepublik und der DDR sowie eine Entschließung über die endgültige Anerkennung der polnischen Westgrenze. Die PDS, Bündnis 90 und Die Grünen lehnen den Staatsvertrag ab, da er das System der Bundesrepublik auf die DDR anwende, ohne deren Bürgern die Möglichkeit einer gleichberechtigten Mitwirkung einzuräumen.

**22.6.1990:** Auch der Bundesrat stimmt dem Staatsvertrag zu. Die SPD-geführten Länder Niedersachsen und Saarland lehnen ihn jedoch ab, da sie ihn für »unzureichend« halten.

Während des zweiten Zwei-plus-Vier-Außenministertreffens in Ost-Berlin schlägt die sowjetische Seite einen etappenweisen Rückzug aller Siegermächte aus Deutschland vor; erst danach solle Deutschland seine volle Souveränität zurückerhalten; alle übrigen Teilnehmer sprechen sich für eine Gleichzeitigkeit von innerer Vereinigung und äußerer Selbständigkeit aus.

**23.6.1990:** Sommerfest im Garten des Bonner Kanzleramtes mit einem Bratschen-Auftritt von Lothar de Maizière.

### Juli 1990

**1.7.1990:** Die Einführung der D-Mark wird in Ostdeutschland mehrheitlich gefeiert. Die DDR übernimmt die wichtigsten Wirtschafts- und Sozialgesetze der Bundesrepublik. Die Grenzkontrollen werden endgültig eingestellt. Bundeskanzler Helmut Kohl verspricht in einer Fernsehansprache »schon bald blühende Landschaften« in den neuen Bundesländern.

**15./16.7.1990:** Bundeskanzler Kohl trifft im Kaukasus mit Präsident Gorbatschow zu Gesprächen zusammen, der dem vereinten Deutschland die volle Souveränität und die freie Wahl der Bündniszugehörigkeit zusichert. Die Kreditzusagen werden um weitere Milliarden erhöht.

**16.7.1990:** Konstituierung der DDR-Treuhandanstalt, die für die Verwaltung, Sanierung, den Verkauf bzw. die Abwicklung der 8000 volkseigenen Betriebe (VEB) zuständig ist. Erster Präsident wird Reiner Maria Gohlke, ehemaliger Manager der Bundesbahn.

**17.7.1990:** Beim dritten Zwei-plus-Vier-Außenministertreffen wird Einigkeit in der Bündnisfrage erzielt, so dass Gesamtdeutschland der NATO angehören kann. Polen wird zugesichert, dass es bei der deutschen Vereinigung keinerlei Ansprüche auf frühere deutsche Ostgebiete geben wird.

**22.7.1990:** Die DDR-Volkskammer verabschiedet mit Wirkung zum 14. Oktober 1990 das Ländereinführungsgesetz und das Gesetz zur Wahl der Landtage. Es wandelt die seit Juli 1952 zentralistisch geführte DDR in einen föderativen Staat mit fünf neuen Ländern um: die Länder Brandenburg, Mecklenburg-Vorpommern, Sachsen-Anhalt, Sachsen und Thüringen werden wieder eingerichtet.

## August 1990

**2.8.1990:** Angesichts der bevorstehenden Zahlungsunfähigkeit der DDR reist Ministerpräsident de Maizière zu Bundeskanzler Kohl an dessen Urlaubsort am Wolfgangsee in Österreich und bittet um eine möglichst baldige deutsche Einheit und das Vorziehen der gesamtdeutschen Bundestagswahl vom 2. Dezember auf den 14. Oktober.

**15.8.1990:** Vor der Volkskammer und auf dem Alexanderplatz in Ost-Berlin demonstrieren 250 000 Bauern gegen den drohenden Zusammenbruch der DDR-Landwirtschaft, da sie für ihre Produkte keine Abnehmer mehr finden und zugesagte Überbrückungsgelder ausbleiben.

**16.8.1990:** Entlassung von Finanzminister Romberg durch Lothar de Maizière.

**19.8.1990:** Austritt der SPD aus der großen Koalition. Die Liberalen haben bereits am 24. Juli ihre Unterstützung (jedoch nicht ihre Minister) der Regierung entzogen. Die Allianz für Deutschland regiert die verbleibenden sieben Wochen allein und besetzt die Ministerien übergangsweise doppelt.

**20.8.1990:** Treuhandchef Reiner Maria Gohlke tritt zurück, da die Privatisierung der DDR-Staatsbetriebe viel komplizierter und langwieriger sei, als von der Politik angenommen. Nachfolger wird Detlev Karsten Rohwedder, der vom Hoesch-Konzern kommt.

**23.8.1990:** Die Volkskammer beschließt mit der erforderlichen Zweidrittelmehrheit »den Beitritt der DDR zum Geltungsbereich des Grundgesetzes der Bundesrepublik Deutschland gemäß Artikel 23 GG mit Wirkung vom 3.10.1990«.

**30.8.1990:** Auf der Konferenz für Verhandlungen über Konventionelle Streitkräfte in Europa (VKSE) in Wien garantieren Bundesaußenminister Genscher und Ministerpräsident de Maizière, die Streitkräfte im geeinten Deutschland innerhalb von vier Jahren auf 370 000 Mann zu reduzieren. Ein Großteil des Abbaus erfolgt später durch die Abwicklung der NVA.

**31.8.1990:** In Ostberlin wird der deutsch-deutsche Einigungsvertrag unterschrieben, in dem auf rund 1000 Seiten die Einzelheiten des DDR-Beitritts zur Bundesrepublik geregelt werden; die Gesetze der Bundesrepublik werden nahezu vollständig übernommen, nur in wenigen Ausnahmen gibt es besondere Übergangsregelungen.

### September 1990

**12.9.1990:** Mit dem Abschluss der Zwei-plus-Vier-Gespräche durch Unterzeichnung des »Vertrags über die abschließende Regelung in bezug auf Deutschland« von Seiten der Außenminister der vier Siegermächte und der beiden deutschen Staaten in Moskau erhält das geeinte Deutschland die volle Souveränität und faktisch einen Friedensvertrag. Die alliierten Hoheitsrechte werden mit Wirkung vom 3. Oktober 1990 ausgesetzt.

**19.9.1990:** Schließung des Palastes der Republik und damit des Sitzungssaals der Volkskammer wegen Asbestbelastung. Das Parlament weicht in das Gebäude des ehemaligen SED-Zentralkomitees aus.

**20.9.1990:** Im Bundestag und in der Volkskammer wird der Einigungsvertrag gegen die Stimmen der Grünen bzw. der PDS verabschiedet.

**24.9.1990:** Mit einer Protokollunterzeichnung durch DDR-Verteidigungsminister Eppelmann und den sowjetischen Oberkommandierenden des Warschauer Paktes, General Luschew, wird in Ost-Berlin der Austritt der DDR aus dem Warschauer Vertrag besiegelt.

**27.9.1990:** Zusammenschluss der beiden sozialdemokratischen Parteien Deutschlands in Berlin zur gesamtdeutschen SPD. Vorsitzender wird Hans-Jochen Vogel.

**28.9.1990:** Letzte Sitzung der Volkskammer, die sich u. a. mit der Stasi-Belastung zahlreicher Abgeordneter befasst.

### Oktober 1990

**1./2.10.1990:** Zusammenschluss der beiden christdemokratischen Parteien in Hamburg. Helmut Kohl wird Vorsitzender der CDU Deutschlands und Lothar de Maizière sein Stellvertreter.

**2.10.1990:** Festveranstaltung im Ost-Berliner Schauspielhaus zur deutschen Einheit, abendliche Feier vor dem Reichstagsgebäude sowie Gegendemonstrationen.

**3.10.1990:** Die DDR (16,1 Mio. Einwohner) tritt dem Geltungsbereich des Grundgesetzes der Bundesrepublik (63,6 Mio. Einwohner) bei. Die erweiterte Bundesrepublik verfügt von nun an über die volle Souveränität. Bundespräsident Richard von Weizsäcker ernennt auf Vorschlag des Bundeskanzlers fünf ehemalige DDR-Politiker zu Ministern ohne Geschäftsbereich.

**4.10.1990:** Der erste gesamtdeutsche Bundestag konstituiert sich im Berliner Reichstagsgebäude.

**12.10.1990:** In Bonn wird ein Vertrag über die Regelung des Rückzugs der noch in Deutschland stationierten sowjetischen Truppen unterzeichnet. Zusätzlich zu den bereits zugesagten 12 Mrd. DM wird ein zinsloser Kredit über 3 Mrd. DM versprochen.

**14.10.1990:** Die Landtage der fünf neuen Bundesländer werden gewählt, die mehrheitlich von CDU-FDP-Koalitionen regiert werden.

### November 1990

**9.11.1990:** Konstituierung des ersten gesamtdeutschen Bundesrats in Berlin. In Bonn unterzeichnen Bundeskanzler Kohl und der sowjetische Staatspräsident Gorbatschow den »Vertrag über gute Nachbarschaft, Partnerschaft und Zusammenarbeit«.

### Dezember 1990

**2.12.1990:** Erste freie gesamtdeutsche Wahlen seit 1933: Die CDU/CSU erreicht 43,8 Prozent, die SPD 33,5 Prozent und die FDP 11 Prozent der Stimmen. Die Grünen der Bundesrepublik (Wahlgebiet West) scheitern mit 4,8 Prozent an der Fünfprozenthürde. Im Wahlgebiet Ost (ehemals DDR) erreichen Bündnis 90/Grüne 6 Prozent und die PDS 11,1 Prozent. Aufgrund der separaten Fünfprozentklausel im geänderten Bundeswahlgesetz sind sie damit im Bundestag vertreten.

## Dank

Ohne die Fernsehinterviews, die die Berliner Autoren Rainer Burmeister und Hans Sparschuh (Heimatfilm GbR) für ihre Fernsehdokumentation mit Mitgliedern der ersten und letzten frei gewählten Regierung der DDR geführt haben, hätte dieses Buch nicht entstehen können. Ich bedanke mich bei den beiden Kollegen für die Zurverfügungstellung des Materials und für die wunderbare Zusammenarbeit.

Bedanken möchte ich mich bei der Bundesstiftung zur Aufarbeitung der SED-Diktatur für die finanzielle Förderung dieses Projektes.

Mein ganz besonderer Dank gilt den Mitarbeitern des Christoph Links Verlages, insbesondere dem Verlagsleiter Christoph Links, für die freundschaftliche Hilfe und Unterstützung.

## Personenregister

Fett markierte Einträge verweisen auf Interviewpassagen der betreffenden Personen, kursivierte Seitenangaben auf Erwähnungen in Bildtexten und normale Einträge auf Erwähnungen im Text.
Lothar de Maizière wurde wegen zu häufiger Nennung nicht ins Register aufgenommen.

# Standardwerke zur deutschen Einheit